寬宥之南

開普敦天空下，
一趟責任與原諒的和解之旅

SOUTH of FORGIVENESS

莎蒂絲·艾娃、湯瑪斯·史敦吉——著　劉嘉路——譯

各界推薦

遺忘從來不是解方。和解、原諒、放下的復原之路，需要你的理解與陪伴。

——**吳姿瑩／現代婦女基金會（公益行銷部）主任**

性暴力對於受害人來說，都是很難抹滅的記憶，更不用說主動宥恕加害人，這也就是這本書名的意思，因為寬宥實在太難。這本書是相當困難的紀實文學，對於作者是如此，對於閱讀者是如此。畢竟我們習慣聚焦於被害人不可能原諒加害人。然而本書細緻的描述了被害人如何伸出手，與加害人主動和解的心路歷程。如果讀者對於約會性暴力、被害者在性暴力的陰影下如何重建，以及加害人如何面對不堪的過去有進一步的認識，應該可以透過閱讀本書，有將心比心的體會。

——**呂秋遠／律師**

我們通常不知道，自己比想像中的勇敢。原因在於，我們不曾嘗試去認識自己內心深處恐懼的動機，而這些動機往往來自沒被滿足的需求，或許是尊重；或許是愛；或許是安全感……。因此，尋求和解，並非是為了原諒過錯，而是為了找出彼此沒被滿足的需求，用一個能讓彼此繼續走下去的方法，重新出發。「寬」、「恕」，應是「如」你「心」所求，看到更「寬」廣的道路。

——林靜如／律師娘

關於事件的「真實全貌」，到底該怎麼認定呢？無論是受害者、加害者或是旁觀者，往往帶著自己有限的視角與普遍的社會刻板印象重構一件事，卻往往使其離真相越來越遠。

對於強暴（違反性自主或個人意願），我們所知太少，所懼又太多，在尚未真實理解各方如何軟弱的時候，已然貼上好人（殘缺者）與壞人（致使殘缺者）的標籤。但這樣的標籤除了方便分類，卻無助於理解，更無法使人從黑暗中獲得盼望。

——御姊愛／作家

這本書的兩位作者以無比的勇氣共同對一起強暴事件做出受害者與加害者的回顧與陳述，於是我們才知道，在以牙還牙、以暴制暴的復仇之外，原來有一種更強大、正面的力量，叫做寬恕。

——陳潔皓／《不再沉默》作者

與痛苦和解是漫漫長路，每個人會有不同的選擇、適合的方法和期待的目標。《寬宥之南》是一個獨特的故事，讓我們理解在親密關係中性暴力所帶來的痛苦，並開啟大眾對性侵議題更多面向的理解與對話。

《寬宥之南》是一趟旅程，在地理上的目的地是南非首都開普敦，在心理上的目的地是和解；與受傷的自己和解、與傷害自己的人和解、與曾經做出傷人之舉的自己和解。我們每個人身上有過的傷痕雖不盡相同，但能令我們徹底復原的方式卻很可能只有一種。我們必須直視那傷，直到我們終於明白傷口真正的根源在何處。

讀過本書兩位作者身上分別以及共同經歷的這段旅程，讓人不禁會期待，期待當有越來越多的人願意發聲說出自己所經歷的，我們也許就真的有機會去破除那些長久以來關於性別暴力、關於性侵的種種迷思與錯誤心態。

——黃惠偵／導演

性侵受害者挺身控訴，困境宛如台灣的轉型正義，既要正義，也要真相，然而過程漫長挫折，通常兩者都得不到。一開始因為預料對質會遭否認，所以作者羞愧封閉自己，訴諸秘密報復。多年後她重尋信任，在結界中容納情緒創傷、冒險自我揭露，奇蹟般得窺真相。受害者與加害者能合作探索，樂觀得不像真的。然而，這不可能的奇蹟，就是家人朋友與社會系統長期支持她的正常結果。台灣受害者受困永無療癒之日，正因為社會把隱形壓迫當成正常，直到這本書揭露我們並不正常。但願我們把握本書做為社會轉型的契機。

——盧郁佳／作家

推薦序／
最後的最後，沒有誰是受害者

柚子甜／作家．心靈工作者

身為一位心靈工作者，我常告訴別人說：「從靈魂的角度，沒有絕對的善惡對錯。」然而要剝開這樣的深度是很不容易的。我們多半可以明白，小至男女朋友吵架、大至跨國戰爭，都是公說公有理、婆說婆有理。你覺得你是正義的一方、我也覺得我絕對善良，彼此的擁護者吵吵嚷嚷。

但是，強暴者與被強暴者？

無論誰從哪個角度，都很難開口再說這件事「沒有絕對的對錯」，無論法律責任或道德壓力，「強暴者」的帽子扣下來，都是絕對的唯一罪惡，沒有得辯解，連強暴者自己（若尚有一絲良知），都會將自我囚禁到滅頂的深淵。

但這部真人真事的小說，卻示範了另一種「不可能」的奇蹟。

能原諒強暴犯的人不是沒有，但多半是以被害者的姿態睥睨加害者的「原諒」（受害者的身分賦予她絕對的資格），然而那樣的「原諒」，即使對當事人已經是一大進展，本質上卻仍舊是被傷口與恨意推著走。被害者的心中仍有一絲能量線纏繞在對方身上、纏繞在事發的時空上。即使走得再遠，只要相關的事件一呼喚，絲線隨即拉扯收攏，靈魂又被召回案發現場，再度溫習受害情節。

「但責備會排除理解，沒有理解就沒有學習。」

莎蒂絲絕對有權耽溺於受害者的角色，將人生的不順遂通通推諉給初戀對象，但她選擇不要。在強暴陰影下受苦多年後，她選擇要「平起平坐的原諒」。長達八年的書信往來，甚至再度聚首，只為了「理解」這個男人對她做的事。她甚至不要加害者一個勁兒地在痛苦裡認錯，她要的是「坦承面對」——像手術刀一樣劃開彼此靈魂的舊傷，只為了救贖困在傷口中的自己，甚至釋放那個終其一生，都背負著沉重罪惡感的強暴者。

如果沒有莎蒂絲，我們沒有機會看到「受害者」的原諒可以走得多深，更沒有機會一窺「加害者」的內心世界：那一直是我們拒絕去理解，也一直跟著受害者丟石頭的世界。在讀這本書之前，我們甚至不認為，一個強暴加害者的內心世界也值得被理解。

《寬宥之南》的故事本質是場悲劇，另一面卻是巨大的幸運：加害者與受害者，原本該是法律上對簿公堂的兩端，是善惡分明的黑白兩極。但莎蒂絲有足夠的堅強，讓她勇於飄洋過海探索傷口；湯瑪斯本質上的善良，讓他願意一次又一次地撕開自己曾經犯下的罪惡；雙方都有強大的覺知，即使在面對創傷時被勾起的極大恐懼，都有直視內心黑暗的勇氣，這一切的轉化與療癒才能夠發生。

「最後的最後，沒有誰是受害者。」穿透二元對立的原諒，這個從靈魂的角度才有可能看到的奇蹟，一個不可能發生的和解，最後的最後，竟然在莎蒂絲和湯瑪斯身上達成了。

推薦序／

雖然被殘酷對待過……

張亦絢／作家

《寬宥之南》這本書，對所有的人來說，都是一種挑戰。

不遠千里的歷史性會面

共同署名的作者，莎蒂絲是強暴倖存者，湯瑪斯是強暴者。無可逃避地，我們將會聽到倖存者的創傷，並且經歷強暴者的現身說法——兩者帶來的衝擊都非同小可。然而，本書呈現的內容非僅於此。在強暴事件發生十六年後，雙方決定從各自的居住地，冰島與澳洲，飛往南非的開普敦，進行為期數天的會面與相處。

對於經濟並不特別寬裕的雙方而言，這項行動都耗費金錢與時間。讀者也許會疑問，在通訊設備如此發達的今日，有必要捨科技的便利，選擇如此古樸的方式？更何況，撤除大部份屏障的近距離接觸，倖存者不害怕嗎？強暴者沒猶豫嗎？事實上，這兩個問題已使一部份的答案浮現：正因強暴不只是對意志的侵奪，也是對倖存者肉身與安全感的極端破壞，雙方是否能以身心俱在的方式，處於同一時空，可以說是檢驗「和解」深度的最後難關。

我在「和解」兩字上加上了引號，因為這是經常引起誤會的詞彙。在一般人的想法中，「和解」有時表示「事情沒那麼嚴重」，或者「雙方沒那麼在乎」，因而「和解」有時帶有「河蟹」的嫌疑與汙名，有時也確實與「敷衍塞責的原諒」一般，濫用在「對惡的不求甚解」與跳針反應上。因此，《寬宥之南》可說在鋼索之上行走：因為它既拒絕對強暴的殘忍進行淡化，也拒絕「以保護之名，行退縮之實」。這個雙重拒絕，在反強暴一事上，為我們帶來了「堅決、複雜，且具彈性」的視野。

約會強暴，既關於個人，也關於社會

在我記憶所及，台灣出版史中，較早處理「約會強暴」的作品，有徐璐的《暗夜倖存者》。儘管以台灣智識所及，我相信目前任何性侵害防治的教育，都不太可能略過「約會強暴」不談，然而我也認為，這個議題並沒有那麼容易被了解。

我們都知道，在討論疾病時，有個詞叫做「病識感」，意思是患者有自己生了病的認知；強暴雖然不是一種疾病，但我們也許可用「罪識感」這個詞，來指陳加害者對自己犯了罪的認知有無與深淺。想像一下一個駕駛，闖紅燈撞倒了行人，這個駕駛的「罪識感」可能從最清楚到最薄弱，在最清楚的狀況下，駕駛會馬上承認過失，但如果「罪識感」薄弱，甚至根本沒有，則可能找出千奇百怪的理由，責備被撞到的行人。如果有其他證人或證據，要矯正駕駛匱乏的罪識感，會容易得多。警察或司法系統的運作，有時也不只是定罪，還包括要讓犯錯者建立必要的罪識感。這個罪識感也有歷史與文化的因素存在，舉例而言，在蓄奴合法的社會裡，蓄奴者通常少有罪識感；但在蓄奴被認為是侵犯人權的社會裡，蓄奴的行為，除了犯法，也會引起公憤。

「約會強暴」交疊了兩個領域，它既是對性自主權的侵害，也是親密關係中的暴力，兩者在現代生活中，共享的特徵是「隱密」。一旦加害者的罪識感薄弱，受害者的處境非但孤立，也不太可能像上述的交通事故般，可能有其他證人或證物，加入進來，矯正肇事者罪識感匱乏的問題。姑且把法律資源這一複雜議題暫時擱置，即使受害者不尋求賠償，獨自親臨暴力現場的經驗，仍會帶來以下影響：一是受害者「見識」到人的殘酷難解，二是他或她，有可能為不能阻止加害者的再犯而感到煎熬。如果說前者打擊個人的尊嚴與身心健康，後者，則可以說是因為在公共安全一事上的「難有作為」，而受到無力感的折磨。換言之，倖存者在強暴事件後，往往受到「不能合理參與社會，以及基本社會正義感被剝奪」的痛苦。

這是為什麼許多倖存者出面「打破沉默」，最在乎的似乎是公眾「知的權益」與預防犯罪，而非個人可以有何收穫補償。《寬宥之南》的成書背景即與此有關，表面上，我們看到的是倖存者與加害者的對談；更深層來說，這牽涉到倖存者以個人之力，試圖達成一種正式（司法、文教）機構還未完備的社會使命。當我們讀到湯瑪斯說出自己：「受了那麼多教育、感受到那麼多愛，〔……〕我還是做出了強暴這種事。」（一五三頁）我想很少讀者能夠不感到震撼。儘管我們早已知道，強暴與社經教育背景都無顯著關聯，然而聽見這番自白，感受依然大不相同。

雖然被殘酷對待過……

莎蒂絲發起的這項計畫，得到包括父母與未婚夫，不同程度的支持。莎蒂絲的未婚夫再三表示，感覺她的做法超怪，但還是支持她貫徹想法。在少數寫到父母的段落中，我們也感受到，做為倖存者父母，儘管非常低調，卻也絕對沉重的苦痛。然而他們都選擇了尊重莎蒂絲的意願，沒有以約定俗成的常識去束縛她。這仍然反映了北歐地區的女權狀態，除了不責備受害者，對於女性的自由、特立獨行以及創造力，人們已經能以具體作為加以肯定。

儘管如此，我想還是有必要，對這個「非正統的實踐」稍加補充說明。在一般狀態下，這樣的會面，確實具有一定的風險。如果有人無法鼓勵倖存者進行這類接觸，也未必毫無道理。要知道，莎蒂絲並非全無準備一頭熱地投身這個計畫，會面發生在強暴事件十六年之後，在這段時間裡，她做足了功課，也在事前與湯瑪斯的長期通訊中，奠定了開啟對話的基礎；在書中，我們看到，她會很細緻地辨別什麼是「加害者具逃避性質的罪惡感」，令我們深深感覺到，這本書非但為性暴力帶來深刻的了解，對於如何阻斷加害者各種「迴避型的假處理」，也提出了敏銳的觀察與對策。

根據對《護家魔》這部紀實電影的報導，現實中真有其人的女孩「海豚」，讀到繪本《妳可以說不》中，繪本中的母親，會給予遭受性侵的女兒溫柔的支持，然而海豚卻發現現實中自己的母親，只是對自己惡言相向——提起這個令人鼻酸的對照，並非希望減少倖存者的勇氣，而是覺得有必要提醒，如同沒有標準化的受害者與加害者，兩方會面，能不能得到本書中所看到的誠意與進展，永遠會是一個未知數。雖然不希望這本書被簡化為膚淺的「速食和解」，更不希望有人斷章取義地，只是苛求倖存者必須複製同樣的行動，因而造成更多傷害。但在另一方面，也必須要說，某些時候，打一場「必勝之仗」未必最有意義，我們支持人們保持樂觀與開放，並不表示我們認為積極的態度，一定會有皆大歡喜的結局，而是因為樂觀與開放，本身就是高貴的情操。這本書揭露了一個險象環生的過程，許多堅持可說讀來驚心動魄。目前來說，我們還沒建立整套充份維護性侵倖存者的制度與文化，在這個奮鬥的過程裡，身先士卒的《寬宥之南》，容或有未臻完美處，仍是令人不忍錯過的珍罕作品。

如果以一句話來總結《寬宥之南》的精神，我會說它是：「雖然被殘酷對待過，但並不因此變得更加殘酷；即使知道了何謂喪失人性，卻能更加堅強地守護人性。」願我們都能以此共勉。

台灣版序

每個人在人生旅途中都會遇上低潮，發生在身上的遭遇令我們懷疑自己再也無法從中康復，回到正常的生活。我的遭遇和暴力有關，但是創傷其實有很多張不同的臉，可能是痛徹心扉的分手、摯愛的人過世，也可能是一場突如其來的災難，瞬間使你的世界整個崩塌。我們站在那裡，任由狂風呼呼吹向臉龐，質疑自己還有沒有能力繼續度過剩下的人生。但事實是，唯有在狂風正面往我們的臉吹過來的當下，我們手裡的風箏才得以在空中飄揚。

當我們試圖從創傷走出來的時候，首先要謹記在心的重點便是：相信自己有可能做得到。這種羞愧感數百年來不斷被人們的閉口不談所強化，直到二〇一七年，才終於在了不起的「#我也是」運動風潮中被卸下，讓我們得以喘口氣。（譯注：#MeToo movement，為二〇一七年底因好萊塢製片溫斯坦等人遭揭發一系列性醜聞後，網路上所發起的反性騷擾與性侵活動。全球網友熱烈響應，打破沉默，發文分享自己的相關遭遇，並於文末打上#我也是的標籤，其中參與者不乏各界名人）這種沉默留下的後果是把責任都歸咎於受害者身上，而不是讓犯罪者為自己的行為負起責任。我們很多人在年輕時就被教導：只要不在入夜之後獨自在外流連、小心陌生人、外出不穿短裙，就能避開所有被侵犯攻擊的可能。然而，絕大多數的侵犯案件其實並非發生在「外面」，而是發生在原本該保護我們不受侵犯的「家」。攻擊侵害我們的，也常常不是陌生人，而是我們喜愛和信任的人，這當中包括了朋友、家人、伴侶、親戚、鄰居和同事。

因此，我們不僅得到錯誤無用的忠告，還促成「檢討受害者」這迂腐文化的滋長。倖存者最常被問到的問題始終只在：你那時穿什麼衣服／你喝什麼飲料／你那時在想什麼？等面向上打轉。事實上，唯一可以預防事件發生的人，正是侵犯者本身。如果我們想認真深入探討，性暴力為何成為全球普遍性的問題，就必須開始思索並發問：那些「性侵害者」遂行己念侵害他人的時候，他們到底在想什麼？

就我們兩位作者的情況來說，《寬宥之南》一書的企圖正是希望達成這個目標。當然，我們只是兩個擁有西方文化背景的幸運兒，沒辦法完全做為世界各地倖存者／侵害者的模範，我們的故事也不會因此成為其他人效仿的準則。即使如此，性暴力仍是一種權力的濫用，根植在全球共有的錯誤認知裡，認為侵害者對受害者的身體享有掌控權。在湯姆暴力侵犯我之後，我們共同探索這項錯誤認知，去理解是什麼樣的心態想法，會讓一個十八歲的青年認為自己有權力，在沒有獲得十六歲女友同意的情況下，逕行發生性行為。我們希望自己的故事可以開啟廣泛的討論，這種心態上的正向轉變才有可能遏止暴力。唯有透過了解隱身在暴力背後的驅動力，我們才能夠有效根除這些黑暗元素。

如果你正走在創傷或是暴力過後的漫漫長路上，記住自己絕不是孤單一人。你可以尋求幫助，第一步便是相信自己值得這麼做，我知道這做起來非常困難，尤其在我們覺得「自己」必須為發生的事情負責的時候更是如此。讓我成為你內心的聲音，清楚告訴你：如果你被侵犯了，該責備的絕對是那個選擇使用暴力的人，而不是你。這不是你的錯，正如同湯姆對我做的事情不是我該負起的責任。同時也請牢記另一件事情：「被強暴」這件事不能代表你身為人的價值，或是定義你這個人。不妨這麼想吧，你拿出一張面值二十美元的紙鈔，不斷搓揉扭擰，直到它成為皺巴巴的紙團，但它依然還是二十美元。同樣的，儘管其他人選擇虐待你，卻無法折損你的價值。（請參考我們的網站：www.southofforgiveness.com，你可以找到距離最近的協助資源。）

這一路走來的人生旅程讓我明白，世上有兩種沉默：一種是我們主動選擇的靜默，另一種是被強迫消音。我們自己選擇的靜默可以滋養脾性，讓我們在安全的避風港內爬梳思緒、處理情緒，讓想像力自由飛翔；相反的，被強迫不發聲的消音則是羞愧的溫床。如果我們無法自由說出影響內心至深的事情，就會扼殺我們的表達能力、阻礙情緒的成長，讓傷害更加嚴重，它會成為一座監獄，跟隨我們到任何地方，形影不離。

我在二〇一七年打破沉默時，無法預見短短幾個月過後，會有上百萬名倖存者加入我，並響應「#我也是」的活動。能夠見證這項人類歷史上的關鍵改變，真的意義非凡，世界各地的人們匯集力量，點亮了人性最黑暗的角落之一。

囚禁我們聲音的牢籠已被打開，為未來的希望埋下種子，倖存者不需要再背負責備和愧疚，而是將責任回歸到侵害者身上。在正面迎擊撲面而來的狂風之際，要達到這樣的境地需要付出高昂的代價，和眾多的勇氣與犧牲，但唯有如此，我們手裡的風箏也才能自由地飛得更高更遠。

這本書要邀請你加入這趟改變我一生的旅程。

我衷心期望當你我彼此同心，我們就能改變這個世界。

以愛和勇氣之名祝福你

莎蒂絲．艾娃

目錄

寄件者：湯瑪斯・史敦吉

tomsstranger@hotmail.com

寄件日期：二〇〇五年五月二十一日星期六早上5:38

收件者：thordiselva@hotmail.com

主旨：要對你說的話

莎蒂絲，我不知道該從哪裡說起。當我在收件匣看見你的名字時，自己整個背脊都發冷了，所有的記憶一如白晝般清楚。請相信我，我並沒有忘記當時做過的事，以及必須如何時時刻刻地留心自己的一言一行。

我不知道該如何回應你的郵件。我想要說自己生病了（但我知道並不是這麼回事），我想要說你真的很堅強，堅強到能夠寫信給我、能夠回憶起所有的事，以及我的所作所為。我想要感謝你不憎恨我，不過我倒寧願你是——因為會讓我覺得好過許多。

我並不冀求一絲同情，只是想要告訴你，每當獨處時，在冰島發生的所有事情和那時的各種情緒就會在腦海裡反覆上演。它們在心中閃現，彷彿歷歷在目；接著，在自我否認後不久，一個問題浮現了：「我是誰？」這問題是我過去不斷壓抑，回憶裡的黑暗面。

不過我怎樣並不重要，只要有任何能為你做或幫忙的事，我都會義不容辭。問題在於，該從哪裡開始？

請告訴我吧。

湯姆

七年五個月之後

二〇二二年十月二十一日

我的心臟怦怦狂跳，簡直跟電腦螢幕上閃爍的游標是同步跳動。在空白處輸入家鄉名稱時，手指還微微顫抖著。

劃出以冰島雷克雅維克市為中心的圓周範圍，半徑範圍：11000公里。

輸入。

美國、歐洲和幾乎整個亞洲就被覆蓋在一層綠光之下，南美洲大半部分和撇開最南端的半島區域之外的非洲也包括在內。

我深吸一口氣，刪掉了欄位裡雷克雅維克這幾個字。短暫猶豫之後，我輸入了他的家鄉：**澳洲雪梨。**

半徑範圍：11000公里。

輸入。

另一層綠光覆蓋住另一部分的地圖：非洲最南端的半島、南美洲，以及亞洲。恐懼終究敵不過好奇心，我傾身靠近電腦螢幕，被眼前的畫面深深吸引住。儘管知道彼此住在世界的兩端，但是透過圖表證實，仍然很不可思議。

夾在兩層綠光之中的世界地圖只剩一條細薄的長條形，就在他和我的正中央。這細薄的長條從南非南端彎成弧形往大西洋推進，南美洲的烏拉圭、阿根廷和智利部分地區全納入其中。我把地圖放大，細讀著上面顯示的各城市名稱。

我用濕冷的手點回郵件寫到一半的視窗。**我建議可以在蒙特維多、布宜諾艾利斯、聖地牙哥……**短暫屏住氣之後，我加上了……**或是開普敦**。

隔天收件匣裡有了回音，上頭寫著：「我一直想到南非去看看。」

地點就這樣定下來，該是勇敢面對恐懼的時候了。

第一天／DAY ONE

二〇一三年三月二十七日

我之前已訂好機場巴士，計程車司機在四點四十五分接我到公車站去。頭髮花白的司機熟練地幫忙把行李抬進後車廂，問我要到哪裡去。

「南非。」

「真的啊？到約翰尼斯堡？」

「不是，到開普敦。」儘管已經花了不少時間適應這決定，聽到自己說出來的話還是有種不可置信的感覺。若說提議兩人見面的決定，時時刻刻在我心底縈繞，恐怕還是過於輕描淡寫了些。我出去慢跑的時候，它在我每個步伐之間迴響著；它在我吸入肺裡的每一口寒冬氣息裡，在我肺壁上刮擦著；它被浸在用來擦淨兒子小手的濕毛巾裡。和我未婚夫纏綿時，我得使出最大力氣將它推出心房，全心沉浸在他溫暖肌膚貼在我身體上的感覺。

畢竟，在那當下還想著這件事也太不恰當了。

決定好目的地之後，我開始用一套新模式紀錄日子：「開普敦之前」或是「開普敦之後」。我上一次買體香劑的時候，很自然地想著要等到「開普敦之後」才會再需要買新的。昨天跟三歲的兒子依偎著畫圖時，想到這些「開普敦之前」的親子時光，短暫平息了心裡的罪惡感：我將要離開他十天，飛過大半個地球，面對過往生命中的一個人，甚至還無法確定會有什麼結果。

心裡有個聲音告訴我，家有幼兒的父母不該做出如此魯莽的決定。這也是為什麼我懷著他的時候，放棄了一圓降落傘飛行夢想的原因。但話說回來，比起這一趟回溯徹底改變我生命記憶的旅程，從七千英尺高空的飛機裡跳出去所帶來的情緒負荷真不算什麼，因為多年前把我的生活撕得粉碎的元兇，並不是什麼陌生的瘋子。即使我當時已幾無意識、痙攣性地不停嘔吐，這個人依然不願意替我尋求醫療幫助；相反地，他決定強暴我——整整漫長的兩小時。

而他是我的初戀情人。

登機手續很順利，但我仍懷疑行李箱會順利一起抵達最終目的地。舉例來說，它有一次搭著噴射機一路飛到了峇里島，而不是陪我到芬蘭參加重要會議。**這一次別想搞怪**，我咕噥說道，當它消失在報到劃位人員身後時，我還嚴峻地瞪了一眼。

機場的另一側窗戶外，飛機起飛的轟隆巨響，迴盪在陰鬱的清晨天空。我的兒子海福迪還在襁褓中時就很迷戀飛機，他會透過長長的睫毛往上凝視它們，用白色的顏料畫出飛機衝過天際留下的凝結尾跡。不意外地，他昨天唯一要我畫的東西就是飛機。我畫出來的東西與其說是飛機，倒更像是企鵝，不過他已經很開心了。他指著圖，驕傲地說：「舅舅在飛機裡面。」

一股罪惡感重重地擊中我。我弟弟其實是在國外念書，但海福迪還不明白「國外」是什麼意思，告訴他「舅舅在飛機裡面」比較容易解釋。我也會用同樣的理由對他解釋，為什麼要離開家人的溫暖懷抱，遠到地球另一端了結往事，還因此錯過復活節。

兒子對我心裡的騷動一無所知。他最近開始會表達自己有多愛我，此刻用沾滿顏料的雙手捧住我的臉，他兩眼充滿柔情，用絲緞般柔軟的聲音說：「**最親愛的**媽咪。」

我的心房有如氣球鼓脹起來：「怎麼了，寶貝？」

他朝我望過來，說：「絕對不要失去哈里蛙。」

儘管他已經三歲半了，仍然習慣用第三人稱來稱呼自己。他小時候沒辦法清楚說出自己的全名「海福迪．福瑞爾」，而自創出「哈里蛙」這名字。

我用力嚥了口氣，雙手環抱住他，把臉埋進他的頸窩裡，輕聲說自己絕對不會失去海福迪．福瑞爾，永遠都不會。這是我這輩子說出最誠實的愛之告白。

不情願地鬆開臂膀之後，我強迫自己看進他的眼裡。「知道嗎，媽咪很快就要坐上飛機了。」

他的大眼睛這會兒睜得更圓更大，臉頰上出現了酒窩。「**我可以一起去嗎？**」

有那麼一會兒，我說不出話來。我先前預期他會大發脾氣或是掉眼淚，卻沒預料一股單純的希望會讓他的臉整個亮起來，一如冬夜的溫暖路燈。

「不行唷，寶貝，這一次不行。或許下一次，好嗎？你以後可以跟媽咪一起搭飛機。」我緊緊抱住他。他噘著嘴，小小的臂膀不開心地想要從我的懷抱裡鬆開。

我心裡對自己說，**他一會就沒事的**。

我錯了。兒子整個下午垂頭喪氣，怎麼逗都不開心；等到爸爸維狄爾喊他一聲「乖寶寶」的時候，他哇地一聲痛哭起來。

「**我不是乖寶寶！**」他尖聲喊著，憤怒的眼淚落下來。「**我只是海福迪・福瑞爾！**」

昨夜，當維狄爾幫我整理行李的時候，從兒子房間傳來的嚎啕哭聲持續不斷，我們決定讓他睡在我們兩人之間。

飛往開普敦的前一夜，我就是以這種姿勢入睡的：鼻子埋進一個小男孩的髮絲裡，他則是緊握著我的手指不放，在一個又一個不安的夢裡啜泣。我在黑暗中只能勉強辨認出維狄爾的剪影，躺在睡夢中的兒子的另一側。我心底最後一個念頭，是自己在外面的大千世界裡要非常小心，才能安全回到家，回到最珍愛的兩個人身邊。

要安全啊。

我在隊伍裡等待機場的安全檢查時，心裡閃過雙重標準這概念。**由於有人「企圖」用鞋子炸毀飛機，弄得大家得脫下鞋子檢查，好確保每個人的安全**。但同一時間，全世界每天犯下強暴案的平均人數多到可以裝滿好幾千架的巨無霸客機，卻沒有任何恰當的官方安全檢測方式來對抗這普遍的現象。只是我不得不承認：**這問題不是檢查一個人的鞋子就可以輕鬆解決的**。

在飛往遙遠旅程的第一站挪威時，坐在我旁邊的是個出奇守規矩的五歲女孩和她的母親。要海福迪在飛機上好好坐滿三小時的機會等於零，因此我給小女孩一個鼓勵的微笑，她害羞地躲進母親的手臂底下。這讓我記起了我母親，在踏上這趟旅程之前，是多麼渴望得到她的贊同。

我知道自己已經三十二歲了，但這不會因此改變需要父母親對這一趟的祝福。

當我告訴母親要獨自到南非去，跟在十六歲時強暴我的人見面，她的眼睛不可置信地瞪大了。她緊張地說出一長串聽了令人寒毛直豎的恐怖畫面，接下來則是長嘆一口氣，半憐愛半不情願地看著我，補上一句：「不過，親愛的，我知道沒辦法說服你放棄已經打算要做的事。」

後來當我在整理行李時，父親過來喝杯咖啡。我已經盡可能小心告訴他這消息，他還是發飆了，以如雷貫耳般的音量訓斥說，這荒謬的想法根本就是在破壞我的生活。

「但是我必須結束生命中的這一章。」我柔聲說著，兩頰已通紅。

「結束這一章？」他震驚地重複，從椅子上跳起來。「你不需要飛過整個地球去完成任何事！這整件事根本就是矯揉做作的肥皂劇！」

他的話狠狠重擊了我心中的痛處。

「你根本沒辦法控制任何事，能控制的就只有你自己的想法！別的事情想都別想！」

「這是什麼意思？」我困惑地問道：「我當然可以控制自己的行為和行蹤。」

「不，親愛的，你沒辦法每次都做到。」他嘶聲說著：「如果你可以，那麼那件事就不會發生了。」

我們從來沒開口談過改變一切的「**那件事**」，但彼此都明白指的是什麼。這幾年我不斷以強暴案倖存者的身分，進行公開演講，但是我和父親從來不曾討論過那個決定我命運的夜晚。他不曾開口，我也以為他不想知道這些事。

我坐直身體，兩頰又紅又熱。「如果你單純認為我是受害者、他是加害者，我可以明白為何你無法理解這件事。但是，爸，我們之間不只是如此而已。」

他大肆嘲弄了一會才怒氣沖沖地走出廚房。

我靠在牆壁上，慢慢吐出肺裡的空氣。**可惡**，我早知道不容易，但也還真是該死地氣人！

父親又在走廊上出現，沮喪地來回走著，我知道那都是出於父愛的關係。「你怎麼能確定這種荒謬想法可以完成任何事？這很可能又會成為引發其他事情的起點啊！」他聲音裡的苦惱使這句話聽起來更像是一種威脅。

我獨自坐在父親離開後所留下的靜默，看著灰塵慢慢落下來。某方面來說，我們兩人的想法都對，這趟旅程肯定會結束我生命裡的部分篇章。而隔在我和父親之間的，是我相信自己生命的下一個章節裡，我將不再是個受害者。

繫上安全帶的燈號已經熄滅，我趁這機會解開按扣。伸展背部的同時，目光迎上我映在前面椅背上螢幕的影像。在外面我的個性一向剛烈，大學期間，其他人最常用來形容我的字眼是「讓人畏懼」；在派對上，我已記不起有多少酒醉程度不等的同學這麼告訴過我。他們不知道的是，我的生存策略之一便是表現出一無所懼的樣子，從我樂意嘗試任何新鮮事，以及座右銘「男生做得到的事，我也能做到」等態度就可明顯看出來。

二十一歲時，我獨自搬到另一洲生活、有了刺青，還跟女生約會。然而，想隱藏自己破碎一面最有效的方法，是登上成功頂峰，因此我在各方面都搶著拿到第一名，包括在美國以非母語的英文完成學業。我很久以前就明白，沒有人會懷疑一個畢業生代表竟然過著雙重生活，特別是在她精通所有課外活動、在學校董事會代表學生發言，還有一份兼職工作的情況下。把自己弄得異常忙碌也有額外的好處，我就沒有時間耽溺在過去。

我開始瀏覽飛機上的電視節目，其中一個是關於專辦性犯罪的警察單位，犯人清一色是帶著武器的危險瘋子。**我已經受夠了這種不真實的虛構故事**。我十六歲時對性侵害的認知，正是手裡揮舞小刀的精神變態，在漆黑巷弄裡幹下的事；也被電視劇洗腦到不會去質疑這種刻板印象。我後來一直要等到刻板印象粉碎瓦解時，才明白自己被強暴了，而強暴犯已經遠在地球的另一端，我唯一的選擇是隱忍悲痛。隱忍是必須付出代價的。

經歷了九年的粉飾太平和隱忍之後，我的人生在二十五歲那一年踢到了鐵板，掙扎對抗飲食失調症、酗酒和自殘的衝動。即使擁有了這麼多耀眼的成就，但由於被初戀情人強暴的慘痛經驗，我始終無法信任自己的判斷力，不停質疑所有事情：職業、戀愛對象，以及自我價值。

我和這個世界對抗著，卻沒辦法確認敵人是誰。我沒有可以信賴的人能吐露過往，於是把逐日增加的悲傷帶進寫作裡，日記成為詩歌再轉化為劇本，沒多久我就贏得劇作家的頭銜。我讓虛構人物盡情說出所有自己壓抑的話語，而大家把這尊為藝術，因此我不再為不舒服的問題感到困擾。這很完美，或者說，對當時內心如此分裂的我而言，這已經是最接近完美的職業選擇了。

無視內心的騷亂（或者也正**因為**如此），我的戲劇作品數量快速增加，事業也一飛沖天。二〇〇五年五月，我受邀到澳洲參加一場備受矚目的會議，與會者都是世界各地最有前景的年輕劇作家。我整個人卻全身發冷：**那個人**就住在澳洲，那個在十六歲時侵犯我的人。一股古怪的希望卻也同時升起：**這有沒有可能是讓我走出牢籠，並讓他彌補自己罪過的機會？**但我旋即退縮到心房最遠的角落裡，因為前一次試著說出過往，卻引發災難的傷痕仍然刺痛著。

我癱在工作室的椅子上，連續好幾天都只是盯著電腦螢幕，衡量自己的選項，最後振作起來快速寫了一封郵件：簡短客氣地解釋我將在七月份造訪澳洲，問他有無可能在我停留期間碰個面。之後，我緊張地在公寓裡來回走動，想像他從感激地答應到直接回絕等各種可能，心裡也準備接受最有可能的結果：石沉大海。畢竟，距離他來冰島當交換學生已有將近十年的時間，他可能早就換了電子信箱。

好消息是，他的電子信箱沒有停用，但是等我用薰滿尼古丁的手指顫抖地點開回信，寬慰的心情立刻被強烈的失望取代。他解釋沒辦法見面的理由：他住在澳洲另外一邊，以及需要上班等等。勇氣和期望咻咻地從我洩氣的心湧出來，似乎也就這樣了，我只能向這牢籠投降了。

我並不知道自己的潛意識開始搖動牢籠的柵欄。

幾星期之後的一個沉悶午後，我信步走進一間咖啡館，仍為前一晚跟情人的爭執而暗自啜泣和暈眩。我開口跟女服務生借筆，從包包翻出小筆記本，希望塗鴉一會可以沉澱心情。

讓人驚訝的是，那些隨意塗寫的字母竟然連貫成句，再慢慢發展成我寫過最關鍵的一封信——寫給我加害者的信。夾在諸多敘述他加在我身上暴力行為的字詞當中，「我想要尋求對你的原諒」這幾個字回瞪著我。**這幾個字是打哪出現的？**「原諒」絕對不可能是我會想到的字眼，之所以想要跟對方見面，是私心盼望可以對他吼出毀滅性的話語，讓他的腦袋這輩子無時無刻都迴盪著這些話。

但是，**原諒**？儘管這兩個字從筆尖流洩出來後讓我很是驚愕，但也緩和了隱伏在真實狀況中的刺痛感。隨著困惑而來的，是一項重大的發現——就在我放棄的時候，其實已經找到解開牢籠的鑰匙。

這是未知的陌生領域。這九年以來，對於濫用我信任的人一直採取零容忍政策，甚至會採取激進的手段。此外，在性侵害和支持倖存者的議題上，專家也不建議倖存者和加害者面對面對質。他們多半贊成倖存者寫信給加害者，好讓受傷的心有抒發的管道，但同時也會建議把寫好的信銷毀而不是寄出去。

但是我回家後卻在電腦上打出先前寫下的內容。有部分的我仍然處在驚愕中，甚至覺得把信寄出去的想法很有娛樂效果，並認為要收信人擔下暴力行為的責任，幾乎是不可能發生的事情。因此，我已經預想好各種可能得到的回應：像是他指責我把事情記錯了，或是對整件事情採取斷然的全盤否認。不管這些可能的回應有多讓人心煩和討厭，對我來說，在壯著膽子說出心裡話之後，卻只有無聲無息的靜默，才是最糟糕的。不過，既然沒有前人的腳步可以做為指引，我決定聽從自己的心。

沒想到，後來收到我唯一沒有預想過的結果：他的回信寫著充滿悔恨的自白，當中的誠實和真誠瓦解了我的怒氣。

雖然我近幾年以來已有所進展，能夠公開談論自己遭到強暴的經歷，但是這部分的故事仍然算是秘密，即使我最親愛的人也無從得知。在父親認為我此行的任務可笑荒謬而氣沖沖地離開我家之後，他其實不知道，二〇〇五年那天在咖啡館的塗鴉事件鼓舞了我和對方接下來八年的往返通信，殘酷的真實寫滿了一頁又一頁。

父親不知道那些尖銳的問題、甚至是帶刺的真相，有時候會讓收件者和寄件者彎腰對著最近的垃圾桶嘔吐。他不知道我把所有怨懟堂而皇之地丟給對方而不覺有任何歉意，他也不知道收件者以堅定誠懇的心將這些怨恨一概承受下來。

父親不知道在清晨時刻，在我們落滿淚水的鍵盤當中出現了癒合的奇蹟；也不知道我們經歷了兩次，因為傷得對方肚破腸流而中斷通信的過程。這兩次經驗為整件事開啟了新觀點，彼此又重新開始郵件的往返。這一路走來我將怒氣狠狠宣洩出來，怒氣先是通過騷動混亂的對流層降臨到我身上，而後一路往上升到我心裡的同溫層。在那裡，沒有風可讓寧靜掀起波瀾，清澄天空裡也沒有任何烏雲阻礙我的視野。

儘管信息往返很有療癒效果，但是卻沒有為我闔上人生這篇章節。或許電子郵件的方式還不夠私人，也或許躲在電腦螢幕後方比較容易覺得勇敢。事實上，這方法太過容易了，所以無法引起我內心真正的共鳴。挪威奧斯陸藍灰色的市容從飛機窗外浮現時，我低聲自語著：「因此我決定到南非，為人生最慘重的那一夜，尋找最終的報償。」

我受夠了縈繞不散的回憶，受夠了無止盡的自責。我想要面對那個在一九九六年奪走我純真的那個人，想要把自己從多年來替他背上的愧疚黑鍋裡釋放出來。

我想要「了結」。

但我不敢說對這趟旅程是否有清楚的期待，這股期待最近一直像心電圖一樣起起落落。日子順遂時，一想到這趟旅程就能鼓舞我的心情，甚至還能啟發靈感。我想像面對加害者時，可以從心中的陰影找到平和；有時會在腦海裡描繪自己和他在開普敦街道上漫步，或是蹲坐在海邊，沉思地注視著大西洋。

碰上糟糕的日子時，則是每每想到這旅程就開始焦慮。談到性侵害，有數據指出南非要比許多其他有資料紀錄的國家更為普遍；兒童遭到性侵害的比例也一樣，許多低齡的受害者甚至只是嬰幼兒！開普敦這城市有時也被稱為「性侵之都」。我會知道這一點，是因為自己無意間成為了這方面的專家。這條人生道路起因於二〇〇七年的一樁性侵案，一名十九歲的女孩在冰島雷克雅維克市一間旅館，詢問陌生人洗手間在哪裡。這名陌生人尾隨她進入洗手間，動手強暴她。女孩驚嚇過度，身體也因為被強暴過程引發了癱瘓，根本沒辦法對抗性侵者，一直到身體上的折磨到了不堪承受的程度，才痛得她反擊。

雷克雅維克的地區法庭最後達成結論：這樁性行為確實在未獲女方同意之下發生了；然而，法庭卻把責任歸咎於她並沒有積極有力地抵抗性侵者，於是釋放了被告。由於冰島法律條文規定：「任何人使用暴力、威脅使用暴力或是其他違法的脅迫方式，強迫他人與之發生性行為，即犯了強暴罪。」所以從法律的角度來看，這名施暴者在過程中並沒有用上這些方法，因此不構成強暴條件。

當時我身兼雜誌專欄作家和戲劇編劇兩職。這兩份工作的薪水都低得可笑，不過我從中受到鼓舞、野心勃勃地想要有番做為，也愛上了「戲劇」這種藝術形式。在那時候，我和性侵我的人已經秘密通信兩年，自己錯誤扛下的罪惡感也稍微減輕一些，但是過往的陰魂仍然不願退散。我對那名女孩的遭遇很能感同身受，被告無罪開釋的決定也讓我非常憤怒，覺得必須寫封公開信到各報社譴責這起判決。

一想到被性侵時，還得表現出包括「奮力抵抗」等「正確反應」就令人憤慨。因為奮力抵抗的結果可能更糟糕，很有可能刺激攻擊者施加更多暴力。有些受害者是整個人嚇得僵住，有些則是為了撐過去而讓自己與現實脫離。我認為，面對性侵根本就沒有所謂的標準反應這回事。為了證明論點站得住腳，我研究各種法律條文、讀過好幾百宗的性侵案件，還訪問了律師、醫生和倖存者。

我要說的話太多，沒有任何一家報紙能應付，因此這封公開信終究胎死腹中。不過，我最後完成了一本兩百七十頁的專書，在一夜之間，這本書把我從一個自由不羈的菸槍文青，提升到在性侵害領域備受尊敬的專家，對於這項轉變我真的是驚訝到不行。與此同時，我私底下仍繼續和當年傷害我的男人通信。

寫書的過程中，我發現「靜默」是和性暴力議題戰鬥的重大阻礙之一，所以決定把自己當年被強暴的故事加進去，這可是大大超出了我的舒適圈。我把加害者的姓名隱去，諷刺的是，這麼做並不是為了保護對方，而是讓**我自己**更安全。就算性侵倖存者沒說出加害者的身分，仍然會被外人檢視和批評，但至少能躲過那些站在加害者一方的人的公開譴責和怒火。女性因此被攻擊或甚至是遭到殺害的人數也會減少一些。

我的加害者因距離受惠，安心住在這星球的另一邊。我則靠著隱去他的名字而受到保護。

偶爾，我認識的女性朋友一臉擔憂地把我拉到一旁，想要知道對方的名字。我看見她們眼裡的懷疑，因而明白她們擔心身邊認識的人當中有個強暴犯——**我的**強暴犯。她們的恐懼無從躲藏，就如聯合國以及各種人權組織提出的數據顯示，每三名女性當中至少有一人曾被親近的人強暴或是暴力對待。

不管我如何訓練自己變得堅強、勇敢，想到開普敦之行就會引起本能的恐懼反應，這不僅僅是因為我頂著性暴力專家的頭銜。就跟世界上其他女性一樣，我被教導受到侵犯時要大聲尖叫、朝對方的眼睛或是鼠蹊部攻擊。我被教導要把鑰匙突出於拳頭指縫間，這樣才可能讓攻擊者受傷，還有避免走到燈光昏暗的區域。我被教導絕對不要讓飲料離開視線，絕不要接受陌生人的接送，出去約會前絕對要告訴親友約會對象的姓名。如果隻身一人在公共場所，絕對不要直視陌生人的眼睛；喝酒不可以喝茫，穿著不要過於暴露，調情要有尺度，以及最重要的，發現被人跟蹤時不能表現出恐懼的樣子。

簡單來說，我跟其他女性一樣，從小就被教導身為女孩本身就是件危險的事。

到頭來，所有這些教導和守則都幫不了我。因為大多數的性侵案都發生在我們家中的隱密空間，施暴者還是我們信任的人：親戚、伴侶或朋友。

如果我讓恐懼成為決定該不該去開普敦的因素，就已經輸了……我這麼勸自己。談到克服性暴力的恐懼，「世界性侵之都」絕對是終極的試驗場。還有哪裡會比社會整個制度建構在真相、和解之上的國家更適合執行「原諒」二字呢？在這裡，國家領導人曼德拉度過二十五年的囚禁歲月之後，原諒了折磨他的人，向對方講和，試圖建造一個美好的社會。

我怎樣都想不到有更適合的地方能向自己證明，暴力沒辦法毀掉我的生活或是控制我的選擇。以前不行，現在不行，未來更不可能。

奧斯陸機場以貴到沒道理的三明治和咖啡歡迎我，還好這裡可以免費無線上網。我好奇維狄爾和海福迪這會兒在做什麼。他們應該是在家裡準備午餐，享受復活節假期了。經過五年快樂而不覺得需要走上紅毯的美好時光之後，維狄爾最近向我求婚了。

在這之前兩人同心協力，成功跨越障礙，我贏得他兩個女兒的信任和友誼。愛芙蒂絲已經十四歲了，茱莉雅則是九歲，她們和母親一起生活，假日和週末則過來我們這裡住。在決定兩人結婚對於孩子和彼此共有的財務都是很實際的選擇之後，維狄爾還是以永生難忘的浪漫方式向我求婚。

儘管他對於我這趟旅程感到不自在，卻仍然一心支持我。我們剛開始約會的時候，我正在寫第一本書，他耐心忍受我連續好幾天就性侵話題的長篇大論。沒有其他人比他更能明白這趟旅程對我的意義。

出發的時間越來越迫近，我和維狄爾因為各種因素，一直沒能找出比預期更多的時間來談這趟旅程。話說回來，直覺告訴我，就算我們討論到精疲力盡，還是不會覺得彼此已經做好了準備。

「去收電子郵件，」維狄爾接起電話時，我告訴他：「我剛寄了東西給你。」

我明白他最近吐出的每一口氣都隱含著憂慮，所以希望如果他對我在南非的行蹤有比較多的資訊，能覺得比較自在。我聽他開啟電腦，打開那封寫著下榻旅館地址的電子郵件。我們一起利用谷歌Earth，在開普敦的街道上來來回回走了好幾遍。雖然一訂好旅館就對維狄爾介紹過這區域，我還是想讓他知道，當地治安非常良好。

「你看，」我士氣高昂地說：「每個角落都有監視攝影機，旅館四周一尺厚的圍牆上方還架了鐵絲網。」

維狄爾沉默了一下，輕聲說：「想想看，人們要依賴這些東西才會安心的感覺有多恐怖。」

我縮了一下，但還是表現出勇敢的樣子。維狄爾也配合我，我很感激他沒拿最近安奈奈・布伊森的新聞來洩我的氣。十七歲的安奈奈在鄰近開普敦的村子被人輪姦、挖出內臟之後死亡。願她在天之靈安息。

「親愛的，不要冒任何險。」他輕聲叮嚀著。後來似乎感覺到話中的諷刺意味，因此馬上又澄清說：「我的意思是，不要冒任何不必要的風險。一定只搭乘有登記的計程車。我們只要……只要你安全回家。」

我閉上眼睛，把所有對維狄爾和海福迪的愛濃縮成簡單的三個字：「我保證。」

在奧斯陸機場坐了好幾個小時之後，我伸展僵直的四肢，決定去喝點東西。我提著裝了六瓶啤酒的袋子慢慢走出免稅商店，這所有的啤酒加起來比在老家的酒吧點一杯飲料還要便宜。可是離開商店之後，事情有些棘手，我可以到哪裡安靜地喝啤酒？我迅速對著等待登機區域的情況做出結論：這裡擠滿家庭和餵母乳的媽媽們，不是適合的地方。我繞著圈子走呀走，隨著分秒過去，逐漸失去了希望。**我為什麼不找個機場酒吧喝酒就好，任何人都會這麼做的啊？**

十分鐘之後，我待在一間洗手間裡，筆電放在膝蓋上，手上拿著一罐啤酒。這絕對是這輩子最不光彩的時刻之一，為了能順利打字，我得把啤酒罐放在自動出水的洗手台邊緣，每分鐘都嚇得要死。我忍不住苦中作樂，想像照相機鏡頭正對著自己，要把這荒誕的畫面拍下來。

我登入一個南非旅遊論壇，讀著安全觀光的建議清單。**不要在公共場合秀出現金或是珠寶。入夜之後避免在人少地區逗留。不要讓視線離開你的飲料。**這對我來說都沒問題，我整個成年生活都在遵循這些規則。這時我發現整件事實在諷刺到不行：這麼多年來的「訓練」，能讓我在這個以性侵害案件聞名的國家安全行走，而我造訪的原因，是要跟強暴我的男人見面。

等我把啤酒放回洗手台邊緣，水龍頭突然又嘩啦啦地流出水，差點沒把三魂七魄嚇出來。待心跳恢復正常之後，我打開存著我們過去八年互通電子郵件內容的資料夾。我沒意願當他的筆友，因此郵件往來內容總是保持著一定的框架：恪守邏輯分析，只聚焦於那個翻轉人生的夜晚，期望藉由剖析過去來幫助我們現在過得更好。結果是，我對他平常的生活了解有限，也沒給他多少自己的資料。

我記起他寫過曾在社會工作領域拿到文憑之類的。我知道他喜好大自然，屬於那種喜歡自我挑戰，去爬山或是在荒野裡長途健行等等。我好奇他目前的心理狀態如何？為了緩和心裡的緊張，我在他其中一封郵件裡尋找答案：

我還是不喜歡自己。我喜歡我的生活，但不喜歡自己的身體。我喜歡自己做的事情，卻討厭自己做過的事情。我以勤奮工作來獎賞自己，卻用酒精和香菸來痛打自己。如果有人問我「你的生活如何？」我的標準答案通常是：「開心到晚上睡覺作夢都會笑。」和其他人相比，我知道自己非常幸運：住在地球上最富裕的城市，家門外馬路盡頭就有未受汙染的純淨海灘，身體健康，照西方人的標準來看也不醜。年輕、單身、有支持我的家人，還有許多會為我設想的好友。上星期我和海豚、海豹共游……像這樣順心如意的事情我可以寫個沒完。有時候，我聽著音樂、腳踩直排輪去上班，渾身上下透著幸福的酥麻感。其他時候，我坐在走廊上，喝著咖啡，內心充滿沉重的悔恨和自責。

我在為年輕人設立的戒毒所擔任青年社工。很長一段時間，我分析自己選擇這工作的原因，得出的結論是和這些需要幫助的年輕人共事時，我不需要隱藏罪惡感或是渴望獲得救贖的心願。我不知道要如何用文字表達自己親眼見到的事情。這些年輕人對我揭露的許多事情……讓我很難理解。在這濫用藥物的世界之外，還有自殘、心理健康問題、不時想自殺的念頭，莎蒂絲，最令我震驚和崩潰的，是一個年輕女孩在我面前燒毀了她的T恤。她被強暴的時候，穿的正是這件上衣。她跟我要了打火機，我看著她，之後直接走回我的辦公室裡……崩潰了。

你問我是如何面對、處理自己對你做的事。我想大概是盡最大的努力和自己抽離開來。不過不怎麼成功，從酗酒和持續搬遷的事實看來，我想答案已經很清楚了。我的感情關係也是個證明，我從來不曾讓一段感情發展到許下承諾或是安定下來的階段。我跟女友同居最長的時間是兩個月。

黑暗的秘密無法和忠誠可靠的感情並行太久。當我迎上鏡子裡自己的目光時，心裡這麼想著：**我很清楚**。

我覺得自己沒有放下任何事情。偶爾我可以設法忘記，短暫地讚許自己這個人，但很快又會記起，背上仍然有一道的標記。我把自己列入「已標記」族群，也就是某個曾經對自己鍾愛的人做出恐怖事情的人。

鍾愛的人。

我閉上眼睛，記憶回溯到十六年前的一個冬日，就在那命運翻轉之夜的前幾天。我的手被握在他的手心裡，一顆心怦怦猛跳。進入青春期，沒有安全感的我微笑問道：「為什麼選我？你為什麼會決定要追我？」

我其實是厚顏地想要獲得恭維和讚美。他英俊的臉、異國的口音以及見多識廣的姿態都足以讓他輕鬆從我們學校一堆愛慕的粉絲裡選擇女友。

他回答：「第一次見到你的時候，你穿著一件紅毛衣。我沒辦法抵抗金髮女孩穿紅衣的誘惑。」

我張開眼睛，往下看著自己身上鮮紅色的外套。好多年來，自己一直避開這顏色。我伸手拿啤酒，對著此刻嘩啦放出水流的水龍頭致意。**這是愛情、激情、鮮血和烈火的顏色，為自己要把這些全數拿回來而乾杯。**

第二天／

DAY TWO

二〇一三年三月二十八日

在前往土耳其的飛機上，我哭著看完一部電影，男孩在一樁海上意外裡失去了家人，不得不與一頭老虎共同待在救生艇上。伊斯坦堡機場聞起來有香料和廉價香皂的味道，昏濁的香水氣味在空中流連不去，免稅商店的喇叭音箱裡不斷傾洩出〈瑪卡蓮娜〉歌曲，我則咬著巧克力棒，等著搭上另一班飛機前往開普敦。

等到約翰尼斯堡在我下方以不可思議的速度忽隱忽現時，我已經不安地扭動著。隨著雙方之間的距離遞減，無數的問題也同樣飛速在腦袋裡堆積。**我要說什麼呢？**過去幾天，一堆的工作弄得我忙碌不堪，幾乎沒時間呼吸，更別說好好思考了。我納悶沒有時間做好心理準備是壞事還是好事。在經過半輩子的反省深思之後，或許已經做好了最好的準備吧？

飛機窗戶外，壯觀的山脈從細薄飄渺的雲層中拔竄而出。激烈未定的思緒在各種雲朵造景中撕裂開出許多洞。我**應該告訴他自己被傷得多重嗎？**在彼此之間的通信中，我一直避免談論細節。當你試著讓傷口結痂癒合時，老想著痛苦不放沒有多大助益。往好處想，如果避開描述他行為所造成的種種後果，自己是不是就能做到寬恕這一步？話又說回來，如果他根本不知道自己做了什麼事，我又要如何期待他承認錯誤？

放輕鬆，主動權在你這裡，除了你以外沒有人在挑戰這極限。現在寬下心，踏上旅程。先去見改變這一切事情的男人，看看整件事會如何發展。

但要在哪見面？我心裡的畫面是兩人在海灘上見面，頭頂著非洲晴朗的藍天。我們的過去已經夠醜陋，沒有必要讓見面地點也同樣悲慘。當開普敦以時速五百英里的速度接近時，這些美好樂觀的想像也更為實際。或許請他到我住的旅館來見面較為妥當，而非獨自在陌生城市裡摸索著到海灘去？

發現不確定能不能認出他時，我全身冒起了冷汗。他曾在二〇〇〇年夏天回到冰島，是我們最後一次見面，已是十三年前的事。一九九六年我們短暫的戀情結束之後，從此分道揚鑣，對於導致分手的黑暗事件未多說一字一句。

我那時滿心認定再也不會相見，事實真相也絕不需要吐露出來；這也是為什麼四年之後，我接到他電話時，心臟會怦怦狂跳的原因：話筒裡熟悉的低啞聲音告訴我，他那個夏天會回到冰島。**這會不會是我們勇敢面對過去的好機會？**這份希望在我們之間結出一個扭曲、碎裂的連結。我的理智讓怒氣靜默下來，想要把事情處理好，希望能鉅細靡遺地說清楚他如何傷害了我，又造成什麼樣的後果，正大光明地讓他一肩扛下這本該屬於他的責任。這也算是我個人的試煉，因此我等待著、計劃著，估算著。

經過一年又一年地默默忍受之後，整件事變得如此重要，我無法只是在盛怒的刺激下，把一切擲到他臉上。儘管盡了最大努力不要弄到這一步，結果卻偏偏如此。八月的某個夜晚，我和朋友到韋斯特曼群島度週末時，整件事在怒氣之下浮現。四年來的忍氣吞聲，逼得我一口氣把過往強推到他面前，結果只是讓他醉得一蹋糊塗，並把事實真相丟進大西洋裡。這令人失望的傷口，深到讓我又花了五年以及一封到澳洲開會的邀請，才能鼓起勇氣再度打破沉默。

我打開筆電之後，看見我們往來通信的資料夾仍然開著。在思緒指引下，我在他的郵件裡找尋「韋斯特曼群島」幾個字，結果出現了二〇〇七年六月的郵件：

我又向慢跑求助了，因為在這階段面對巨大如山的邪惡……實在太沉重了。在這種時刻，我通常會轉向內心，斬斷所有的羈絆而不去考慮任何有害的後果，反正就是不斷跑下去。這帶回我在韋斯特曼群島上產生的所有感覺，我也絕不希望再回到那地方。

我目前與自己的關係被自我憎惡和疏離汙染了，從許多傷害性的行為當中可以看得很清楚。或許一旦我能夠把自己和那天晚上所做的事情分開來，完全不去承認，讓心裡的空洞自動從你那裡偷些什麼過來填補之後，我就可以對付這空洞了。

我大略看了一下當時的回覆，注意到自己藉口說「沒辦法投注太多心力在你突然提到的問題上」而中斷了通信。因為這對我的情緒來說有太多風險，也讓進一步的療癒更加無望。**我們花了好幾年的時間、經歷許多翻轉命運的重大事件，才再度聯絡上，如今我卻以每小時五百五十英里的速度朝另一個事情前進，而這事卻很有可能再度翻轉我的命運。**

父親的話在我腦海裡迴響著：「你不需要大老遠跑到南非去，只為了做某種象徵性的宣示。」

然而我內心深處始終都知道自己必須走這一遭。有些事情沒辦法只靠書寫就能處理，那些模糊朦朧的事情最好是對著黃昏呢喃說出，讓它們在陌生的國度裡隨著沙漠的風消散而逝。

我的電腦螢幕上有一架閃爍的飛機在地圖上前進著。根據計時器，開普敦只在短短二十九分鐘的距離之外了。考量到時間如此短促，卻還有這麼多問題尚未解決，我肚子裡緊張飛舞的蝴蝶開始往下俯衝。**可惡，萬一我無法原諒他呢？我已經準備放下了嗎？如果答案是否定的，這一星期的時間足夠和改變我一生的強暴事件握手言和嗎？**

沮喪之餘，我把筆電裡的捲軸往下拉，想找些東西來穩住心情。當初提議這一趟行程時，我的確夠冷靜了不是嗎？為了找回信心，我重讀當初的提議：

你或許會需要一輩子的時間來原諒自己對我做的事。這都取決於你，需要多久的時間都行，與他人無關。

然而，我正爬著不一樣的山脈，而且已經非常接近山頂。

我建議六個月以後雙方碰個面，試著徹底做到原諒。面對面。

我覺得這是唯一適合我的方式，信件絕比不上面對面的溝通。在我們經歷過的一切之後，我認為用這來結束我們這段故事，是最有尊嚴且誠實的方式。

我聽起來如此冷靜，也該死的理智。這怎麼可能同樣出自現在這個坐在南非上空三萬英尺的飛機裡奮力呼吸、滿腹疑問不安的女人呢？

再往下讀到他的回覆時，心裡多少感到安慰，因為他心裡似乎也很矛盾：

你要求見面的提議讓我很震驚。恐懼、焦慮、戒慎和驚慌，你想得到的形容詞，全都湧上心頭。不過，聽起來像是你正朝著非常特殊的個人目標踏出重大的一步，我當然同意和你見面。經過各種考慮之後，我真心認為這對雙方都有益，給我自己一個機會面對面說出許多渴望說出的話，也看看彼此能否關上許多回憶之門。

莎蒂絲，我想為你這麼做，你似乎變得堅強和坦然，也準備好見到我，並往未來邁進了。我也想為自己這麼做，因為受夠了對自己失望、受夠自己的惹人厭；我相信只要有勇氣見到你、誠實認錯，對你說我很抱歉，那麼自己就可以放下過去了。

原諒是唯一的方式，我告訴自己，**因為不管他值不值得我原諒，我都該獲得平靜**。我是為了自己這麼做。原諒之道長久以來被宗教把持，被那些衛道之士轉化成一種偽善的概念，實在令我憤慨。**一大堆煞費苦心設計出的廢話**。我的原諒並非無私、也沒有犧牲的意味，更說不上英勇；沒有天使在一旁合唱，沒有朦朧的愉悅感覺，更無忍氣吞聲的企圖。我的原諒在磨刀石上磨得白熱，目的就是要切斷所有羈絆，如果能徹徹底底地放下，這對我的狀況大有助益。這是自我防衛的終極表現。

當我旁邊的乘客不客氣地把身體橫伸過來，欣賞窗外快速接近的風景。我闔上筆電，盯著他的後腦勺，決定向所有的疑問投降，因為實在沒有答案可言。唯一知道有什麼在前方等著自己的方法，便是把思緒擱在一旁，回到眼前的現實。

等到飛機在開普敦的機場跑道顛簸前進時，我深吸一口氣：**現在無法回頭了**。

我蹣跚走進機場，背部因為連續三十個小時坐著不動而抽痛著。一臉焦慮的銀行行員替我換錢，數算著手裡的紙鈔，匯率並不如我想得優惠，不過這不是計較的時候。我一心只想趕快抵達旅館，洗個熱水澡。**一步一步來**。

開普敦的天空陰暗多雲。雲層不只蓋住桌山平坦的山頂，還蓋過四周的斜坡，就像鬆軟的桌巾一樣。我登上市區巴士時，一陣雨霧襲上臉龐，我往窗外望去，被眼前陌生的植物迷住了。世界上每個國家的風景大概都可以勝過冰島，因此冰島人對樹林有一種迷戀，就像身處異國糖果店的小孩一樣。我看著巨大的植物拔地而起，雄偉的華蓋在風中搖擺，心想著：**真神奇，我真的在南非了**。

等巴士停在港口旁的碼頭廣場購物區之後，我傳了簡訊給家人報平安。我先前已經在谷歌Earth上不斷繞著這些區域跑，因此很熟悉。我費力地拿著所有行李，腰間還繫著一個塞滿紙鈔的霹靂腰包，覺得自己就像個可憐的肥羊觀光客。深吸一口新鮮的海風之後，我無聲祈求計程車的出現。

「小姐要坐計程車嗎？」一個人從對街喊過來。我喃喃感謝老天迅速的回應，同時招了手。

先前出聲的男人年紀在五十上下，開著老舊的豐田汽車。我讀著車門上的貼紙，試著回想這屬不屬於那些可以信賴的計程車公司之一。我在南非認識的第一個朋友帶著笑容走過來，準備幫我抬行李。我感到左右為難，**是不是該找旅遊網站推薦的計程車行呢？**等看見一位穿制服的交通指揮員和我這位新朋友友善交談後，一切疑慮消失了。我坐進後座，他以練習過的開場白介紹獅頭山上的瞭望台。抵達麗池飯店後，在我謝謝司機的同時，穿制服的門僮把我的行李從後車廂拿了出來。

當地時間是下午三點半，我穿過飯店的黑色旋轉門，看見寫著英文和德文的標誌歡迎我到來。經歷了長達三十四小時的旅程，我開始感覺腳底下的大理石地板上下起伏，整個人就跟筆電和手機一樣，幾乎完全「沒電」了。

我的房間位在二十一層樓高飯店裡的第十二層樓。房間內部寬敞明亮，雙人床上點綴著銀色的毛毯。我把所有東西扔到床上，安心嘆了口氣，再踢掉腳上的鞋子，直接走到窗戶前。窗玻璃因為海鹽沾附而顯得有些模糊，我還是開心地發現從房間望出去可以看見大海。底下的花園往外延伸，雨滴拍打在荒廢的生銹座椅上，看起來就像是散布在草坪上的小小火柴盒。還有一座閃著螢光藍的泳池，而風中傳來海鷗的隱約粗嘎叫聲。

我閉上眼睛，深吸一口氣。**好了，開普敦，好戲上場了。**

手機傳出嗶嗶聲響，我隨手接了起來，一定是維狄爾知道我安全抵達後傳來簡訊。但是點開內容讓我驚訝得屏住呼吸，是他傳來的——我來這裡要見的那個人。我緊張得心臟都快跳出來，趕忙在床邊坐下，簡訊問我是否已經平安抵達旅館，以及希望什麼時候碰面。

好了，專心點。外面正下著雨，你對這裡的環境也不熟悉。

「我們五點在麗池飯店大廳見面吧。」我以顫抖的手指輸入這些字。

片刻之後，他傳來回覆。

聽起來不錯，等會見。

還有一個小時，一次一步，慢慢來。**現在先來沖澡，記得要呼吸。**

我先檢查浴室門上有沒有鑰匙孔，此時心底傳出一陣陣呻吟。我開始哼著歌，以淹沒那些恐怖噪音。**莎蒂絲，記得呼吸。**

一塊石頭在我脫掉衣物時，從口袋裡掉出來，在地毯上彈跳。我撿起來，石頭仍然是溫熱的。

多年前，在一切尚未改變之前，他在一個美好的時刻把石頭送給我，解釋說它會渴望回到澳洲海岸的老家。「這樣就可以確定，你有一天會來澳洲。」他還補充了這一句，臉上挑逗的表情讓我兩膝發軟。

九年之後，我到澳洲參加年輕劇作家論壇時，隨身帶了這顆石頭。我那時已接受無法和他面對面對質的事實，不過仍希望在他的國家留下點東西，做為把自己和傷害分離開來的象徵。我懷著滿腹糾結的情緒和沉重的回憶，某一晚走到海灘去，月亮又大又圓，銀光輕灑在腳下的浪花上。當我試著把石頭留在海岸時，才發現做不到，我還沒準備好。真是可笑，現實中，一塊石頭有的也不過是重量而已。

如果人生是一趟徒步前進的旅程，一般人會希望把行李降到最精簡的地步；懷著怨憤、或憎恨等負面情緒，就像是拖著一大袋石頭走過人生一樣。長久以來，我留著他的石頭允許它重重壓住我，直到現在才明白這原本就不該是我的重擔。我告訴自己，**該是卸下負擔的時候了**。

沖完滿心等待的熱水澡之後，我的頭髮終於可以自由披散下來，一張臉幾乎已成素顏。開普敦仍然相當寒冷，因此我在襯衫和牛仔褲外再加了一件開襟外套。

五點零二分了，我還在旅館電梯前來回踱步。我伸手按向電梯按鈕卻又垂下手，心臟怦怦狂跳。鎮定下來之後，我再次按下按鈕，時間滴答滴答過去，電梯上來了，電梯門往旁滑開。我的胃翻攪成一團，彷彿盯著的是懸崖下方，而不是看向空蕩的電梯。

哇！我想了想，還是搭下一班好了。

電梯往下滑去，而我不在裡面。我振作起來再次按下鈕，等待的期間則不停踱步。電梯升上來，停住，打開，再度停在我面前，就像鍍上鉻的牢籠。

現在進去吧。

我深吸一口氣往前踏了一步，但就在下一步，兩條腿突然硬生生往右邊走去。

電梯門關起來，牢籠再度往下移動，而我仍然沒在裡面。

可惡。

每分鐘溜逝的感覺就像是有一把銼刀刺著神經。如果我再不快點採取行動，等一會就變成尷尬地遲到，隨之而來的對話就得先從道歉開始。這樣豈不是很老套？等了十六年，飛了幾千英里的路程來面對一個人，聽他說「對不起」，結果變成我搶在他之前說「對不起，我遲到了」？

不，我絕不能讓這發生。

電梯門第三度滑開時，我逕直走進去。隨著樓層數字往下遞減，我的心則是從胸腔往上爬升，等到電梯門終於打開時，已經滿心後悔了。我想要跑回機場，搭上下一班飛機回家。唉，我為什麼就不能像個普通人一樣，去找個心理醫生和一瓶伏特加就好了呢？

我屏住氣，掃視著大廳。電梯對面有一間小小的紀念品商店，空氣裡迴盪著愉快的談話聲。到目前為止，還沒看到他，我覺得自己就像在飛機上看的那部電影裡的男孩，困在小船上，在充斥各種絕望想法的大海裡漂泊，準備面對那頭接下來的日子裡，被迫與之共處的老虎。

我下了決心，朝飯店櫃台走去，對服務人員露出機械性的笑容，詢問自己能不能借筆電用的變壓器。接著，那個改變我一生的男人從飯店西側出現了。

我們的視線彼此交接。時間在兩人之間搭起一座吊橋，橋上的鋼纜延伸了十六年，橫過大西洋進入了一間漆黑的房間、一個偷走的吻，以及一聲震驚的嗚咽。

笑容凍結在我的唇角。我示意自己還需要一會時間，便回過頭看向服務人員，對方正彎腰翻找放了各種插頭的箱子。我頸背上每一根寒毛都豎立起來。服務人員看著我搖搖頭，建議到街上轉角一間賣轉接插頭的商店問問。我一心注意著他的出現，根本沒聽清楚她說些什麼。

他出現了。經過那些所有情緒、所有郵件、所有那些該死的心理輔導、所有的痛苦之後，我們走到了這一步。

我和湯瑪斯・史敦吉。

我深吸一口氣，轉過身體。湯姆已經移到飯店出口旁的沙發上。這或許是為了匆忙撤退而預備好的位置？我朝他走去，從頭到腳抖不停。

「嗨！」我們同時出聲。他的兩頰和耳朵紅得發亮，看起來跟我一樣緊張，不過彼此都極力隱藏這份不安。老天，他根本一點都沒改變，那雙湛藍的眼睛，那頭金髮，鬍子就跟從前完全一樣。這真的是他。

「哇，真的是你。」我脫口而出。

「是啊，感覺很怪。」他同樣驚愕，開口說：「感覺很不真實。我不知道這次碰面會是什麼感覺。」

「我也一樣。」

我們彼此看著對方好一會兒。

「外面正在下雨，你都濕了。」我注意到了。

「雨不是很大。」

「你有帶雨傘嗎？」

「沒有。」

「我也沒有。」

他的聲音粗啞，一如往昔。一股熟悉感排山倒海而來，力量大到我在絕望之餘只能緊緊攀附實際的問題。「我需要買一個轉換插頭，我們或許可以順便買傘。」

「聽起來不錯。」

當我們朝門口移動時，自己心底感到一陣放鬆，肩膀上不再有半輩子的重量壓得雙腳只能定在地板上。我們走出麗池飯店往大街走去時，他看起來也同樣鬆了一口氣。

在轉角的商店裡，我發現自己側眼看著湯姆，還是沒辦法直接注視他。他穿著一件格紋襯衫、灰色長褲和一雙皮鞋，姿態很生硬，彷彿是走在蛋殼上面一樣，或許是因為我出現的關係？他一身古銅肌膚和潔白整齊的牙齒令人羨慕，他把身材維持得很好。金色捲髮也仍然到位，前面長後面略短。我內心深處裂開一道縫，一聲嘶喊逃逸出來：**他那該死的頭髮遮住我的臉……**

我猛力地深吸一口氣，恢復內心的平衡，小心地從情緒邊緣退回來。**莎蒂絲，繼續呼吸就好。**

店員打電話詢問我要的轉接插頭，同時說他們不賣傘；這其實不是問題，外面的雨已經停了。無論如何，透過與這次任務無關的小差事，成功瓦解了我們之間的拘謹。

一會之後，我們站在彩色的貝殼沙灘上看海。天空陰沉，低壓壓的烏雲看起來近得彷彿伸出手就可以觸摸到。我深吸一口氣，心跳儘管已經平緩下來，但內心仍然顫抖著。

「我昨天在這裡的時候，試著想像你在這裡的畫面。」他對我說。

「我也有近似的想法。我們會像現在這樣碰面，就在海邊。」

「我先前很擔心見到你時，情緒起伏會非常劇烈，」他別過臉去，說道：「可能我會痛哭流涕，整個人一團狼狽。」

「我對這次的……任務也有疑慮。」

「我也一樣，整件事情看起來根本無法控制……」

「……幾乎難以想像……」

「……在這麼多年過去之後。」

他同意地點點頭。

「你以前來過非洲嗎？」我問他。

「沒有，不過我一直想到這裡旅行。」

「我也一樣，不過我不曾來到離家這麼遠的地方，嗯，除了工作出差以外，我不知道自己以後還會不會這麼做。這就是為什麼我想要在這裡見你的原因，在一個雙方可以永遠擺脫我們的過去的地方。」

「我同意，這地方很適合。」

我們沉默站著，觀察著這座將會保守我們秘密的城市。街道上林立著面海的高樓華廈和飯店，由岩石堆疊成的路障把步道和海灘隔開來。除了一對溜狗的夫妻、一個氣喘吁吁的慢跑者以外，眼下就只有我們了。湯姆彎下腰撿起沙地上一個空塑膠杯，接著又撿起另一個空瓶子，我才明白他是在撿垃圾。

他遲疑了一會才開口問：「你家人對你來這裡有什麼看法？」

「他們不太開心。」

「你的伴侶呢？」

「維狄爾？他百分之百支持我。」

「很高興聽到這個消息，讓人安心多了。他的名字是維狄爾？」他謹慎地說出我未婚夫的名字，彷彿擔心自己沒獲得許可大聲說出這名字。

「對，那是冰島語的『柳樹』。你的家人呢？」

「我父母知道我在這裡。這星期結束之後，我會飛到西澳跟朋友聚一聚。我在雪梨的朋友以為我要去西澳出差兩星期，而在西澳的朋友則以為我只有一星期的假。」

「所以沒有朋友知道你在這裡？」

「沒有，這星期嚴格說起來我不在任何地方。我要去西澳拜訪的朋友是南非人，他提過開普敦好多次了。如果他知道我獨自一人來這裡，他會非常非常不高興。」他尷尬地說著，把滿手的垃圾扔進最近的垃圾桶。

「我知道這並不容易，對你我來說都是如此。我自己對這件事也曾陷入無止盡的圈子，不過我很確定一定得這麼做：面對面地見到對方。」

他點頭。「沒錯，通信能做到的也只有某種程度。」

我們腳底下的乾海草發出窸窣的碎裂聲，他問道：「你有想過這星期結束後就停止聯絡的事嗎？」

這句話帶著一種畏懼。相互聯絡對兩人來說一直是重要的墊腳石，它橫跨了八年，歷經我們各種人生大事：畢業、工作、養兒育女、歡喜和哀傷等等。在某種程度上，即便它們從來不是討論的主題，我們仍然陪伴對方度過所有階段。

「有，」我告訴他：「我希望盡可能在開普敦處理完所有的事情。你呢？」

「我也希望我們不會需要再寫到關於這件事的一點一滴。」他回答。

他說的話讓我畏縮了一下。我們投注了這麼多東西在這上面，大量的時間、經歷、金錢以及情緒都融進彼此的交流當中，使得一丁點的拒絕感覺都像是在磨一個水泡。

「你今天想做什麼？」他好奇問道。

「互相重新熟悉一下怎麼樣？」我心裡加了一句，**我們從青少年到成人的這半輩子都很疏遠**。我知道自己在壓力之下就會忘記吃東西，便提議：「或許到哪裡找點吃的？」

「好主意。」

我們沿著海之角步道走下去，我仍然相當僵硬和警覺，不知道哪一種的感受要更超現實：我們之間的距離不超過一英尺，或是我離家已半個地球遠的事實？湯姆懷著同樣遲疑的態度，敘述他前一天探索碼頭廣場的經過，還欣賞了一個男子團體的討喜表演。「他們很厲害，真的會感動人心。」他這麼告訴我。

「你自己一個人晚上在外面走動不會緊張嗎？」

「有一點，感覺像是自己需要保持警醒。我經過任何人旁邊時，會避免視線的直接接觸。是有那麼一點緊張，但還不至於不安全。不過感覺上，空氣裡有一股……絕望的氣氛。」

從行人道長出的一棵宏偉大樹吸引了我的注意。樹幹長出白色和棕色的不規則斑塊，讓人聯想到母牛。粗壯的樹幹往上分裂為兩根主莖，將歪斜的枝幹朝天空伸展而去。我的手順勢滑過平滑的樹皮，著迷地微笑起來。當我發現湯姆驚訝地看著我的時候，我直接了當地說：「我非常的觀光客吧。」

「抱樹的觀光客？」

「我可一點都不覺得丟臉呢。」

我們對彼此微笑。突然之間，那感覺回來了。我們之間那股吸引對方的洶湧磁場。我的身體認出他就是喜悅、痛苦以及夾雜在當中所有情緒的來源。這發現像是電流一樣在我內心流竄，突然間覺得自己天真得不可思議，竟然沒有預見這一幕。**當然會如此了**。

就算我們經歷了種種這一切之後，我應該知道那股吸引力可能還殘存一些。
我的心飛回那一晚，一九九六年十一月十六日，發生第一次關係的那一晚。

整件事是從湯姆一位朋友的生日派對開始的。他邀我一道去，這是我們第一次以情侶的姿態外出。我那時十六歲，開心到了極點，一雙腳幾乎像是漂浮在地面上。

派對結束之後，我們決定回我家。我父母、姐姐和弟弟的房間在一樓，我一個人獨擁整間地下室的奢華空間，擁有獨立出入口，確保了無拘的自由和二十四小時的隱私。

我們的任務本來是「烤餅乾」。不知道是誰先開始這玩笑的，我們在走回去的沿路上不斷拿這點子說笑，兩人笑得暈陶陶的。

等回到家，這玩笑已經老梗到無趣，因此我們把計畫改成「看影片」。

我根本沒有任何錄影帶，我們最後將就選了弟弟的卡通《小美人魚》。反正，兩人心知肚明我們不會認真看影片的。

接著，我們開始親吻，愛撫。我穿著辛普森家庭的卡通T恤——這是童年的證明。我們編出彆腳藉口，好脫下身上的衣服。「老天，這裡好熱唷，我最好把褲子脫下來。」

最好是啦。

我們熱烈愛撫了六個小時之後，決定要進行最終的一步。這決定感覺很自然，我們想要對方，一點也不覺得有壓力。我準備好了。

我記得他忙著戴上保險套的時候，自己興奮地顫抖著。這真的要發生了嗎？我就要跨出一大步成為成熟的女人了？等到早上，我會有所不同嗎？

接下來我們做愛了。

這過程一點都不痛，反而相當……美妙，尊重、親密感和美好從我們的激情和自由意志中孕育而生，嬌美纖巧的心思中綻放初戀的花朵。

之後，那夜的回憶卻像是不斷重複的夢魘糾纏著不放。同一個人怎麼能夠又溫柔卻又冷酷？他怎麼能在前一晚溫柔地和我做愛，卻在後一晚強暴我？他為何要決定搶走一樣我之前願意送給他的東西？

這種無法理解的矛盾，使得後來幾年裡我難以信任他人。如果那些宣稱愛我的人都可以侵犯我如此之深——我還能相信誰？

我站在這棵斑駁的樹旁，腦裡縈繞著這問題，反而沒在看著湯姆。這些其實都沒關係了，我和維狄爾相愛，沒有任何回憶能夠威脅到我們的感情。

湯姆似乎沒注意到我的不安。「在開普敦待上一星期，」他長嘆了口氣說道：「處理原諒的問題。」

我振作起來，加上一句：「要清清楚楚、明明白白。」

「清清楚楚、明明白白？」

「對我來說，原諒不是嘴上說說而已，而是用行動表現出來。」

我停頓下來，轉過身看著湯姆。「從前你在冰島的時候，給了我一個石頭。說它必須要回到澳洲，你相信我能達成這任務，記得嗎？」

他的額頭皺起來。「那石頭是不是帶點灰色的橢圓形狀？」

「沒錯！」

「它來自我家附近的海灘。我要飛到冰島的前一天，走到那裡消磨時間。我撿起那石頭，等到要離開的時候就隨手帶走了。我本來是要把海灣牢牢記在心上，但是發現沒辦法記住所有的細節，想說之後可以靠這塊石頭一解鄉愁。」他搖著頭說：「很抱歉，我不記得把它給了你。」

「總之，多年以後，我受邀參加澳洲一場劇作家的論壇會議，記得嗎？我努力想忘記你對我做的事情，但是那封邀請把我震醒，回到現實。整個回憶不知怎麼的，感覺褪色不少，彷彿自己是專程被送到世界另一邊來面對這段過去。但是你沒辦法和我碰面，事情也就結束了。」

他點著頭。「我還記得當時自己住在哪裡，也記得不能飛過去見你的種種理由，有些還挺有說服力的。我那時剛在柏斯開始上青少年輔導的專業課程，再度成為一個窮學生，不過還有其他一些理由，像是『猶疑』。」

「我帶著那石頭，某天晚上走到海灘去，可惜還是沒辦法放回去。時機不對。」我望進他的眼裡，說：「我想，那是因為我需要把這石頭還給你，以面對面的方式。但我並不想讓事情就此結束。原諒的重點就在於放下包袱，而不是把它傳給另一個人，就算對方是一開始就該扛起這個重擔的人也一樣。如果石頭只是單純交到另一人手上，繼續滋養惡性循環，那就沒有任何意義了。」

「沒錯，」他輕聲地贊同：「知道嗎，二〇〇五年的時候，我不確定是否準備好把石頭從你手中拿回來。我也同意，如果我扛起重擔後傷害仍持續下去，這項練習也就失去意義了。」

「這就是為什麼它必須在雙方完全對等的情況下離開。等到時機適合了，你應該要幫我們擺脫它，不再壓得任何一個人動彈不得。」

湯姆點了點頭。我告訴自己這麼做是正確的方向。根據我對家庭暴力的認識，加害者和倖存者之間的持續溝通，確實可能會讓雙方困在毀滅性的模式裡。但我告訴自己，這不一樣。我沒有要和湯姆進入一段關係，我的未來不會和他有任何牽扯，我們甚至不會住在同一塊大陸上。我已經擁有新的家庭和生活，也希望徹底擺脫過去。

泰式餐廳的女服務生帶我們入座時，時間已將近七點鐘。突然間，我明顯感受到在外人眼裡我們看起來是什麼樣子，因此起了雞皮疙瘩，很想開口告訴每一個人，我跟湯姆並不是一對愛侶。

我想像自己在餐廳裡衝來衝去，把任何帶著浪漫氣息的物品全拿掉，吹熄蠟燭，把花瓶裡的花扔進垃圾桶。我咬著嘴唇，吞下緊張不適，我們目前的情況已經夠怪異的了，不需要這種脫軌演出。

沒多久，女服務生端著一盤熱騰騰的雞肉麵給我，一碗豆腐湯給湯姆。

「你吃素嗎？」

「大概有十二年了吧。」

「為什麼？」

「很多原因。」

「像是道德上的因素？」

「我想主要原因跟道德有關。我後來了解到動物的知覺能力、工廠化養殖以及牠們被對待的方式……還有環保因素。你知道製造一公升的牛肉需要耗費一千公升的水嗎？讀過彼得・辛格的書之後，我嘗試整個夏天只吃素和魚類。改變其實不困難，堅持下去就是了。」

我決定尊重他，即使內心有股衝動想跳起來尖叫，他腳上穿的可是皮革做成的鞋子呢。**莎蒂絲，閉嘴，要選對戰場**。

「你的生活整體來說過得如何？」他舀起豆腐時說了這一句，把緊張氣氛淡化了。

我想了一會之後才回答：「我不知道自己的生活會往哪裡走，不知道下一筆收入會從哪裡來，但我從來就沒有這麼滿足過。」

他揚起眉毛：「哇，船到橋頭自然直，對嗎？」

「某方面來說是這樣沒錯，我的工作屬於專案形式，工作周期很短很密集，裡面包括了寫劇本、翻譯小說、拍電影，以及公開演講。幸好，我的工作領域很多元，夠應付開銷。當然有穩定收入的話會更好，尤其我現在有了家庭，各種花費也隨之而來。不過事事無法盡如人意。我覺得非常幸運，能夠靠著做自己喜歡的事賺錢，還能夠達成我的終極目標」。

「你的終極目標是什麼？」他好奇問道。

「改變世界。」

他臉上閃現一抹笑容。

「你呢？」

「我仍然是青年社工，在庇護所擔任專案經理，每個月也在戶外用品店輪班。前一份工作在情緒上很費心力，另一份倒還好。我也在一個叫做『負責任的跑者』的組織裡幫忙。」

儘管因為神經過度緊繃而沒有多少食慾，我仍是一邊設法吃完麵條，一邊聽湯姆告訴我，他六個月前某個晚上在沙灘上慢跑時，看見一個人戴著頭燈、手裡拿著塑膠袋，撿拾沙灘上的垃圾。他們兩人在接下來兩個小時裡，撿起的垃圾足以裝滿四個大垃圾桶。

「對方後來動員其他人來加入我們，如今變成每週一次的例行活動。現在發展到接近一種運動了，全澳洲有八個地方同時都在推行。在大夥齊力之下，我們目前已經撿起三噸的塑膠製品和垃圾。」

這就解釋了他先前在海灘上為什麼有近乎強迫性撿拾垃圾的行為。

我舉起杯子：「這杯敬改變世界。」

「乾杯。」他微笑時，眼睛瞇起來。

這一刻被來自廚房的激烈滋滋聲響打斷了，廚師在燒得赤紅的煎鍋上忙碌著，當火舌往上竄向天花板時，汗珠自他的眉間滴落。

「我還是忍不住偷捏自己一把，好確定這不是一場夢。」湯姆低聲說著。

接下來兩個小時裡，我們各自描述自己的日常生活，這是在通信時避免去碰觸的部分。儘管聽起來很怪異，但是能夠從嚴格切割的過去中，暫時喘息回到此刻，感覺讓人鬆了口氣。湯姆的生活點滴逐漸顯現出來，包括工作、嗜好以及興趣。三十五歲時，他的感情世界經歷了起起落落；事實上，他不久前才結束了一段感情。「她是我遇過最了不起的人之一……我們在一起的時間很美好……可惜的是，我們之間並沒有『火花』。」他這麼告訴我。

我點點頭，表示同意這樣簡略的解釋，但忍不住想起他說過關於自己不值得愛等等的話。**這是他對我做出的事情得到的報應**。

他說：「你看起來很快樂！」

我的心思回到維狄爾、小孩以及工作，臉龐綻放出燦爛的笑容：「我是呀，我很幸運有人愛我。」

「很高興聽到你這麼說。」他真誠地回答。

我很清楚未來幾天裡狀況隨時可能出差錯，但是此刻一股陌生的喜樂感在心房湧起，那是種釋放、謙遜以及對宇宙感到感謝的混合情緒。**感謝祢讓我體驗這一切。即便這件事怎麼看都沒有道理可言，但我要感謝祢幫助我找到力量，來面對我過去最具腐蝕性的部分。**

我們離開餐廳時天色已暗下來，附近樹林裡的昆蟲正嗡嗡讚頌著南非的夜晚。突然間，湯姆停下來指著前方一個招牌，說：「你看！」

那是開普敦一家日報登的廣告。標題以斗大的字眼朝我們嘶吼著：**十二頁長的小冊討論今日報紙上刊登的強暴案**。

我被這標題猛力拉回現實。這個生活優渥的美麗國家，卻是全世界強暴案盛行率最高的地方之一，而我身邊的這男人就以永生難忘的方式，把他自己和這種罪行連了起來。

「我想要一份小冊子。」我低聲說著。

「我也想要一份。」他說道：「畢竟，這就是我們在這裡討論的事情。」

事實在夜空裡顫抖著，像張蜘蛛網把我們之間連成一串。我們在接下來幾天裡必須夠堅強，才能走到我們被帶往的地方，走進傷痂底下。

儘管此刻腎上腺素不敵時差，我還是建議一起去喝杯睡前酒。一部分原因是我想要先向自己（以及湯姆）清楚地宣示：我們在這裡面對面的目的，是要談改變兩人生命的那一晚。我們坐在麗池飯店附近一間酒吧裡的露台上，握在我手指間的啤酒瓶清涼滑潤，湯姆則是抓住這機會把香菸的煙霧吹入夜色。

我正要打破沉默時，一個穿著破髒運動衫的無牙男子快步走過來，要我們可憐可憐他，他很需要一些銅板零錢。儘管我很想幫他，卻難過地明白這其實沒辦法真正解決他的問題，而湯姆則搖搖頭。那個人放棄了，遁入暗夜裡消失，我靜靜注視著雙手，我的社經地位優勢忽然像塊金屬毯子重重落在我的大腿上。

「你還好嗎？」

「沒事。我只是在和自己的舒適圈拉鋸著，我們兩人要一起在這城市度過一星期的時間。自己最好找個方式適應。」

「沒錯。」

我瞇起眼看向暗處。有那麼一會，沒有人開口說話。

「我有一份工作讓我學會如何踏出自己舒適圈的技巧。」

「哪一份工作？」他問道，又吸了一口菸。

「媒體報導。在我開始當記者之前，我待在敬畏或是有權威的人身邊都會相當緊張不安，但在報導新聞的時候，最該優先擺脫的便是自卑情結。到後來，我的膽識已經堅強到在午餐時間前，就能跟半數閣員說上話了。」

他點點頭：「恐懼就像是中毒一樣會讓人癱瘓……」

「……直到發現對方其實跟你同樣感到害怕。」

我們的視線交會。他那支菸的餘火在他嘴唇上方徘徊，像隻螢火蟲。他點頭，我本能地轉過頭去。

「你變了。」他說道。

「我知道。」不再是那個衝動、想要自我毀滅、身上的裂痕足以侵蝕自身存在價值的女孩，不過我不知道他指的是什麼，或者那句話是不是稱讚。「我的改變是好還是壞？」

「是好的。」他回答：「你跟我在二〇〇〇年夏天回到冰島時見到的女孩已經不同了。」

「不過，你卻跟以前一模一樣。」

「是嗎？」他驚訝問道。

「以外表來說，如果你不是睡在甲醛裡，就是吃素發揮了作用。」

「你也一樣。」他摸著鬍子說：「我想，從外表看的話，我們仍然跟以前相似？」

地心引力用莫名的力量把我的四肢緊拉著，坐著的長椅感覺就像是花崗岩。知道自己沒有力氣再繞著這主題打轉，我從包包裡拿出橘色小筆記本，擱在桌子上。

「這是什麼？」他問道。

「第一步。」我一邊說，一邊翻閱有著潦草筆跡的內頁，翻過了購物清單、塗鴉和待完成的詩，最後找到了寫給湯姆的信的初稿。

「你看，這裡都沒更改或是刪修，」我指著寫滿字跡的紙張說：「雖然當時是下意識寫出來的，結果卻很完美。我猜，自己潛意識已經琢磨了這封信好些時間了吧。」

他端詳著筆記本，手指滑過原子筆塗寫的字跡。攤開的內頁有如白色床單，而在那當中，我依然是十六歲的年紀，四肢攤開仰躺著。突然之間，感覺上湯姆是在翻閱我的靈魂，因此我猛力把筆記本從他手裡拉走，同時也對自己的反應感到驚訝、洩氣。**你不是已經跨過這一步了嗎？**

湯姆睜大著眼，遲疑一會之後才問道：「你之後有可能讓我讀它的內容嗎？畢竟，這是最原始的版本。」

「會的，將來某一天吧。」我以顫抖的手指把筆記本塞回包包裡。

精疲力盡的我們決定隔天早上碰面。按照澳洲當地時間，湯姆等於已經熬夜一整晚沒睡了，他的臉色病懨懨的。我看著他消失在暗夜中，才轉過身走進飯店大廳。我這輩子最重大的時刻之一就發生在短短數小時之前，在一群毫不知情的人面前進行著，他們不知道眼前這兩個焦慮的人正試圖改寫自己的歷史。

一想到還是不知道這周能不能成功「和過去劃下句點」和「做到原諒」，兩肩又僵硬起來。深吸一口氣之後，我提醒自己就目前破冰的程度看來，事情進行得還算順利。雖然沒辦法像預期得一樣冷靜和準備充足，但是我仍然設法在這一晚結束之前，開啟我們大老遠來這一趟要討論的事情。接下來幾天避開嚴肅的主題是很誘人的想法，但是如果我就此投降，可就真的是徹底背叛自己了。

不能再逃開，我心裡想著，腸胃則是以焦慮到劇痛做為回應。**不能再閃躲**。

我本來希望在睡前跟維狄爾通Skype說說話，但是櫃台小姐告訴我，飯店的Wi-Fi密碼全發完了，登時粉碎了這個計畫。「不過我們明天就會取得更多密碼。」她快速加上一句。

「真的嗎，在耶穌受難日這一天？」我實在很難壓下自己的懷疑。

她熱切地點著頭，於是我吞下堵在喉頭間的失望，在搭電梯回房的期間，發了一則簡訊給維狄爾解釋整個情況。我閉上雙眼，試著記起他的氣味。我想念把臉埋進他的頸窩，細聽他呼吸的情景。**老天，我在這裡做什麼？**

維狄爾傳回來失望但體諒的訊息，還告訴我一件平凡卻又深感安慰的消息：他們要去游泳池、買日用雜貨，以及煮通心粉湯。他告訴我，在懷疑媽咪是不是消失或困在飛機裡的情況下，海福迪的表現算是相當不錯。

我心裡充滿了又苦又甜的刺痛。**我最最親愛的海福迪・福瑞爾啊**。

「告訴他，媽咪**絕對不會**拋下他。我們明天通話吧，我愛你。」我如此回覆，眼睛眨呀眨地落下淚。

當我把毯子蓋住自己顫抖的身體時，南非時間已是晚上十一點。終於可以讓身體平躺下來，我安心地大嘆一口氣。情緒的渦流停駐在胸口，我不知道該為想到接下來幾天而不知所措，還是該為目前的小小勝利感到興奮？在睡神降臨之前，我最後的思緒繞在一個十幾歲的背叛者慢慢轉變為一碗通心粉，要給一個我掛念不已的藍眼小男孩吃進去。

湯姆的日記

星期四

我的新房間有光潔的平整床單，以及我見過最挺、最潔白的白毛巾。今天早晨我離開那群背包客，住到民宿去。置身在這專屬於我的乾淨、整潔私人房間，讓我生起小小的罪惡感，畢竟這可不是尋常的小貨車後座，或是朋友家的睡墊。儘管房間不是特別的大或豪華，但擁有獨立的空間仍然讓人感到特別……奢侈和成熟穩重。

要合理化住在這裡的理由很簡單，我知道和莎蒂絲見面相當不容易，我也很確定兩人會走過一些令人緊張和戒備森嚴的階段。我也知道每天晚上從她的飯店走一段距離回來之後，會需要有床鋪可以讓整個人躺下來。

登記入住之後，我打開行李，然後走路到三錨灣去，試著放鬆下來，看看海景。但在走回來的路上，口袋裡的手機震動時又讓我的神經緊繃起來。

她到了，而且已經坐上從機場出發的巴士。

我一面深呼吸，一面緊張地把行李的東西分類擺好。我在光潔的原木地板上坐下來，揉著自己的腳跟；此刻很需要讓自己「接地」，稍稍放掉一些震撼之氣。預料中的焦慮「識時務地」出現，我把淺色長袖襯衫和素面薄長褲拿出來準備好，要是焦慮迎面攻擊而來，這身打扮不僅較為涼爽，也不會顯出任何汗漬。

我不喜歡「攻擊」一詞隱含的無力感，總是試著把自身的情況換成其他詞彙，像是「起伏」或甚至是讓人不舒服的「穿刺」，如此我才能確定整個情緒會快速釋放。很感恩的是，今天的天氣涼爽多風。

在沖澡前一個小時，我就先喝了咖啡，抽了最後一根菸，午餐甚至喝了半杯酒，好先為可能面對的忙碌打預防針。

我討厭自己重拾抽菸這個老習慣。我不是個菸槍，也已經有很長的時間不抽菸了，但隨著這星期即將來臨的嚴肅壓力，我可以明白自己何以又抽起菸來。

這種屈服投降的感覺又混入了一點不可思議。我們在這件事上投注了這麼多，知道了這麼多，卻還有太多等著揭露和消除。我們心裡有著清楚的意圖和目標為信念，我有信心任何的猶疑搖擺都終會消失。再說，儘管已是多年以前的事了……但我懂她。

我提前十分鐘出發，前幾天曾經過麗池飯店，所以知道有很充裕的時間。沒想到天空開始下雨，只好再跑回房間拿夾克。時間比預期少了許多，除了促使我加快腳步，也影響了準備許久的冷靜。我記得那時告訴自己：**多做幾次深呼吸，慢慢呼出來，盡量拉長一口氣。這會告訴身體，沒有威脅接近，可以放輕鬆。**我試著把注意力放在迎面吹來的涼風，或是圍牆上油漆的紋理——任何可以放慢脈搏速度的事物都好。

我以為會在沙灘上碰面……我以為我們會需要隱私和空間做為情緒釋放的出口，甚至或許是把注意力集中在帶著鹹味的空氣和地平線；但現在卻是要在可能會有其他人在周遭停留的飯店大廳裡碰面。

我走上山坡，再踏上一兩級階梯就抵達了旋轉門外。時間是五點整。我沒有停下來先讓自己完全恢復冷靜，而是任由不安催促我直接走進大廳。目光掃視一圈之後，我為沒看到她而感到滿意。她還沒出現。我衝進洗手間，擦乾身上淋濕的部分，再趁機多吸幾口長氣。我看著鏡子、雙手倚靠在洗臉盆上，提醒自己，**我走了漫漫長路就是為了這一刻**。

當我離開男士洗手間、看向大廳時，我看見了她。她正對著櫃檯服務人員說話，還沒看見我。一頭長髮、休閒的顏色和洋裝、牛仔質料。

老天！那真是她。

我覺得自己在注視著一縷幽魂，一個在夢中對我說話的虛幻人物。

我朝她走去的時候，肺活量裂為兩半，而時間的一分一秒都詭異地異常清楚。我感覺自己被內在那段懾人的歷史驅動著，不受腦中那些絮絮聒聒的懷疑影響而卻步。

她注視著我，一根手指比了手勢，表明自己需要一點時間結束跟櫃檯服務人員的對話。

她簡直……根本……就是完——全——沒——變。

我胸腔內一道小傷痕這麼多年來第一次流出血來，我承認自己半期待半驚訝這種被猛刺一下的感覺。

沙發上空無一人。再好不過了。我坐下來，試著想像自己冷靜的一面是什麼樣子，如此自己就可以精準表現出來。我可以感覺到熱氣從我怦怦作響的心臟往上升起來，進到脖子裡；自己心裡想著，**不要緊，緊張是正常的。她可能也一樣**。

可惡，她走過來了。她看起來如此鎮定！

開口打招呼就行了。

我照做了。她也打了招呼。

重大的第一天。危險多刺，但總算有進展了。我不知道自己在她身邊會如此緊繃，只能希望接下來的一星期會緩和下來。

我們今晚坐在露臺上時，氣溫變得涼爽，她穿了一件長外套，但我仍有衝動想把夾克借她穿上。不過到底還是忍住了，畢竟這樣非常不合宜，**太過親密了**。

她談到必須「相處一星期」的事情，而這想法已經在考驗她的「舒適圈」；這些話立刻引發了我一連串的疑問，思緒開始隨意奔馳。

我已經做錯什麼事情了嗎？她怕我嗎？

我注意到儘管她一派冷靜，但是她顯然在思考著某些事情。在那一瞬間，她變回了我熟悉的堅強倖存者和我們往來郵件的發言者。我記起了她的創傷後遺症、她和心理學家、心理醫生那些一次又一次的努力，以及這創傷帶來的徵兆和副作用等事情。我已經知道這許許多多事情，但是在那一刻又知道了新的事情。

看著她站在那裡，我心情逐漸有了轉變，也注意到自己肚子裡有種模糊的感受。沉下去的盒子啪搭打開來了，做出了新奇又複雜的連結。我是那個要為她現在所經歷的事情負責的人。我是那個躺在她的恐懼根部的人，這就是為什麼她需要監督自己、讓自己堅強的原因。我侵犯了她，而她的身體也記得我。

我會不會太過樂觀了？我真的認為她在我身邊能夠放鬆嗎？

如果她連站在我附近就會大受影響的話，我們這星期內到底要如何把事情談開？從這層顧慮當中破空而出的，是連在我身上老舊鎖鏈的熟悉重量，隨著鎖鏈把我和那一晚發生的事情之間的距離越拉越緊，它輕輕地發出了單調的金屬聲。一時之間，我也憎惡起自己了。

第三天

DAY THREE

二〇一三年三月二十九日

狗吠聲把我從無夢的睡眠裡叫醒。我在黑暗中伸手摸索著維狄爾，驚訝地坐起來之後才發現自己是一個人。**對了，南非。**

第一道晨光在窗簾染上淡淡的金色。床邊桌上的手機顯示時間是六點鐘。在接下來的一個小時內，非洲的旭日初升一點一點地照亮了房間；同時我告訴自己並沒完全失去理智，這一趟旅程並不只是我個人版的「不可能任務」。**保持專注。相信自己的直覺。**

出於習慣，我伸手拿起筆電打算讀早報，但這才想起沒有無線網路。我心不在焉地敲著鍵盤，打開了湯姆的一封舊郵件。

> 我內心有一處「為什麼」的地雷區要一步步通過，也需要更多的深入思索並回溯我生命的那個階段，以及那駭人的夜晚。我毫不懷疑在某個時間點，會對當時做出的選擇有更多想法和洞悟。不過……我沒辦法保證自己能有快速的進展，也不敢如此奢望。我知道這不是你要求的一部分，但若要說溝通可以「帶給我們兩人一個了結」，我對於把它和「釋放自己」連結在一起，以及你就這一點能提供的幫助，在某種程度上還是抱持謹慎的態度。

我誠心希望這個觀點不會冒犯你。這當中多少還包括了「我不想感到無助」的因素，以及自己想要給你些什麼東西做為回報的想法。總之，我希望彼此會有雙向的交流，對雙方都有助益，而不只是倚望某一邊的康復。我知道之前已經談過這一點，但我仍然感到擔心，也想要老實地讓你知道。

只要讀我寫過的東西你就會明白了……我對於你在郵件裡顯現出來的力量也有些不自在，以及我在郵件裡表現出來的脆弱。換句話說，就是一整個明顯的不自在。我坐在這裡思量著，相信這個「不自在」源自於想要盡可能的吐露真心、無止盡的道歉，以及全盤說出自己感受到的羞愧，希望可以有所彌補。不過你不需要或者也不想要這些，你比這些都更為強大，而在某種層面上，我對此有些疙瘩。

在溝通過這一點之後，我覺得很不自在。感覺像是我需要你維持脆弱的狀態；或者說在某些層面上，你的復原之路「需要」我……說得好像你真需要我的幫助似的。

我靜靜想著，在湯姆這封缺乏自信的郵件裡，有沒有哪一丁點的部分是真實的？我需要他來證實我受到的傷害嗎？不，我已經找到別的方法來確認自己的傷口了。我若不這麼做早就死了——這一點我很肯定。但是如果不再連絡湯姆，有部分的我就會被困在一個又一個的疑問裡。我會一直納悶他到底明不明白他做了什麼事。他在不在意？他有沒有感到難過？他會不會再度對另一人做出同樣的事？這些疑問會像是一束明火把我周遭的氧氣全都吞噬掉。不管我願不願意承認，他的悔恨就像是把蘆薈塗抹在燙傷的部分一樣，能讓人舒緩下來。

快速沖澡之後，我穿上長裙、背心上衣，以及一件開襟外套——這外套後來證明在應付開普敦的寒風非常實用。一樓的餐廳吸引了飢腸轆轆的食客，排成整齊的一列等候取用炸馬鈴薯、培根和炒蛋。在人龍末端，一位戴著髮網的廚師熱忱地為客人煎炒他們想要的蛋。

我沒打算吃任何油炸的東西，因此盛了一碗優格和水果，然後從擺在熱盤子上的咖啡壺裡倒了些咖啡，結果那咖啡嚐起來像是耳垢。儘管比起前一天沒那麼焦慮了，走在通往大廳的階梯上我仍然得告訴自己堅強起來，因為在不到二十四小時的時間裡，又要和湯姆在那裡見第二次面。

他似乎也注意到我們這麼快就再度見面。他對我說：「今天走進這裡的時候，要比昨天來得容易許多。」儘管昨天已見過面，我們的互動仍然充滿了忸怩和不自在。十三年的隔閡不可能在一夜之間就溶解，我們對那隱而未宣的真相的體認亦是如此。

沒有人想先主動對接下來幾天的行程提出意見，所以我們帶著猶疑的腳步走進電梯對面的紀念品商店兼小型旅行社，想來聽聽一個和我們毫無牽扯的人能給出什麼建議。

我們第一眼看見的是一張巨大的橡木書桌，上面放了一塊寫著**觀光導覽櫃檯**的黃銅標誌。牆面上，點綴著各式非洲手工藝品，以及介紹開普敦必去景點的雜誌報導。右手邊有兩張皮椅，夾在當中的是一個擺滿旅遊目錄小冊的架子。整體的感覺整齊有條理，出聲招呼我們的人也帶出同樣的感覺。他穿著燙得硬挺的白色襯衫和黑色長褲。一張臉刮得很乾淨，散發出健康的紅光。

「哈囉，我叫做奈吉爾，」他開心地指著自己的名牌說道：「需要我幫您做什麼呢？」

我和湯姆兩人對接下來這星期沒有安排什麼特別的計畫——「談話」已經是件大事了。不過沒人規定這些話不能在開普敦一些有趣的景點進行，我也確定美麗的風景能幫助我們更容易敞開心靈；當然，前提是我們得負擔的起。

這趟旅程已經讓維狄爾的荷包失了點血，我也很清楚自己接下來幾個月的財務會非常拮据。我把各種顧慮掃到一旁，在一張皮椅上坐下來，同時間，奈吉爾則幫我們詢問行程。湯姆也跟著坐下來，他伸腿的時候，我的視線移到他的腿上。我全身上下每一個細胞都能感覺到他的存在，那種效果就像是強烈的濃縮咖啡：鋒利的焦點和強化的感官。

奈吉爾掛上電話，轉向我們。他如此的親切圓融，讓我不禁好奇我們是不是得付給他服務費。當他告訴我們下午到曼德拉被囚禁的羅本島行程已經售完時，臉上沒有顯露任何這方面的暗示。「我也跟桌山那邊確認過了，很不巧今天風速過大，纜車已經關閉了。」

我和湯姆聳聳肩，謝過了奈吉爾的幫忙。雲朵、太陽和強風同時爭鋒的多變天氣正在外頭等著我們。「我們走到碼頭廣場去，怎麼樣？」湯姆問：「我前天到那裡逛了一圈，挺不錯的。」

我表示贊同。

「你介意我們在海灘上停一會嗎？這會繞點路，不過這已經變成我每日的固定行程了。」他抱歉地補充說道。

「當然，沒問題。」如果我說自己不想感受沙子在腳趾頭之間的觸感，那是騙人的。畢竟，冰島人到了國外，就該做個冰島人在國外會做的事呀。

我跟著他走上滿佈貝殼的粗糙沙地，平滑的棕色岩石伸進海洋裡，海岸有很大一塊區域都被棕色海藻覆蓋著。從這角度望過去，棲息在獅頭山旁邊的麗池飯店尤其顯得雅致，彷如雙塔。我拍了一張照片要寄給維狄爾，標題是「從海灘望見我下榻飯店的景色」。

任何能幫他想像我停留環境的週遭事物都好。拍好照片之後，我吃力地看著手機，燦爛的陽光使我很難好好看清楚手機的螢幕，雖然隔著一段距離拍下照片，但還是可以看見畫面裡有湯姆的身影。我趕忙刪掉照片。**我死都不會把湯姆在引人遐想的海灘上漫步的照片**寄給維狄爾。我等湯姆走出了鏡頭外，才再度拍照，並把這照片傳給維狄爾。我因為極度思念他而難過，好在「或許可以在這盛產金子和鑽石的國家裡，找到結婚戒指」的念頭稍稍緩和了這苦痛，不過，比起他對這趟旅程表現出的支持和理解，我的這份禮物似乎微小許多。

一會之後，我們回到了廣場的大街。強風不斷把裙擺往我腿上拍擊，我從手提包裡摸出一條髮圈，把頭髮綁起來才不至於讓髮絲老是撲上我的臉。

「湯姆？」

「怎麼？」

「你願意告訴我，你的人生故事嗎？」

他看著我，尷尬地笑起來。等發現我是認真的時候，他嘴角邊的微笑轉為了驚訝：「全部？」

我點頭。

他揚起眉毛，說：「你有時間嗎？」

「我有六天。」我一臉嚴肅地回答：「你覺得這樣可以說完嗎？」

他安靜了一會，似乎試著釐清自己的思緒。

「聽著，我知道是誰在十六年前強暴了我。我需要認識的是那個我試著原諒的人。」

我們站在一條繁忙的街角，被鳴耳不絕的交通環繞著，然而整個世界似乎在這一刻靜止不動，直到他回答：「那麼我也可以知道你的人生經歷？」

「我們可以輪流，這樣子最後才不會變成連續好幾日的獨白劇。」

「聽起來挺公平的。」他端詳著我，猶豫著。「我應該開始說了？」

「是我先問你的。」

他呼出一口氣，說：「很公平，我想想……」他思考著從哪裡開始說起的時候，我懷疑這會不會是很糟的建議，隨即又決定值得一試。我一直想知道是什麼原因形塑出那位強暴我的十八歲青年。他有什麼樣的過去？在犯下錯事之後的陰影裡成長又是種什麼的感覺？這些年來，我手裡只有一片拼圖，長久時間握下來邊緣都已經開始磨損了。我渴望看到完整的圖像。

湯姆猶豫了一會，最後決定從他母親受孕期開始講述，這一著還真是出乎意料。「我母親懷上我的時候，其實有戴避孕環。」他解釋說著：「換句話說，我的誕生可說是個意外。老媽非常擔心，醫生也一樣，因為避孕環可能帶來嚴重的併發症。」

聽到一開始就有這段波折，我忍不住懷疑或許湯姆的人生早就**注定好**了。緊跟而來的推測則是，如果**我的**生命沒被他打亂，那麼我又會有什麼樣的生活，但這毫無益處的胡思亂想很快就被理智給打斷了。

湯姆生命的前十三年就像是童話故事：「我們就住在墨爾本外圍，然後搬到維多利亞省附近的小鎮。我爸媽在先前買下的一小塊土地上蓋了一間美麗的小型休閒農場，座落在小山坡上。我爸在當地醫院工作之前讀的是護理，我媽則在社區大學當講師。我和哥哥可以自由繞著樹叢和牧場跑來跑去，整個地方美的像明信片一樣。

「我們養了雞、綿羊、鴨子和魚，甚至還養過一頭羊。等我們長大一些，我和哥哥各分到一頭小牛，負責餵食照顧牠們。在那一年裡，我們和這些動物變得很親近，但牠們後來都被送到屠宰場去……接下來會發生什麼事就不用說了。」

這些就足夠埋下素食主義的種籽了，我忍不住這麼想。

「我五歲的時候，弟弟出生了。」他繼續說下去：「我們一起蓋遊戲屋、騎腳踏車、在水坑裡玩；若要說些馬後炮的話，這些都屬於故事書裡會出現的東西。我總是覺得自己的童年很甜蜜，時光緩慢地前進卻又充滿了各式各樣的體驗。當我懷念童年時，就會想到跟家人朋友在叢林野地露營、夏天在海灘和我哥哥弟弟玩摔角的情景。只要一有機會，我們就到戶外去。你也知道小時候的生活，光是一棵樹或是一張彈跳床就可以變身成為一整天各種奇蹟和歡笑的來源。那段時期跟我後來的成年生活相對照之下，顯得單純無汙染……就像是暴風雨前的寧靜。」突然之間，他猛力吸了一口氣。

我們面前是「綠點球場」，因應二〇一〇年的世界盃足球賽而重建的足球場。我們停下腳步，欣賞著這座龐大的白色甜甜圈，我幾乎可以聽見廣大觀眾的歡呼聲在通往球場的小徑上迴盪著，空氣中瀰漫著從勝利到失敗的種種戲劇轉折。我用眼角瞄著湯姆，心裡想著，**跟我們走的道路倒也沒多大的不同**。

我們在前往碼頭廣場的路上時，湯姆提醒我：「好了，輪到你了。」

我在記憶裡搜尋著。**要從哪裡開始我的人生故事？**

「嗯，我在冰島出生，兩歲的時候搬到美國，四歲搬到瑞典，五歲冰島，七歲瑞典，十一歲又回到冰島。我爸那時讀醫，這就解釋了來來回回的搬家問題。我媽讀美術和平面設計，靠後面那一樣工作生活了二十年。我必須不斷重複和朋友分開、以新語言在新學校重新開始，這情況有時候是相當殘酷的。」

「我可以想像。」湯姆身有同感，他自己就經歷過必須學新語言的過程——尤其是像冰島語這樣困難的語言。

「我不知道這當中有沒有什麼關聯性，不過有一個時期我非常害怕黑暗。也許我的恐懼跟我們總是搬家有關，一種對找不到根、四處漂泊的反應。」我聳聳肩說道：「但也或許無關。姐姐大我八歲，她從青少年時期就一直跟酗酒問題對抗，全家都受到波及，不過她勇敢奮戰，我非常尊敬這一點。弟弟小我八歲，出生時就有唇顎裂的問題，需要動手術、接受語言治療和牙齒矯正術。小時候，他常被霸凌，但是長大後卻成為備受尊重的音樂家，擁有的朋友比我還多。

「小時候，我常覺得自己是家裡比較接近『正常』的小孩，所以希望不會再增加家裡的負擔，甚至能帶來慰藉。因此，當念高中的姐姐開始翹課時，一年級的我天真地認為，可以透過各科考試全拿『優』來彌補這部分，也理所當然在學校裡成為優秀的學生代表。弟弟臉部的畸形也讓我癡迷於要長得『很漂亮』，十一歲的時候，我得了飲食失調症，整整糾纏了我十年。」

「老天！」湯姆皺起眉頭。

「不要誤會我的意思，所有的期待都是來自於我本身。父母親非常愛我，每天晚上都會抱著我唸故事書。他們稱讚我做的任何好事，也鼓勵我做任何想做的事。大部分的時間裡，我是快樂的。我父母親屬於那種盡可能努力把事情做好的好人——比好人還要再好。我若是有困難，隨時可以告訴他們，只是我決定不要那麼做。我總認為這樣子對這個家才是最好的，不要再為飽受磨難的家人多添憂慮。」

我在一個街道轉角上停下來。「這就是為什麼我沒有告訴他們，你對我做了什麼事，」我加了一句：「也是為什麼我沒有告訴任何人的原因。」

「我明白。」他低聲說道。

安靜等待越過行人道時，我的心思仍然停留在父母親身上。經過這些年的練習之後，我想要保護他們的習慣已如此根深蒂固，等到我終於明白自己被強暴的時候，最自然的選擇便是不告訴他們。

這件事的嚴重性，只是更加深我把他們隔開來的必要。再加上非常清楚，我的家人從姐姐對抗酒精的拉鋸戰中受了很多折磨，如果告訴他們，自己跟那魔鬼一起喝酒跳舞作樂，感覺就像是終極的背叛。更糟糕的是，我不僅喝得爛醉，還「讓自己被強暴」了，後面這個荒唐的想法，主要是受到一般大眾「譴責受害者」態度的影響，使得我很多年來沒辦法把責任歸到湯姆身上。我瞥了一眼站在身旁的他，想著：**我們確實走了很漫長的一段路才來到了這裡**。

交通號誌轉為綠燈時，我深吸一口氣，大步踏入現實。「就是這裡了吧，著名的碼頭廣場。」

非洲大陸最繁忙的地區之一在我們面前伸展開來，這港口是在英國殖民時期建造的，以維多利亞女王和她兒子阿爾伯特親王的名字命名。在今日，碼頭廣場提供了從速食到高級服飾等各種事物。停在船泊處的船隻在湛藍的海水裡輕輕搖晃著，一艘巨大的渡輪為這港口和城市增添了壯觀的景象。高聳的山脈以及正前方宏偉的惡魔峰為眼前美景定框。

懷著滿心的敬畏，我在湯姆後面慢慢走著。**哇，這地方就跟期待得完全一樣**。

「咖啡？」湯姆問。

「當然好啊。」

我們進入一間大型購物中心，兩邊各有商店林立，小攤子上擺著彩繪的鴕鳥蛋和其他紀念品。

等到走進舒適的咖啡館之後，湯姆拿出皮夾，問：「這一輪我先請你，下一輪換你好嗎？」

「一言為定。」

我們兩人的視線相接，突然間，時間的薄膜裂破了。他湛藍的眼珠裡有樣東西，燙著了我，驚慌的心在胸口怦怦狂跳，我喘著氣別過頭去。呼吸啊，**莎蒂絲，吸氣……然後吐氣**……肌肉記憶並不總是遵守著邏輯行事，不過我試著跟自己講道理：沒錯，那也許仍是同一雙藍眼珠，不過情況已經不一樣了。**你現在很安全**。

湯姆把咖啡遞給我，對此渾然未覺。

「我需要打個電話給維狄爾。」我說著，故意不看他的眼睛。

「沒問題，我在這裡等你。」

在無法讓心跳規律下來，以及從剛才摔落的時間裂縫爬出來，我趕緊拿起電話撥給總是能把我從困境中拉出來的人。

維狄爾聽到我的聲音顯得很開心，並說他們正在前往他父母親避暑小屋的路上，因此今天晚上很可惜地沒辦法通Skype了。他的口氣很樂觀，但我聽得出來裡頭藏著躁動的憂慮。

「你在好遠的地方啊。」他柔聲說著。

「我知道。」

「在這地球的另外一端，跟一個……」他停了下來。

我閉上眼睛。我們已經面對同樣的情況很多次了。

「不過，我支持你。」他快速地加上一句：「只不過這整件事情就是這麼……怪異，如此而已。」

有部分的我仍在努力從不堪的記憶裡猛力呼吸，也想對維狄爾坦白這是個巨大的錯誤，招認我要搭下一班飛機直接回家，宣告整個任務失敗。但是為了我們的將來，另一部分的我想要保持堅強，於是努力積攢每一點勇氣回答：「的確是很怪異。維狄爾，你知道我愛你。」

「我也愛你。」

我努力穩住聲音，問道：「海福迪的媽咪還是消失了嗎？」

維狄爾幽默地回答：「這要看他的心情了。如果他不想要做某些事情，像是去幼稚園，就會想起媽咪失蹤的悲劇，然後哭得唏哩嘩啦的。除此之外，他還不錯。」我可以想像他露齒笑著，發現自己也微笑起來。

我們說了再見，而當我從長椅上站起來時，答案很明顯了。我盔甲上的裂痕還沒有深到就算用無條件的信任也無法修復的地步，這是我和維狄爾之間長久培養、茁壯的默契結果。

簡單吃過午餐之後，我和湯姆走在碼頭廣場的木棧道上，手裡拿著今天的第二杯咖啡。我清楚地感覺到，兩人看起來就像是一對情侶，手中的外帶咖啡更是強化了這印象。我感到不自在和混亂，索性放慢腳步，停了下來，渾然不覺的湯姆仍然繼續走著。我的視線看向身邊的櫥窗，赫然發現是一間珠寶店。找結婚戒指的想法再次浮現，因此趕緊抓住這機會。

「你介意我進去看一下嗎？」我往湯姆的方向喊道。他轉過身來，等發現他打算陪我一道進去時，我愣住了。**做得好啊，莎蒂絲。現在你們看起來就像是要步上紅毯的情侶了。**

「我想要看結婚戒指。」我對微笑的店員說道，並指著湯姆的方向，快速補了一句：「新郎不是他。」同時為尷尬低聲咒罵自己。

當店員挑選戒指時，我發現自己夾在兩個世界當中。其中一個世界裡，我和前男友在非洲試著與過去和解；而在另一個世界裡，我則是在找尋愛的象徵，來穩固我和目前伴侶的未來。我的家鄉是個地理奇蹟，連接著兩個地殼板塊，但是我從來不曾在更為清楚的國界上找到自己。

發現這家店的珠寶遠超出預算範圍後，我和湯姆回到外面繼續漫步。我們經過廣場上另一間店，店外有一座八英尺高，用細鐵絲串彩色珠子做成的曼德拉雕像，造型看起來非常驚人。他的手看起來像是草耙，臉部的比例偏頗，再加上那雙眉毛，令人聯想到電影《鬼店》裡的傑克·尼克遜。

這位曼德拉身上穿的俗麗毛衣，是由至少四種色調的螢光藍串珠做成，而一頭經典標誌的「白髮」覆滿整顆頭，整體看來就是俗到最高點，震撼得令我無法移開視線。

「我來拍一張你們的合照吧。」湯姆提議。

我被這提議嚇到愣住，看到他臉上的大笑容，才明白他是開玩笑的。

「哈哈，還真好笑。」我冷冰冰地回答。**好大的膽子啊！**

他假裝沒聽到我的回答，還很誠心地伸手過來拿我的手機。「好啦，就一張觀光客照片。」

雖然知道幽默在這一趟旅程裡是不可或缺的同伴，我的自尊仍然在他拿我開的第一個玩笑裡碎裂了。**太快了**。我甚至認為**我自己**才應該是第一個開玩笑的人，而不是他。我重拾冷靜，露出不滿的笑容，回答：「去死啦，史敦吉。」

他聳聳肩。「好，你自己決定吧。」

越接近市中心的地方，建築物也就越高，直到我們置身在從柏油地面向上無限伸展的傲人摩天大樓當中。此時，湯姆敘述著在休閒農場生活的夢幻童年之後，他們一家是如何搬到國家另一邊的沿海住宅區。

他的母親接下一份工作，父母親都認為這會是開闊全家人眼界的好機會。「我還記得爸媽告訴我們的時候，我和我哥都哭了。我們都很喜歡自己的中學生活，也搞不懂爸媽的思考邏輯。最初幾個月真的很難熬，適應新的私立學校是最困難的部分，要打入那些社交圈子或是面對文化衝擊都不容易。你得要有特定的性格才能融入，如果對衝浪和打橄欖球沒興趣，結果不是被霸凌就是被孤立。我對衝浪還有些興趣，但是橄欖球對我來說簡直就是另一個世界的東西。」

「所以你對衝浪的熱愛，最開始是要在一個小心眼的世界裡生存下來的工具？」

他的瞳孔縮了一下。「如果你不符合標準，你就不是他們『一夥的』。所以沒錯，我愛衝浪，但也帶了點『融入』的意味。」

我驚訝地輕吹口哨。

「不過，我們搬去的區域是由許多沿著東海岸伸展的郊區組成的。或許一開始不容易，但我很快就習慣了那裡的生活方式。當你十三歲，住在離國家公園和衝浪海灘不過短短一個街區的距離時，要不習慣這種生活也很難。我在那段日子裡，奠定了一些相當深厚的社交關係，有些我在學校認識的人到現在都還是很親近的朋友。

「說到親近的朋友，我媽曾在生我之前接待過一名來換宿的年輕人。他後來固定會在我的生命中出現，他的年紀比我大，到世界各地旅行時都會寫信給我們，說些在異地的冒險故事。如果要說我有生命導師的話，就是他了。他對我有很大的影響，也啟發了我想知道外面的世界到底有些什麼東西。他也是我巨大的支柱，當我長大之後，我把他看成非常珍視的朋友。」

聽著他的故事，湯姆很明顯並不缺乏可以友愛、引導他和認同他的兄弟。我安靜地思索，如果他也有姐妹的話，會如何影響他。**這會為我帶來任何的改變嗎？**

他彷彿可以讀取我的心思似的，加了一句：「在我成長期間，我們家也招待過女交換學生。我的父母要我們體驗其他的文化，拓展世界觀，不過有外國『姐妹』在家裡，也是一種增進我們對女孩的了解和認識的方法。」

我注意到今天的開普敦市中心像座鬼城。開普敦人一定很渴望在復活節假期外出旅遊，就跟冰島人在國定假日會成群湧出城一樣。不管我們走到哪，都只見緊閉的門扉，塵囂嘈雜消失了，這座城市倒還說不上是一片空蕩。我們在每條街上都會遇見開普敦裡的遊民，他們密切地看著我們，而目光未必個個友善。我們在火車站附近轉過一個街角之後，走進了聚集在大型隨身音響的一群人當中。一個戴著髒兮兮的棒球帽、形容枯槁的男人指了指我，圍在隨身音響的整群人轉過來面對我們。

「我們應該離開了。」我低聲說著，加快了步伐。

「我同意。要不要叫輛計程車？」他朝一輛在行道樹下等生意上門的計程車點點頭。

等到我們坐進車子後座，安心之餘夾雜著驚險躲過麻煩的感覺，同時湧進我的血液裡；也為自己的膚色和社經優勢感到罪惡。湯姆進來坐在我旁邊，在短短一瞬間，他的膝蓋擦到我的膝蓋。這只是無意的接觸，不過沒有引發我的恐懼，也沒有出現記憶回溯。我把身體往後靠向椅背，慶祝小小的勝利：努力了這麼久的時間，終於可以在像是買咖啡和共乘計程車等細瑣的小動作上面，不被恐懼支配。

司機載著我們到了南非國家藝廊。我們一時興起，決定造訪這一棟建於一九三〇年代的雄偉大樓，同時為好運竊喜，博物館在這耶穌受難日的聖週五竟然對外開放呢。

攝影展覽記錄了原住民土地法案通過後，一百年以來的社會狀況。法案只允許黑人市民擁有百分之八的南非土地，忽視他們佔全國人口百分之八十的事實。由於種族隔離政策的合理化，只專屬於白人使用的土地公告越來越多，導致黑人失去根土，家園也消失了。我心裡想著，**多少人到現在仍然只能在街上流浪啊**。照片捕捉了人們看著自己一輩子的積蓄，硬生生被奪走而痛不欲生的神情。一張滿臉震驚的婦人牽著一頭山羊、裙襬底下還有小孩哭泣的照片，深深烙印進我的記憶裡。

我緊握雙拳，對於這豐饒國家上發生的不公義感到憤怒，憤怒的回音遠遠超越了它的國界。一張又一張的照片刻劃著南非黑人被迫搬遷所造成的動亂。政府設定的「黑點」區域內，貧窮是無法可解的，那裡沒有基礎建設或工作機會，跟白人分配給自己的生活水準相比，兩邊的差距如光年般遙遠。

看到相片日期時，我心裡一沉，許多是在我出生後的八〇年代所拍攝的。種族歧視一直持續到一九九四年，那歷史性的選舉為止：這是黑人首次獲准參與南非民主的公職競選。

「我對白人同胞從別人偷取而來的特權身分感到羞恥。」我恨聲說道。

湯姆也難過地點頭說：「這種殘酷真的是不可思議。」

注視了幾百張記錄種族主義殘暴無情的照片，我開始思考標籤在人性泯滅上所造成的影響；當人不再是人的時候，就只剩下「黑」或「白」，「欺壓者」或「被欺壓者」。我轉過頭去看自己大老遠飛到這裡見面的人，這個「施暴者」把我投射成「受害者」的角色；標籤形塑了我們，也隔離了我們。

我的思緒彈進了這國家的歷史、我和他之間的歷史。一時之間，我整個人幾乎要淹沒了，只想從湯姆身邊跑開，獨自讓思緒沉澱下來。雙腳帶著我走到下一個房間，結果進入了極為驚悚的場景。

這空間狹小又封閉，迎面而來的是三個坐在長椅上的駭人生物。牠們膚色蒼白、死氣沉沉，眼睛沒有瞳孔，黑得空洞。兩隻斷角從沒有毛髮遮蓋的頭顱伸出來，而下方原本該是耳朵的地方卻只見兩個孔洞。牠們的鼻子和嘴巴被一層粗皮覆蓋住，從喉嚨到肚臍的位置則有被一刀深切開來的痕跡，彷彿遭到分解。

我本來還在為隔離制度氣憤不已，過了一會兒才意識到我正在注視這制度的化身。當然了，唯有在人們挖出心臟、扯下耳朵、縫緊嘴巴之後，才能夠原諒憎恨。然而這些惡魔愜意地坐在長椅上，彷彿只是在消磨時間，看起來又更為殘暴，正是它們讓南非落魄成現今的景況。

我心底跳出一位性侵害領域頗有名望的專家說過的話：**強暴是世俗的。世界上每個**

地方，每一天每一小時每一分鐘都發生這事。儘管聽起來恐怖，但這就是世俗生活的日常。

湯姆的聲音把我拉回現實。「珍・亞歷山大的〈屠夫男孩〉，」他唸著說明牌上的字：「我甚至沒辦法看著牠們，令人毛骨悚然。」他打了冷顫，轉過身去，快步走進下一個房間。

我看著他，納悶這反應是不是受到他內心產生的罪惡感有關。我回過頭注視〈屠夫男孩〉，男孩們透過看不見的眼睛回瞪著我，那些眼睛跟磨坊水池同樣沉靜。他們貫徹了真正的殘暴精神，一副無所謂的姿態。沒有任何東西要比完美的冷漠更為無情冷酷。

我們一會之後離開了博物館，一座美輪美奐的花園在眼前伸展，當中有許多雕塑和華麗的噴水池。我停下來看著一位過世領導人的雕像。黃銅已轉為銹青，即便是如此，仍可以看出來是白人男性。簡單來說，就是南非的殖民歷史。

我們在草地上坐下來時，一朵奇形怪狀的雲徘徊在桌山上方，因而吸引了我的注意。我把開襟外套裹得緊些，依稀記起在哪兒讀過這種形狀的雲是暴風雨的前兆。我好奇是否有不只一場的暴風雨正降臨到我們頭上。

「我最喜歡的電影之一就跟南非人民奮力抵抗隔離政策有關。它是根據布萊思・寇特內的小說《一的力量》所拍成，我們全家都愛這電影。」湯姆這麼告訴我。還來不及回應，一個乞丐出現了，告訴我們他有多飢餓和悲慘，湯姆從背包裡拿出一個仙人掌果給他。這舉止如此理所當然，我認為那是出於真誠的仁慈，而不是為了演戲討好我。

然而，我對自己如此輕易評斷別人，感到嫌惡而皺起眉頭。**這又有什麼關係？我不也努力地想要表現出最好的一面嗎？**

在我和自己的思緒拉扯的同時，湯姆從背包裡拉出了一張摺起來的紙。「我可以唸個東西給你聽嗎？」

「好啊。」

他清了清喉嚨，開始唸某本書裡的章節，探討多年來刻板印象如何使得男性更不容易擁抱人性、真誠和原諒等等事物。他的手輕微顫抖著，儘管內容沒有什麼新鮮的，我還是被他的努力感動了。我的靈魂裡升起了一股暖意。**沒有誰在演戲，純粹就是一顆善意的誠摯之心。**

「謝謝你的分享。」當他從書頁抬頭往上看時，我這麼說道。

「謝謝你願意聽。」他臉紅地回答。

「我需要告訴你一件事情。」我們在一間迴轉壽司店入座之後，我開口這麼說。晚風吹動了對街上的棕櫚樹，夕陽的餘暉則是把湯姆的輪廓給照亮。

「什麼事？」他問道，同時從輸送帶上抓起一個酪梨捲。

「這四年來，我一直在進行一齣跟原諒有關的劇本。」

他揚起了眉毛，我加上幾句話：「我之前沒告訴你的理由，是因為不希望你認為我利用你，做為戲劇實驗裡的白老鼠。我已經寫完了劇本，它跟我們之間完全沒有關聯。」

他點點頭。「老天……四年是一段很長的時間，你一定深入探討了原諒的各個層面。」

「我發現了很多事情。知道嗎，人們根本沒注意到我們總是在不斷道歉。我們在超市裡不小心撞到人，說聲對不起；在電梯裡踩到某人的腳趾，說聲對不起。」

「沒錯，但是『對不起』和『請原諒我』並不是同件事情，對吧？我認為『對不起』的意義沒那麼沉重。」

「我同意。『對不起』像是簡化版，『請原諒我』只用在真的傷害到某人的時候。」

他點頭，喝了一口啤酒。

「在知道更多『原諒』的真正影響之前，我對於原諒二字有著樂觀的看法。有一天，我訪問一位八十四歲的女性，她說人只有在不得不原諒他人的情形下，才會那麼做，她這句話完全改變了我的看法。」

湯姆直視我的眼睛。「怎麼說？」

「想像你在一間加油站，沒禮貌的員工表現得很惡劣。你下一次需要加油的時候，會怎麼做？」

他想了一會才回答：「就到另一間加油站去吧。」

「一點也沒錯，因為你有選擇。當人們有選擇的時候，多數人不會選擇原諒。但是，如果那是鎮上唯一一間加油站，你就被迫找出方法來應付這種情況，好讓自己可以持續加到油，對吧？」

「對。」

「如果家人傷害你，你若忍住怒氣不發，家裡的氣氛就會逐漸變得無法承受。這就是為什麼我們通常會找出方法來原諒我們愛的人，因為其他選擇的代價太大了，畢竟換家人不像換加油站容易。有時候，關鍵因素不在跟傷害我們的人有多親近，而是在傷害的程度。就算傷害我們的人遠在千里之外，或甚至死亡了，但只要傷痕夠深，生活就會逐漸變得無法忍受。這就可能使得『原諒』成為唯一的出路。」

「這就能解釋為什麼人們可以原諒一些很嚴重的事情，但是對一些細瑣的事情卻耿耿於懷。」他若有所思的說著。

他懂得我想要說的事情。「完全正確。舉例來說，我仍然對指控我在六年級玩賓果遊戲作弊的渾蛋同學感到很生氣，而自己卻能夠原諒……」

在尋找適當的例子來完成我的思路時，湯姆仔細地看著我。突然間，我發現他可能在心裡萌生了錯誤的希望。

「其他許多傷害更深的事情。」我趕緊加上這一句，並把目光往下移到自己的酒杯。

他點頭，伸手去拿另一塊壽司。他臉上失望的表情不知道是不是我想像出來的。突然之間氣氛變得緊繃，就像是眼前的廚師正把鮭魚肉切成薄片。

「話說回來，你有遇過什麼難忘的人生經驗嗎？」我為改變話題而覺得鬆了口氣。

「我想想……」他放下筷子，思考著。「我們搬了家，我那時是中學生。第一次嘗到戀愛的感覺是在十五歲。那女孩有一頭捲髮，唱歌和跳舞都很厲害，大家都知道她遲早會走上職業表演的道路。我們親吻、愛撫，但也就僅此而已。差不多在同樣的時間，我開始嘗試喝酒。我和幾個朋友打算辦個派對，計劃從家裡偷幾瓶酒，要不然就是請哥哥去買酒。之後我們到海灘比較偏僻的地方，升起營火，開始喝酒……然後事情接著發展成……雜交。」

我被酒給嗆了一口。「雜交!?」

「當時的狀況很難解釋，反正不管有沒有在交往，大家就是開始跟旁邊的人愛撫起來或是更誇張……整個場面就是一團混亂。」

「那你呢？」

「沒做到太誇張的地步。我跟一個不是女友的女孩彼此愛撫，不過情況也不算糟，因為我女朋友也跟別人胡來——至少那是我記得的部分。」

「哇，這是非常怪異的『暴民心理』（譯注：mob mentality，又稱從眾心理或羊群效應，指當個人發現自己的行為或意見和外在群體不同時，會傾向轉為做出與群體一致的言行舉止）例子。」

「沒錯，保守地說，那是個相當詭異的夜晚。參與的男孩和女孩得到的後果大不相同，男生噁心地炫耀，吹噓自己那一晚做到什麼程度，多少女孩幫自己口交之類的。女孩們則被取了各式各樣難聽的綽號，這些綽號跟著她們很長一段時間。當然了，男生對這件事則是引以為豪。」

「當然了，」我咕噥著：「我真的是對於性把女孩變成蕩婦、把男孩變成男人的概念感到超級厭煩。」

「我非常贊同。不過我那時還沒有發生過性行為，後來跟另一個女孩交往時才發生第一次。她個子修長、喜愛跑步，跟我一樣有一點魯莽輕率。我們在一起差不多十八個月左右，不過算是遠距離戀愛。我們在一起消磨時間，卻沒發展出那種親密感。

「我很希望自己能說我們的第一次很浪漫美好，但事實不是如此。坦白說，那次……很不自在。我們先前已經喝酒了，在黑暗中笨手笨腳地瞎摸，兩個人連衣服都沒有脫掉，她直接拉起洋裝，我則是拉下褲子。我不知道怎麼戴保險套，不小心把反面當成正面戴了上去。我想對我們兩人來說，那次的經驗很糟糕。」他扮了鬼臉說道。

聽著他說的事情，我納悶自己能接受他使用「糟糕」，來描述一件兩方同意下進行的行為嗎？我納悶他有沒有在性方面經歷過真正的恐懼，如果有，那他在表達這些事情上會有所不同嗎？

湯姆啜了一口酒之後才繼續說下去。「我很幸運，在中學最後一年得到當交換學生的機會。我得到去牙買加的機會，朋友們忌妒得眼紅，我自己則是開心得想飛上天。但後來他們告訴我，我的年齡在牙買加教育系統裡太大了，所以改提供去俄羅斯的機會，不過我爸媽和校長都認為太過危險，因為我會是第一批到那裡的學生。到最後，我拿到一份宣傳手冊，上面印有白雪皚皚的山脈和結實矮胖馬匹，他們告訴我冰島是最後的機會。」

我忍不住好奇，如果湯姆當初去牙買加或俄羅斯的話，自己今天會變成什麼模樣。

誰會是我的初戀？我會變成什麼樣的人？

他打斷了我的思緒。「我接到一封來自冰島接待家庭寫來的信。我和接待家庭的姐姐開始通信，交換照片。等我抵達冰島之後，得先待在新生營幾天，才能住到我很期待見到的接待家庭裡去。新生營最後一天，我到雷克雅維克去游泳，猜猜在泳池見到了誰？是接待家庭的姐姐，我真不敢相信我的眼睛，這種機率會有多大？」

「事實上，機率挺大的。」我以愛國的諷刺口吻回答：「我們在這裡談的是冰島耶。在一個人口三十萬的國家裡，不論願不願意，你是不可能不在泳池遇上某個認識的人的。」

「反正，我鼓起勇氣跟她說話。對於這巧合我們都笑起來，在她離開去沖澡之前，聊了一下子。我對於沖澡其實感覺有點緊張，我根本不習慣在陌生人面前光著屁股。我看不懂門上的標誌，想到自己又要脫一次衣服就不安，結果我直接走進女生的沖澡間，第一個出現在眼前的就是我未來的姐姐。全身一絲不掛。」

「不會吧?!」

「還好，她沒注意到我，因此我不需要擔心自己冒犯了她。但是想一想我隔天看到她是什麼感覺？跟接待家庭的爸媽見面時，握著他們的手說：『嗨，我是湯姆。就是還沒住進你們家，但已經見過你們女兒光著身體的那個交換學生。』」

想到那尷尬的場面我們一起笑起來。

「我的接待家庭真的很了不起。我真的是非常幸運，能被安排到這麼友善親切、又充滿愛的家庭。他們不辭辛苦地帶我去露營和健行，幫我了解初級冰島語，準確地說，在家裡是不可以說英文的。我的牆上仍然有一張他們的照片，我很想念他們。」

「為美好的家人乾杯。」我舉起杯子說道。

「乾杯。」他回答：「然後，我在學校遇見了你。」他從杯子上緣說道。「我永遠不會忘記自己報名學校戲劇表演，然後第一次見到你的樣子。你那時正從舞台上跳下來，穿著那件我非常喜歡的紅色毛衣……」

「……那件毛衣是我爸的。」我告訴他。

他瞪眼看著我，我可以看出來那件毛衣在他心裡已失去一大半的魅力。「那是你爸的毛衣？」

「它在洗衣機裡縮水了。」我忍不住咧開嘴笑出來。

他聳聳肩。「該你了。」

我由自己從瑞典搬回冰島的時間點繼續我的故事。「我加在自己身上的任務，其實就是典型的完美主義公式。我十一歲的時候，十九歲的姐姐懷孕了，大家又多了一層憂慮。她生下一個兒子，最後是由我爸媽養育帶大的，他們愛他就像愛我們三姐弟。不管多了一個家庭成員有多棒，這額外的責任只是讓我更堅定『把事情做對做好』的決心。」

湯姆搖搖頭，輕吹了一聲口哨。「你攬上肩的責任還真是重大……」

「我盡最大的努力不去妨礙到別人，發瘋似地專注在課業上。絕對不破壞規則、不冒險，就算自己只是犯了最小的錯誤都會崩潰。我不會做正常青少年做的事情，像是睡覺時間到了還待在外面，或是午飯時間偷偷跑去抽菸等，因此同學都疏遠我。

「我大部分時間都是一個人，不是看書，就是對一些別人覺得古怪，或是超乎我的年齡的事情感興趣。為了證明自己是個大怪咖，我甚至自學怎麼以盧恩字母書寫。所以了，你可以想像我那天在聖誕舞會裡醉成那樣，對我來說多麼的不尋常。我在這類『誤入歧途』的事情之後會產生嚴重的罪惡感，也為自己這麼多年來的不斷自責定下了基調。」

湯姆帶著同理心看著我，他的眼睛已道盡了一切，我很高興他沒有試著說些同情或是智慧之語。**有時候光是傾聽就已經遠遠足夠了**。我想到某些回憶笑了出來，順口補充一句：「當怪咖還是有好處的，因為我可以把日記寫得沒頭沒腦的，讓我弟弟沒辦法偷看。說到這，我還曾以盧恩字母寫下了對你的迷戀呢。」

我們離開餐廳的時候，夜幕已落，開普敦披上了閃亮的晚禮服。

「我住的民宿就在那裡。」湯姆說道：「你介意到裡面坐一會嗎？」

我遲疑著。**我會想要跟他在私人的空間裡獨處嗎？這甚至也不是很恰當吧？**

他彷彿讀了我的思緒，加了一句：「或許我們可以在花園裡坐坐。如果你需要外套，我可以借一件夾克給你。」

太陽已經西沉，我的牙齒也開始打顫。我把疑慮拋到一邊，接受了湯姆的邀請。這間民宿離麗池飯店有半公里的距離。一道加了電子圍籬的白牆把整間屋子圍起來，裡面的家具全是硬木和竹子做成的，老式壁爐讓起居室添了舒適溫馨的氣氛。

「我晚上回到這裡的時候，枕頭上總是放了一些非洲的智慧箴言，像是名言之類的。」湯姆開心說著。

我感激地接過他的夾克，但披上的同時聞到了一股初戀情人的氣味，心頭湧起了複雜的感覺。**我是花了多大心力才忘掉這味道的啊**。

花園中央是一座池子，池水在邊緣噴湧著。我們在木頭椅子上坐下來時，烏雲遮住了月亮。意外地，這花園竟然免於受到天氣的侵擾。我看到鄰近一棵樹上的大串香蕉來回擺盪著，感到很吃驚。

「哇，」湯姆順著我的視線看過去時，說話了：「這看起來超不真實的。所有的這一切，以及我們此刻坐在這裡的事實。」

我點頭。

「我承認，我很驚訝你在我身邊時，身體可以感到很自在。」他別過臉去說。

我的心思回到內在的懸崖，以及無預警發現自己站在邊緣的那一刻。我不再需要假裝或是強扮英雄，因此開口說：「過去這兩天裡有好些時候，我根本沒辦法看著你。雖然那些時刻很快就消失不見，但我仍然還是有那種感覺。」

湯姆小心地選擇字眼，問道：「下一次又發生這情況時，你會告訴我嗎？」

「會。」

「謝謝。我會想要知道。」

附近某處，一隻受驚的動物在風裡哭號著。

「我一直時常想著所謂的『此刻』，」我告訴他：「允許自己安心地活在當下。我已經明白，創傷最有破壞性的影響之一，是它會把你綁在某一個時間點上，要求你不斷回顧再回顧。**那決定性的夜晚，那一刻**。儘管這聽起來很怪異，但我知道這對我們兩個來說都是真的。當然，我們沒辦法抹去已經發生的事情，但是可以找到方式重新掌握我們的時間旅行，成為自願暫時回到過去的旅人，去做個了結或是發現新東西。而不是每當環境裡有事物引發痛苦的回憶時，又被硬拉回去成為非自願的受害者。」

「我同意。」他說道，目光落在池水翻攪的水面上。「說到這一點，莎蒂絲，我有一件事情想討論。我想談談二〇〇〇年，你在韋斯特曼群島慶祝生日的那個週末。你願意幫我回憶整件事嗎？」

我的心思回到那一次和一群朋友去參加在韋斯特曼群島舉辦的知名音樂節。二○○○年的夏天湯姆回到了冰島，也認識我幾個會去音樂節的朋友，因此便一道參加。那個星期我即將二十歲，在冰島是可以合法喝酒的年齡。

「和幾千個參加韋斯特曼音樂節的人一起慶祝二十歲生日，沒有比這更酷的事了。」我帶著淡淡的微笑說。**當時的我對我們即將陷入的痛苦卻毫無所悉**。

他的臉色褪成奇異的慘白色調。「我記得大夥當時興奮的樣子：你、你朋友，還有我。甚至還帶了我的火棒——」

我不可置信地重複：「**你的火棒**？那根你到處揮舞的**火棒**是你帶的？我一直以為那是從地上撿來的一根樹枝哪！」

「澳洲音樂節都有這東西啊。」他羞愧地回答：「到處可以看到一堆人這麼做，我自己以前就做了一根……當時還以為這樣挺上道的。我猜是想要讓你留下好感吧，但是把從別人那裡拿來的伏特加酒喝掉大半，或許也沒能讓情況變好一些。」

我喉嚨發出一聲乾笑。「這個嘛，可以肯定的是你做了一件大家都會記得的事。我花了半小時說服警察不要逮捕你，你只是個什麼也不懂又喝醉的外國人，還承諾你在剩下的時間裡不會再惹出新麻煩。」

他別過臉去。「我記得自己立刻就打破了承諾，一逮到機會就從你身邊逃開。我對這部分的記憶有許多地方是空白的。我不確定事情發生的先後順序，但記得自己跑下一個斜坡，摔倒了，頭撞到了地面。」

「你那時不省人事。」

「是嗎？」他搖了搖頭，說：「可惡……」

「我們把你帶到醫療帳篷去。你沒辦法走路，因此我和朋友必須一起把你扶過去。整個折騰人的過程花了一個半小時：等醫生，以及把你傷口縫起來的時間。我朋友後來放棄溜掉了，不過我留下來陪你，緊握你手的同時，看著那根針在你頭皮上穿進穿出，恐怖得都想吐了。我要求你守點規矩，這樣子我才可以好好享受演唱會剩下的部分。」

我洩氣地停下來，深吸一口氣。湯姆仍然靜靜坐著，兩眼看向這刮風下雨的夜晚。

「你可以告訴我後來發生什麼事嗎？」

「一走出醫療帳篷，你就硬要跑開，打算一個人醉茫茫地流血消失在夜色裡。我不得不再去追你，毀了自己至少可以小小開心一下的機會。這次出遊本來就是要慶祝我生日，所以我最後抓狂了。那是我第一次大聲說出這幾個字：『你竟敢這麼對待我？你強暴了我耶!?』」

湯姆出神似地點頭：「然後我崩潰大哭，沒完沒了地說著想要為你……流血之類的蠢話。天啊，我那時渾身上下痛苦極了。」他沮喪地說道。

「你只是看著我，臉上就是你現在不知所措的樣子，一會之後就離開了，對我這麼大的控訴沒有做出任回應。這一次我沒有力氣再去追你了，不過還是有通知海岸防衛隊。

他們後來在沙灘上發現你全身濕透，昏了過去。」

二十歲的我有多憤怒和失望，此刻意外再度猛襲上心頭。現在我知道自己的憤怒帶著重要的目的，那時若沒有對他感到如此憤怒，我懷疑自己會有膽子把他施加在我身上的暴力化成言語說出來。

我轉過來面對湯姆，他因這不快的回憶而顯得侷促不安。在我們一起走過汙濁的羞愧之河的同時，他也從岸上觀看著他自己。我從通信聯絡中早已熟知這一套模式，而我自己已不再陷在其中。沒錯，他需要坦白承認強暴我的事實，但是耽溺在這段喝得酩酊大醉的戲碼裡則毫無益處，唯一的作用只有餵養湯姆的自憐（我對這一點毫無耐性），以及破壞我們之間的力量平衡：他把自己放到爛泥灘裡，而我被迫高高端坐在寶座上。現在我知道該用哪個故事來打破這個循環。

「這又怎麼樣？」我的語氣比原本打算得還要嚴厲許多：「你以為只有你一個人有悲慘的夜晚嗎？」

他驚愕地看著我。「呃，我很確信那晚在韋斯特曼群島上，很難找到比我更糟糕的渾蛋了。那是我這輩子最黑暗的時刻之一。」

「話別說得那麼肯定。」我冷冷地對他說：「我有一次翹過一場世界聞名的和平會議，偷了八公升的烈酒，然後跑到泳池裡裸泳。」

「你做了什麼？！」

「我在冰島中學以模範生的身分畢業，獲得獎學金到美國念書，同時還有其他九十位來自世界各地的資優生。我們開學幾個月之後，被邀請參加在佛羅里達州一間高級飯店舉行的和平會議。我那時二十一歲，天真得以為會議真的跟和平議題有關，因此還努力讀了中東和非洲爭議事態的最新狀況。

「讓我非常失望的是，那些大人物出席的目的，只是為了鞏固商業人脈。我記得唯一跟和平稍微沾上邊的事情，是我們外國學生被交待要穿自己國家的傳統服飾，在企業界大亨開心享用牛排的時候，在一旁合唱〈愛改變一切〉。我當時年輕氣盛又叛逆，對整件事情感到憤怒，因此集合了幾個學生，讓他們把酒吧的酒全拿走，帶到泳池邊。」

「你最後怎麼會光著身體在泳池裡呢？」

「這個嘛，我們沒有其他非酒精飲料可以倒進酒裡稀釋。其他學生則不喜歡就著瓶口喝伏特加，畢竟他們全都是模範學生，平常根本不會做任何冒險的事情。因此我示範給他們看冰島人喝酒的方式，直接灌幾大口到喉嚨裡。但這不是什麼聰明的點子，因為我是空腹在做這件事，所以後來我整個人變得很亢奮，覺得該來場泳池派對了。

「就這麼巧，我稍早時曬了日光浴，衣服底下就穿著比基尼，畢竟是佛羅里達州嘛！為了炒熱氣氛，我還一邊脫衣服一邊說笑話，但我太過專注在表現機智風趣，不小心就把比基尼一起脫下來。然後便光著屁股跳進泳池裡，還在納悶怎麼沒有人跟著跳進來呢。」

他搖搖頭，吃吃笑出來。

「最好笑的是，我完全不記得自己怎麼擦乾身體的。希望不是光著身體走進會議室，隨意問一位世界級的領導人物要毛巾，或是隨手拿最靠近的桌巾。」

這一次，湯姆笑得更大聲了。那是安下心來的笑聲。

「所以說，不要以為就只有你一人有喝醉酒丟臉的糟糕夜晚。世界上每一洲都有陌生人看過我光著身體的樣子。」我啜了一口酒，說著：「重點是找到方法自我解嘲，然後繼續好好生活。」

他點頭。「謝謝你，莎蒂絲。」

「不需要謝謝我，我並不是為了你才這麼說的。我自己也很容易動不動就惹出麻煩。」我舉起杯子：「現在讓我們為不再年輕而愚蠢乾杯。」

「乾杯。」他帶著感激的笑容說：「從現在開始，我們就只剩下愚蠢了。」

我們慢慢喝著杯子裡的酒，我把夾克圍得再緊一些。「既然你提起了這件事，在韋斯特曼群島事件的隔天，我在音樂節上四處走動，心裡還是非常生氣。我遇見一個認識的女孩，她告訴我剛才花了兩個小時，聽某個醉茫茫的澳洲人說他如何搞砸了與一個女生的關係。她告訴我，那男生甚至在腳踝上，刺了那可憐女生名字的縮寫。」

湯姆一臉吃驚地瞪著我看。「你是在開玩笑嗎？」他大笑起來，說：「所以這些年你一直以為我把你的名字縮寫刺在身上？」

這下輪到我感到難為情了。「呃，我不知道啊，我只是告訴你她說了什麼……」

他搖著頭說：「首先，你朋友遇到的酒醉渾蛋應該就是我，這種巧合也太恐怖了！再來，我腳踝上刺的是有護身作用的盧恩字母符文『蘇里薩茲』刺青（譯注：THURISAZ屬於冰島盧恩字母，代表符號是þ，象徵保護和運氣）。一九九七年我要回澳洲的時候，接待家庭的叔叔給我一條盧恩字母的項鍊，做為送別禮物。等到回家之後，我想要有個刺青，就選了那個對我有意義的符號。」

「但是……」

「我當時喝得爛醉又弄得像狗血八點檔，我可能發現那字母跟你名字縮寫還挺像的，所以就在那裡亂說一通。但我發誓，一開始那刺青跟你是沒有任何關係的。」

我重拾鎮靜之後，感嘆說道：「想想這些年以來，我一直相信這世界上有個腳踝是要獻給我的。」話裡的唐突語氣又讓湯姆再度笑出來，我自己也跟著咯咯發笑。

「我從來沒有跟任何人談過這件事，更別說還拿來嘲笑一番了。」他坦白說著：「那種羞愧的感覺實在太沉重了，在一天結束之前，我幾乎總是隨時屏住氣，擔心有人發現這件事，例如有人在島上無意聽見了我們的對話，或是在聖誕舞會上看過我。儘管你並沒有提到我的名字，但是當你在書裡把那晚發生的事情公諸大眾之後，可能會有人把事情連起來。我最大的恐懼，是被冰島接待家庭的爸媽發現。」他的身體打顫，我知道這不是天氣的緣故。

「我告訴過你，我沒打算要揭露你的身分。」

「我知道。」他的目光焦慮而呆滯。「儘管如此，恐懼告訴我那只是遲早的事情，總有一天這秘密會公開，會飛越過好幾個海洋找到我。」

我可以理解他的無助，有那麼一會，這氣氛把我往下拉進黑洞裡。我出於本能的反應說：「既然這樣，就先把它擊倒。」

他看起來一臉茫然。

「湯姆，如果讓全世界都知道是最糟糕的事情，那你更應該把它掌握在自己手裡。與其等待某個人來打破沉默，何不自己主動？不要一輩子都活在這該死的恐懼裡。」

湯姆還是沒出聲，目光落在隨風飛揚的樹木上。

我繼續說：「當你讀到許多人後悔自己的所作所為，然後盡可能彌補的故事時，你會想著：**天啊，怎麼會有這麼壞的人啊？**」

「不，我不會那樣想。」

「一點也沒錯。反過來說，你會不會在心裡想著，如果這些人是真心悔悟的話，都值得有第二次的機會？」

「我想會的。」

「那麼就當這樣的一個人。」

我們彼此讓思緒沉澱了一會兒。當我再度開口說話時，心跳也加快了：「我有一件事想要告訴你——」

「你介意我進去拿菸嗎？我真的很想抽一根菸……」他帶著歉意說道。

「不會，去吧。」我咬著嘴唇，看著他跑上階梯，進入屋裡消失了。這或許是糟糕的計畫。當我們要慢慢走進地雷區，最好是在頭腦清楚而不是在精疲力盡的狀況下。

一會之後，我看見一抹紅光在黑暗中閃爍。他吸了一口長菸，坐回我旁邊的草坪躺椅裡。

「你剛才想要告訴我什麼事？」他好奇說道。

「沒什麼，」我試著讓語氣輕鬆些：「那時機……已經過了。」

「可惜了，」他失望地說：「抱歉剛才打斷你的話。」

「我們以後會再提到的。」我伸了伸僵直的腿，說道：「反正現在已經太冷了，時間也晚到沒法繼續坐在這裡了。」

湯姆邀請我到起居室裡，然後夜間警衛幫我叫了一輛計程車。我走在他前面兩級的階梯上時，想到這一整天都是走在他前兩步的距離：進出購物中心、畫廊、餐廳……這當中的象徵意義衝擊了我，因為大體來說，過去十年以來我是那一個計劃整件事、領著兩人前進的人。**等到這星期結束的時候，希望我們兩人都不再需要任何的引導**。

「你回到飯店時，能傳個簡訊讓我知道嗎？」當計程車停在民宿前面，湯姆這麼說。我還忙著消化這一整天的討論心得，忘了請計程車司機打開計費表，他開了半公里的路，卻要四倍的價錢。

我走過麗池飯店大廳的大理石地板時，仍然是怒火中燒。**如果像我這樣的年輕女性，可以像湯姆一樣能在該死的夜晚裡走路回家就好了，他自從來到這裡都是這麼做的。**更別提那黑心的計程車司機趁機狠敲我竹槓，正是可惡至極的不公不義。我想用彎刀砍下這男性主導的體制。**咻咻！**

我在酒吧點啤酒的時候心中怒火猶熾，一個光頭男大喇喇地靠在酒吧邊，朝我大聲說話。「你從哪來？」他再一次大聲嚷著：「嘿，可愛的小姐，你從哪來啊？」

「我剛才就聽到你的話了。」我冷漠的回應令室內溫度瞬間下降好幾度。「你不介意的話，我正打算要點單。」

那粗魯的光頭男在我高抬下巴走過他身邊時，怒目瞪著我。**今天死都不會再讓另一個男人佔我便宜**，我一邊想著一邊按下電梯按鈕，同時喝了一口非洲啤酒。**去吃屎啦！**

旅館房間裡的空氣很不流通，聞起來隱約有發霉的味道。我從口袋裡摸出手機，傳了簡訊給維狄爾道晚安。正要放下手機之前，我注意到一則未讀的訊息，上面寫著：

你還好嗎？爸

我整個人開心起來。我父親對於女兒在外面遊蕩或許不是很高興，但絕不會不關心我的幸福。我回簡訊給他，提到了這裡的強風、好吃的壽司以及美麗的結婚戒指。我們之間似乎有個默契：絕口不提湯姆。一會之後，我收到了回覆。

那就好。小心啊，我的寶貝，小心。爸

窗戶玻璃在暴風雨中格格作響，就像是我腦裡的思緒一樣。儘管我和湯姆有了些進展，我們前頭仍然有很多工作等待著。最困難的對話還沒開始，最難以啟齒的問題也尚未得到答覆。

我在書桌旁坐下來，打開筆電，沉浸在自己的思緒裡。我應該讓湯姆看到多少因他而受到的傷害？原諒真的會讓人只朝前看，而不再提心吊膽嗎？如果讓他看見我這些年深藏心底的所有東西，對我們兩人來說會更好嗎？

我的心思回到十八九歲時，自己在憎恨裡費力前進，向所謂的「愛」（最後卻轉變為殘酷的玩笑）宣戰。我缺乏洞察力，無法看清湯姆罪行的真正本質，但不可否認，他留下了毀滅和破壞。在無法理解的情況下，我滿腹怨憤卻沒有人可以指引如何發洩，我深感痛苦卻無法和它講道理。我一心只想殺掉敵人，到最後卻只是徒勞地和自己的影子作戰。

生命是場毫無道理可言的玩笑，而我發現自己在雷雨中、吊掛在高聳的突壁上，瘋狂朝上帝發火，激祂不敢讓我往下墜落。為了重新拿回自己被偷走的力量，我和根本不愛的人、我沒辦法去愛的人，或是絕對不能愛上的人發生親密關係。我持續麻痺自己，直到再也感受不到任何真實，以及發現把自己劃開來是我唯一能「有所感覺」的方法為止。那溫熱的血液一滴一滴地淌下來，我沉迷於一秒一秒計算血滴涓流成池的快感。

一、二、三……

我從回憶裡爬出來，為那些迷失的日子有多無望而發抖。我的手指落在鍵盤上，不由自主地點開了一首詩。十八歲生日當天醒來時，我感覺自己已老去且疲乏，因而寫了這首詩，我就是在那時候弄明白了一件事：自己初次往下跳向愛情之地時，降落傘並沒打開。詩中血紅的大字鮮明描繪出我迫降時的狀態——被湯姆的重量狠狠壓在象徵我床鋪的柏油地上，裡面明明白白的激烈情緒令我抽了口冷氣。連串的淚水滑下臉頰，一滴一滴落在腿上。

可惡，這仍然讓人痛徹心扉。

稍晚，一個耗盡力氣的女人蜷縮在床上，風吹散了她傷痕累累的情緒，最終輕輕吹送她進入深層的無夢之地。

湯姆的日記

星期五

我剛泡了一杯薄荷茶，聞著從杯子裡升起的清新香氣。我坐在閱讀室的藤條椅上放空，很滿意這裡的安靜。

雖然我本來就想要談「韋斯特曼群島週末」的話題，但它依然沉重地令人沮喪。光只是提起地名就讓我窘迫不已，所記得的部分總讓我感覺像是沾上了焦油，再也沒辦法清乾淨。這就是為什麼它是我這星期預定的目標之一：跟莎蒂絲談談那個週末，然後看看能否將它從身上使勁搓擦乾淨。

如今我對於那晚發生的事情有了先後順序的梗概，她幫助我釐清一些謎團的細節。現在，那時大口喝伏特加、甩火棍、冰冷的海水、鮮血、落淚，以及縫針都有了恰當的時間位置。我也可以理解，為什麼當她朝我尖聲叫嚷的時候會跑開。

這簡直就是一場完美的情緒風暴。

然而，我其實也有所保留。我很納悶在當下為什麼沒有承認，自己的確記得那週末的細節。我請她提醒我那天晚上發生的事情，並且弄得像是完全沒有印象一般，但是話題卻很快轉移到她在和平會議上喝醉出糗的往事。不過，我對此也悶不吭聲。**我為什麼沒有大聲說出來？**

或許是我自己的記憶混亂得讓人困惑吧。順序倒錯，甚至可能還不相關。

下面是我記得的事情。半醉的我們笑哈哈地試著在強風下架起帳棚；第一個樂團在主要舞台上演出；莎蒂絲戴了一副巨大的紫色墨鏡。我還提醒自己，直接就著瓶口灌伏特加對我的酒量來說太超過了，不過最後還是從一個女孩手裡接下酒瓶。

我也記得隔一天試圖理清思緒時，還跌出了帳篷外。莎蒂絲要求跟我談談，然後走在我前面，穿過了好幾排被風吹壞的帳篷，來到長滿野草的山坡一小塊空地前。

我很驚慌。**糟糕，她看起來似乎對我很生氣。昨晚到底發生了什麼事？**

她坐下來，眼睛直視前方。我等著她的視線接觸我的目光，不過她沒這麼做。我在她旁邊坐下來，雙手抱著膝蓋，轉過去面對她。她慢慢把身體轉向我，目光終於看進我眼裡，我始終記得自己當時被她的表情嚇住了。

心意堅定且憤怒到異常冷靜。

她說，她以前從來沒有恨過任何一個人。

「但是湯姆，我現在很恨你。」

我感覺得到她的厭惡，因此一臉嚴肅地繼續坐著，無數問題在腦袋裡尖叫。

我做了什麼？

我腦子一片空白。什麼都沒有，但自己一定做了什麼令人痛恨的事情，不管我們之間曾有什麼奇妙的連結，此刻都已經消失了。

跑開吧……我只想要跑開。

我也真這麼做了。

我一直等到莎蒂絲和其他人那天下午昏睡過去才採取行動。當他們在帳棚裡熟睡時，我把衣服塞進背包，之後一路跑到島上的機場，連忙離開那裡。我接下來只花了幾天就訂好機票，完完全全地離開了冰島。

我記得回到家之後的那幾個月，根本沒辦法好好坐下來，只能四處追逐可以讓我分心的事物，例如參加狂歡派對，以及找份離家很遠的工作。我用盡辦法不讓自己記起一切，也成功在那段時間裡拒絕承認任何事。

早在二〇〇〇年重回冰島之前，我就「改造」了自己的過去，這樣便不必記得對莎蒂絲做過的事情，也不需要向自己承認造成了多少傷害。任何跟「過去」有關的領悟和言詞，在我心裡都是不見容的，就連二〇〇〇年重回冰島，也不覺得自己是要去處理一件罪行。

沒想到在那次旅程裡，又發生了一個我還不知後果為何的酒醉瘋狂夜，這下要控制腦海裡的思緒變得更為困難。我必須讓它們變得難以理解和不見光，免得自己去思考而得出可怕的結論。

我的逃避起了重大作用，它當然得要如此，我也不認為會有人對於羞愧念念不忘。此外，我當時年輕氣盛，努力工作、露營、衝浪、喝酒，更對真實的社會體制感到失望和挫敗。

只要有人提起她、冰島、韋斯特曼群島，或是其他小事時，才會點燃腦裡一小段重要的回憶。也只有在那時候，音樂節的週末才會爬進我心底，因為我**的確**允許自己儲存了那些模糊的酒醉記憶。

記憶的選擇對自己來說到底有多重要？一部分的我明白，這是一種下意識的自我防衛機制，但另一部分的我則認為，這不過是在替這種邪惡的便利性找藉口。

如果一開始就對自己誠實，我現在又會在哪裡？

她二〇〇五年寄給我那封電子郵件，明白地指出我對她做了什麼事時，自我欺瞞的伎倆就像被海潮侵蝕的沙堡一樣垮去。真相隨著那封電子郵件沖灌進來，我瘋狂地努力喚起記憶，懷疑自己會在當中陷得多深。

對我來說……整件事從這裡才算真正開始。

這也就是為什麼我記憶裡再小的空白，感覺上都像在等著填補上那不可避免的真相。

這感覺如此沉重，光是坐在這裡，拿在手裡的杯子就覺得沉了。至少，這些感覺現在有個地方可以棲身。在她幫忙理出事情的順序之後，它們不再在上鎖的盒子裡乒乓作響。現在知道了那一晚在島上發生的事情，我的膽怯和畏縮暫時鬆開了……一些些。

第四天／

DAY FOUR

二〇一三年三月三十日

我摔下一座黑色的分水嶺，跌入自己的身體裡。周遭氣味很陌生，身體底下的床墊比習慣的還要硬上許多。我抬起頭，從一隻眼睛望出去，眼前的景象迎面襲來。**非洲。湯姆。**

噢，糟了！

昨晚忘了傳簡訊告訴他，我安全回到飯店了。我伸手拿起手機，發現有三則未讀簡訊，兩則是擔心的湯姆傳來的。

抱歉，完全忘了告訴你！我真是個笨蛋。一切都很好。

手機一會之後嗶嗶響起來。

呼！謝謝。一會見。

我按耐住性子，不去想執行「告知自己的人身安全」這條規則有多諷刺，尤其是在女性安全最大的威脅，是來自那些背叛她們信賴的男人的情況下。發現第三則簡訊來自維狄爾的時候，我開心得心房都膨脹起來。

嗨，親愛的。我們剛才看到了難得一見的壯觀極光。我正要帶茱莉雅去睡覺，每個人今晚都待得比較晚才去睡。我們明天可以說話嗎？我想這裡的網路收訊相當糟糕，不過還是可以試一試。希望你和湯姆今天過得順利，你們倆一起正在進行的事很重要也很美好。很想你。

親愛的維狄爾啊。我最好的朋友兼唯一信任的人，並不擔心他的未婚妻飛過大半個地球，進行一項奇怪而不可預知的任務。我傳簡訊回覆，說期待今晚跟他聊天。

我走進餐廳的時候，昨晚的光頭男正在吃早餐，我們互相練習漠視對方的技巧。等湯姆在這多風的星期日早上走進麗池大門時，已經是九點半了。我站在可俯看大廳的欄杆旁，朝他揮手。他抬起頭，迎上了我的視線。

「睡得好嗎？」

想到昨晚滿腦子的黑暗思緒，還以胎兒般的姿勢睡著，我聳聳肩回答：「還不錯，你呢？」

「很好，謝謝。我醒來時聽到有人在唱歌，後來知道是送貨的男孩。我說的可不是什麼輕輕哼著歌，這男孩是真的放聲高唱呢。」他帶著誠摯的笑容說道：「我在這裡一直聽到人們發自內心地大聲唱歌，覺得很舒服……這一點讓人感覺很特別。」

「你來到這裡之後，有跟家人聯絡嗎？」

「我有傳簡訊給爸媽，讓他們知道事情進行得如何。」他回答：「維狄爾有跟你聯絡嗎？」

「他們到郊區去觀賞極光。維狄爾祝我們一切順利，他認為我們在這裡做的事情，很美好也很重要。」

湯姆張大了眼睛：「他這麼說？」

「沒錯。我告訴過你，他打從心底支持我們。」

「他真的相當了不起。」

「這也是我愛他的一個原因，以及他並不會對我的狀況大驚小怪。」

「不會大驚小怪？」

「這有點……不好解釋。他愛我的方式很樸實，就是不會受到外在世界的影響。從我們一開始交往，我因為工作的關係得了些獎，也獲得媒體的注意。他為我感到開心，但同時間……他並不會被這些東西影響。他對我來說像是忠誠可靠的巨石，不管我贏得勝利或是受挫沮喪，都能有所倚靠。」

湯姆點頭：「聽起來他對自我的認識很透徹，對於『自己』有自信而自在。」

「的確是如此。在我遇見他之前，經歷了八個月痛苦的分居日子。他有機會看見、了解我所有破碎不堪、整天只穿著運動服的邋遢模樣。他前一段婚姻有兩個女兒的事實嚇到了我，因此花了一些時間才拋開那種恐懼，而現在，我的兒子和繼女們是我最大的財富。」我打開脖子上一個銀色項鍊盒墜，讓湯姆看維狄爾和孩子們的合照。

「很美麗的一家人。」他一臉贊同地說：「我對於那些選擇成為父母親的人總是感到很敬畏。」

我闔上小盒子。「世上沒有任何其他事情可以讓你笑得更甜蜜，或是哭得更痛苦。」

奈吉爾跟先前一樣和藹有條理，幫我們訂了星期一（也就是後天）到羅本島參觀的票。據他說，參觀開普敦最便宜的方法是買觀光巴士一日券。「價錢只是反覆搭計程車車費的幾分之一而已。」他滿臉笑容、服務周到地說著。

我們很感激有這個可以省錢的機會，因此採納了他的建議，決定搭下一班觀光巴士，這樣在兩人談話的同時，仍能欣賞到這城市的美景。我們踏出飯店，強勁的風開懷地朝我們打招呼。一輛雙層巴士從我們身邊開過去，在一條沿著海邊的路上前行了兩百公尺。我們把這當成是告訴我們要往哪方向前進的徵兆。

「你介意我們先到海灘上停一會嗎？」湯姆問。

「一點也不會。」我跟著他走下通往海灘的石階。被太陽曬乾的海草的強烈氣味朝我們襲來的同時，另一輛觀光巴士疾駛過去。湯姆目送著巴士消失在遠處，聳了聳肩。

「至少我們現在知道每幾分鐘就會有一班車。」他兩手裡已經拿滿了垃圾。我試著撿起一些罐子和塑膠杯，但在發現這麼做並不是很自在之後便停下來。我對於許多議題都很有熱情，更是熱衷於環境議題，但我覺得不需要在此時此刻證明，就只為了讓湯姆另眼相看。

我坐在沙子上，雙眼盯著那些像棉花糖的雲朵時，湯姆在一旁坐了下來。這每日習慣帶給他的結果，是整張臉被海水弄得濕漉漉的。

「你想看我的刺青嗎？」他問道。

「你是指**我的**刺青？」我一臉賊笑地回答。

「哈哈，真幽默。」他捲起褲管，秀出有著黑邊的紅色和黃色盧恩字母。我認出那是象徵保護和運氣的字母。

「那是什麼？」我好奇地指著在字母上方的圓形刺青。

「我在二〇〇〇年再度回到冰島時刺的。我一度有個傻氣的想法，想要把每一個到過的大陸都弄成一個刺青。幸好，我放棄了。」

看著妝點在他腳踝上的冰島行紀念，我明白那段過去也寫在自己的皮膚上，儘管方式不一樣。

「你看。」我一邊說，一邊秀給他看我左腳踝上方兩道傷痕。

他輕聲問道：「你自己弄的？」

「對。」內心深處，一聲呢喃騷動著。**湯姆，這是屬於你的刺青**。

他也知道這一點。他不只在二〇〇〇年親眼看過我的一些傷痕，我也在通信時告訴他自殘的事情。在我發現無法打破自己被強暴的噤默之後，這是絕望之下的最後一擊。多年來，我鄙視過去的那個自己，竟會做出這種殘害身體的徒勞之事，一直到我後來發現真正徒勞的事情，是去評斷自己被深愛的人殘暴對待後做出的反應。也就是在那時候，我向她道歉，把她擁在我懷裡，手指滑過她染過的頭髮、穿了耳洞的耳朵，以及纏著繃帶的四肢，說出原諒的話語：**你孤伶伶地面對那艱難的情況，你已經盡力了**。

而現在我坐在南非海邊的沙灘上討論著我的傷痕，彷彿它們不過是身體的一部分，就像尋常的刺青。說到底，刺青不過就是上了色的傷疤組織。

「我記得你小腿脛骨上那個大傷疤。」

「這一個？」我一邊問，一邊把褲管往上拉，露出一個杏仁形的疤。

「對。」

「看起來像眼睛，有那麼一點啦。」我端詳這道疤說道：「我曬黑的時候，會比較明顯。」

有那麼一會，我們只是安靜坐著，然後一個念頭突然襲上來：我們把對方永遠刻在皮膚上了。

「你寄給我的第一封電子郵件裡，除了坦承做過的事情之外，你也說希望我乾脆直接厭惡你就好了。」

他莊重地點頭回應。

「老實說，有好些時候我的確是如此看你。夾在那些美好回憶之中，是好幾層熱騰騰的憎恨。但憎恨是個陰險的盟友，到頭來總是反過來對付我。到最後，我痛恨自己為什麼這麼關心一個令我痛不欲生的人。」我的心思回到他給我的那塊石頭。「憎恨，如今就是一塊沉重的石頭，也是所有當中最大的磨難。」

「就這點來說，它不僅燙人還具有腐蝕性。悔恨也是如此。」他目光緊縮，看向遠處。「我這段時間以來和你保持……溝通，最大的希望就是能讓你癒合，因為我對自己早已不抱什麼希望了。你已經知道，我很享受自我懲罰，你多年來被迫忍受聽那些我不值得原諒、不值得獲得愛等話。

「有好幾次，我都以為自己會衝進法院舉起手，大嚷著：『是我做的！我強暴了她，讓家人蒙羞，請嚴厲懲罰我來殺雞儆猴。』儘管這聽起來很戲劇化，但一想到我從來沒被起訴過，就覺得這才是我應得的判決。我住在半個地球之外，從來沒判過刑。如果當初選擇不和你接觸，我本來可以穩當地隱藏過去的所作所為，跟以往一樣在澳洲自在走動。」

「說的沒錯，你本來可以選擇躲起來。同樣地，我本來可以選擇不承認你對我做的事，但是我就會因此失去許許多多其他的事物。否認是殘酷大師。」我看著自己的傷疤，加了一句：「誰知道我現在是不是還活著呢？」

他點頭。「如果當初拒絕你的建議，我很可能已經被悔恨給壓得動彈不得。你在那間咖啡店獲得的靈感、手寫的那封信……真的在你我的世界裡扮演了非常重要的角色，那個當下改變了一切。」

我們慢慢喝著瓶裝水，同時也讓這簡單卻有力的事實在各自的心裡沉澱。當第三輛觀光巴士呼嘯而過時，我們彼此對視，翻了翻白眼。

「走吧。」他說道，隨手把他的背包甩到肩膀後。

再下一個巴士站牌是在綠點燈塔，南非歷史最悠久的燈塔。在它後方就只有一望無際的汪洋大海，強風吹得我們寸步難行，一輛紅色雙層巴士停下來及時解救。司機拿給我們耳機和一日券，交換幾張皺巴巴的紙鈔，車廂裡的和諧寧靜讓我安下心來，不過還是跟著湯姆走上風勢強勁的上層車廂。畢竟，下層車廂的寧靜會讓陌生人聽到我們的對話。

湯姆先坐進靠近欄杆的內側座位。我要坐進他旁邊的座位時，膝蓋輕輕拂過他的膝蓋。這一次，一波熱氣貫穿了我整個身體。我快速抽回自己的腿，咒罵著自己。**為什麼**

你就不能只是某個襲擊我的陌生人呢？我身體裡一個苦澀的聲音尖聲叫嚷著，**為什麼你就非得是我的初戀情人？**我迅速停止自憐自艾，因為不管是由誰動手，暴力總是惹人毛骨悚然。現在我唯一在乎的愛，是和維狄爾共有的這一段。

正當我心裡想著各種關於「陌生人很危險」的諷刺玩笑時，湯姆壓低的聲音切斷了我的思緒：「這一定是我這輩子做過最『觀光客』的事情了。」從他的生活內容來看，我知道他所謂的旅行是要到曠野中健行、在小溪裡洗澡、在星光下睡覺，以及從衝出來的狼群或是熊的血盆大嘴下逃出來。絕對跟套裝行程、旅館以及觀光巴士沾不上任何邊。

「別擔心，牛仔先生，」我咕噥回去：「我會保守你的秘密的。」

坐在我們前面的觀光客全戴著耳機，全神貫注在開普敦城市各樣景點奇觀的語音導覽裡。我饒有興致地發現，湯姆和我都沒打開導覽機。

「我猜現在還滿適合說話的。」他打開手中一張紙。突然間，一陣討人厭的風把礫石拋向我們的臉，我趕忙遮住眼睛。道路兩旁的餐飲店家則是奮力地把椅子、桌子和招牌拉住，不至於倒得滿地都是。

「這風感覺上幾乎是……在發怒。」湯姆用平板的聲調說話，把那張紙再度塞回背包裡。我按捺住好奇心，尊重他的決定而沒說話。我從經驗得知，有時候時機就是會這麼莫名其妙地從手裡溜走了。

「說到發怒，」我透過半閉的眼睛看著眼前的城市：「我其實也在想這件事。」

「怎麼了？」

「我從來沒讓你看到我的怒氣。」

他耐心地等著我在腦海裡搜尋字句。

「從一開始，在我八年前寫給你的第一封信裡，我談著自己想要找到放下和原諒的方式，但這只是一部分的事實。如果我把自己塑造成什麼八風吹不動的修行者，可以毫不費力就能原諒一切，那就是癡心妄想了。相反的，我常發現自己身處憤怒的地獄，辛苦地匍匐前行。但是，如果真的想要讓傷口永遠癒合，我就不該再繼續嚴格審視這些感受。」

「如果可以的話，我希望你不用這麼顧慮我。」他輕聲說道。

「我是這麼看的，細究你所造成的痛苦不僅沒有意義，反而非常有害。我認為這不會對我們有所幫助。但是內心深處，我也懷疑這樣的態度，是否消滅了自尊。強迫自己成為不耽溺在往事裡的成熟大人，或是不跟心中紛亂的情緒與傷痛瞎攪和等等，很明顯地都是一堆廢話。老實說，根本就是膽小鬼的做為。」

我停下來，看著自己從湯姆的太陽眼鏡反射回來的鏡像。

「擺出那樣的『成熟』態度會讓我的氣勢佔上風。我可以在寶座上端坐著，而你卻只能跪趴在爛泥裡。不過我對此感到厭煩，我希望我們能站在相同的立足點，同樣處在混亂的人性光輝面裡。」

他點著頭。「我也會想要這樣。」

「那麼，你想看到我的憤怒嗎？」我低聲問道。

「想。」他毫不遲疑地回答：「我想要看見你。」

我們的視線交接，我可以感覺到焦慮像是躺在胃裡的一把彈簧刀般彈出來。老實說，我不確定這對誰來說會更難受。想到昨夜讀詩的時候，那股侵蝕自己的惡毒怨恨思緒，令我打起冷顫。**這就是為什麼我需要走到那裡的原因**，我心想著，**直到它再也不能傷害我為止**。

「我們先趕快下車吧。」我提議。

「要不要在著名的長街下車？」

「當然，我可以來上一杯咖啡。」

我們一走下巴士，一個男人立即親切地向湯姆兜售大麻，湯姆客氣地拒絕。兩分鐘之後，一個戴毛線帽的男子一臉嗨茫地問湯姆：「嘿，老兄，要不要哈根草啊？」

「不用了，老兄，沒關係。」他再次拒絕。

「這是怎樣？」湯姆後來用被冒犯的口氣說：「我看起來像是吸大麻的人嗎？」

我的視線從他沒刮的鬍子，移到那長長的雷鬼髮辮，再到腳下的嬉皮鞋。「沒錯，你是很像。」我坦率地回答他。

「欸！」他說：「你缺少咖啡因就變得很無情。」

「你要感謝沒碰到我之前戒菸的時候。」

我們找到一間小小的咖啡館，天花板上垂掛著老式的茶壺，整個地方彷彿是一場凍結在時間中的英式茶會。就在幾乎要認定，這裡提供的又是另一杯難喝的咖啡時，啜飲的第一口竟把我送上了咖啡天堂。

「好喝，對吧？」湯姆從咖啡杯緣上方看著我問道。

「滋味絕妙無比。」身為咖啡控，我立刻記住這個聖地：莫札特咖啡館。

我們拿著外帶的咖啡杯繼續前行，我很確定這世界變美好了一些，就連吹來的風也較能忍受了。**我們需要的一切東西都有了，可以繼續我們的人生故事**。我們都沒有從上次結束的地方——也就是苦澀的青春期階段——往下繼續說。畢竟在一個新鮮刺激的異國城市裡，要解剖一段痛苦過去，正常人都會找到各種理由拖延。雖然很沒有效率，但可以理解。

我張開嘴想要說話，可惜又闔起來，不確定該如何開啟話題。就在決定再試一次的時候，一群積極的街頭小販圍上來，兜售著狩獵帽和碎金屬做成的動物雕像。儘管扮演無憂無慮的觀光客有其優點，但我也明白意識到，彼此都在避免碰觸兩人來到這裡要談的事情。**如果有辦法回到上次的話題就好了……**

突然間，我的祈禱應驗了。

我們同時看見了，兩人前進的腳步硬生生頓住，我可以感覺到湯姆整個凍結在原地。前方是一間教堂，它特別的地方不在於那些拱型窗戶或是優雅的廊柱，而是一張懸掛其上兩公尺長的鮮黃布條，上面寫著：

在神的眼裡，男人和女人同樣重要。因此，男人到底膽敢奉誰的名行強暴之罪？

有好一會，我們沒人開口說話。我屏住了呼吸，低頭問道：「你對這句話有答案嗎？」

「就是自己的名義。」他回答的音量幾乎連低語都稱不上：「人以自己的名義做那件事。」

有時候幫助會從最不可能的地方出現。我在十年前診斷出有異常細胞，看起來會快速發展成惡性腫瘤。幸好，我的免疫系統戰勝了它，但那充滿不確定性的九個月卻是非常可怕。更雪上加霜的是，我那時候在美國唸戲劇研究，離冰島的家人和朋友很遙遠。「保持正面的態度」和「慢慢呼吸讓自己平靜下來」等勸告比不說話還要更糟。因此，我打電話給父親，要他放歌劇《拉克美》（譯注：Lakmé，由法國浪漫派作曲家德利伯根據皮耶爾・羅提的小說《羅提的婚禮》譜寫而成。背景設定在十九世紀的印度，描寫英國軍官愛上印度大祭司女兒，最終以悲劇收場的愛情故事）當中的〈花之二重唱〉給我聽。

父親沒有問原因，我的手指緊抓著聽筒，用力得指節都發白了，整個人躺在租來的破舊公寓地板上縮成一團，讓兩位女高音以超脫俗世的飄渺樂聲撫慰靈魂。

如今十年之後，幫助以像是為我和湯姆量身訂做的訊息抵達，就像是全能的天主此刻正在凝神傾聽。我不認為自己是信仰堅定的人，但此刻忍不住感覺有人站在我們這邊，幫助我們寫出會導引我們走到真相的劇本。

「你明白我們現在必須走到那裡面去吧？」我沒等到他回答，便率先橫越馬路。我試著從第一個入口進去，門卻鎖上了，不過我知道我們注定要到裡面去，找到正確的入口並不是什麼大問題。

教堂裡面氣氛莊重，奶油色牆面和淺灰的門框帶出溫馨的氣氛。一位粗壯結實、戴著眼鏡的銀髮牧師端詳著我們，臉上的神色莫測高深。某些沒說出的事情飄盪在空氣中，直到我注意一位遊民睡在附近的木頭長椅上。他全身的財產都在一個他擱在地板上歇息的兩腳之間的塑膠袋裡，而他的雙腳腫脹、皮膚龜裂。他的神情平和，彩繪玻璃窗戶過濾了射進來的光線，在他的臉頰印上稜鏡般的吻。

很明顯，他是得到了牧師的允許才睡在那裡；牧師此刻看著我們，彷彿等著看我們對這樣的行為贊同與否。**我們不全都是上帝的子民嗎？**我這樣想的時候，對牧師露出了微笑。令人安心地，他也對我微微一笑。

另一方面，我的旅伴似乎不是很確定自己有進入上帝住所的權利。湯姆的臉色和姿勢都顯示了他的猶豫，我則是直接走向其中一張長椅、坐下來，閉上眼睛。童年時期頻繁上教堂做禮拜的經驗讓我知道所有的禮儀，我自動默聲為我鍾愛的人禱告。為了榮耀我們一起踏上的奇異旅程，我也為自己和湯姆禱告，並為未來幾天祈求指引。最後一樣重要的事，是我為安奈奈·布伊森的家人禱告。這女孩最近出現在以南非婦女、兒童為主的暴力防治海報上。**願他們在這些試煉裡找到力量。阿門**。

教堂的祥和寧靜一點一滴滲進心靈，一股感恩凌駕在其他感覺之上：我在正確的時間來到正確的地方，完成正確的目標。儘管我從不曾懷疑無條件的愛確實存在著，卻總是不知道如何為它下定義。**謝謝祢**，我在心裡如此重複説著。**謝謝祢，聖靈……謝謝祢，神聖的愛……謝謝祢，上帝**。

突然間，我聽見了音樂。我猛地張開眼睛，這一定是自己想像出來的吧？**這可能是真的嗎？沒錯，這的確是真的！**

《拉克美》裡〈花之二重奏〉柔美細緻的頌讚從教堂的揚聲系統傳蕩開來。精緻的女高音彼此纏繞著，為我編出了一頂花冠。我帶著微笑，抬頭看向天空，再加了一句……**感謝祢為了我放這首歌**。

我的心房裡洋溢著真誠的喜樂。我轉過頭看著湯姆，他坐在附近的長椅上，雙眼閉著，長串的淚水滾落臉龐。

經過這奇蹟似的一刻，我們都有股站起來的衝動，在把錢放入捐獻箱時，兩人也向牧師致意。

「打擾一下，您能不能告訴我們外面那張布條背後的故事？」湯姆問道。

「這是我們幾位牧師在安奈奈・布伊森的謀殺案之後做的共同決定，布條兩週前就掛了上去。」牧師回答：「願她在天之靈安息。」

我以她的名字點了一根蠟燭，湯姆也點了一根蠟燭，我們靜默站著，注視著火焰。我們離開時，那個遊民仍然熟睡著，絲毫沒有察覺在同個屋宇下，兩名外國人經歷了奇妙時刻。

等到再度回到忙碌的街道上，整個世界看起來不一樣了。如今我的心胸更為開闊，也發覺風在樹梢吟唱得更響亮，陽光曬在皮膚上的感覺更溫暖。就連胃也感覺不一樣，突然飢腸轆轆起來。有鑑於剛對莫札特咖啡館產生的好感，我建議到那裡吃東西，湯姆也同意。

我們已經坐在咖啡館二樓，由一位滿面笑容的女服務生接待。她推薦我們點裸麥麵包加烤蔬菜和山羊乳酪，我聽從她的建議。

「關於那掛在教堂外的布條，我真不知道該說什麼了。」當女服務生消失在通往廚房的樓梯時，湯姆出聲說話了。

「還有那音樂……」

「……真是動人！」他由衷做出結論。

我再度意識到，我們又選在周遭都是人的環境裡，進行著私密的對話。

我湊近桌子，降低音量：「從絕口不提這話題到不管何時何地都在談這話題，這感覺很怪。」我們先前關於憤怒的對話此時也在心裡閃過，因此我再加了一句：「即便是在雙層巴士多風的車頂上也一樣。」

「沒錯，不過反正那裡也沒人能聽到我們在說什麼。每一個人都戴著耳機。現在想來，那裡反而是進行私密對話最完美的地點。」

「是沒錯，但有些事情我還是不會在那裡說出來。尤其不會在風勢強勁，必須大聲吼叫才能讓你聽見我說話的情況下。」我給他一個心照不宣的表情。

「我想不出你有什麼事情不能說的。」

他的不明所以使我啞口無言。有一會時間，我能做的就是看著他，然後忍不住脫口說出：「所以說我可以在公車上朝你大喊『強暴犯』，你也不在乎囉？」

他哽住了氣，彷彿我剛剛甩了他一巴掌。我也被自己說出的話嚇了一跳，兩隻手摀住了嘴。我的話仍在空中懸盪著。

突然之間，我們放聲大笑到整個身體都抖動起來。我們不由自主地劇烈笑著，直到淚水順著臉龐滑落下來。

「我不敢相信你說了這句話。」他設法在笑聲之間擠出這句話。

「我也不敢相信我們還能大笑出來。」

我們明白哄堂大笑有多不合宜，這反而使得整件事更加戲謔歡樂。即使只是看著彼此，都會忍不住引起一陣痙攣。我最後必須藉口要去洗手間，期望暫時的分開可以抑制這不可控制的情緒迸發。

我回到桌旁時仍在擤鼻子，而湯姆也才剛止住了最後的笑聲。在我們歇斯底里的反應背後，是多年來艱困的討論再討論。湯姆與「強暴犯」三個字之間的連結如此極端，使得他長時間以來不敢去尋求幫助、交朋友，或是與他人建立深刻的感情。

「我們都知道，有段時間我就是那三個字。」他告訴我：「那三個字逐步吞噬了自我，還有我的前景。強暴犯的標籤黏著我，彷彿那是我的職業，同時大喇喇地標著我的名字、家鄉以及年紀。我用自己看到的這些基本事實，來定義自己，以及我在這世界扮演的角色。在和朋友聊天時，這個標籤便在我眼前閃現，想著：『這些人絲毫不知道自己和怪物坐在一起。』」

我不快地咬著牙。「為自己犯了錯感到遺憾」和「因為犯了錯為**自己**感到遺憾」之間的界線是相當細微的。在我看來，我們通信聯絡期間湯姆有幾次跨過了這條線，讓我感受到壓力，自己似乎得為了「他自認是個可怕、不值得同情的失敗者」而感到難過。我總覺得要我去同情湯姆，不僅荒謬而且也不合道理，再則也因為我相信，如果有人深信自己不值得救贖，這想法肯定會阻礙他做出任何有建設性的事情。此外，我也沒興趣去加深他這方面的想法。

我告訴他：「你知道我是怎麼看待這所謂『不值得原諒、友誼、愛情的邪惡強暴犯怪獸』的想法的。」

他淡淡一笑。「對，我知道，記得你有一次對我感到很洩氣，要我結束這場『自怨自艾派對』。你也知道，自責也是另一樣我抓緊不放的護身毯，我後來發現自己對這種情緒模式上癮了，即使跟你在一起也是如此。我會試著透過談論『難處』來博取他人的理解和注意。或是，把自己跟深愛的人隔絕開來，如此一來，當我以堅強、獨立的姿態回來時，就會備受珍惜和仰慕。然而，我卻以此閃避所有責任、情緒和義務。

「等到我終於可以分辨出這模式，進而剷除它的時候，才真正安心下來。就跟戒除藥物一樣，我忍受著所有戒斷症狀。那套『我是個可憐人』，或者說『我是邪惡的強暴犯』的故事在心裡上演了很長一段間，實在是已經厭煩了。」

「我是可以把你想成『強暴犯』，至少是『我的強暴犯』。不過這並不是事實，更別說它和『你到底是什麼樣的人』幾乎沾不上一丁點邊。就像我曾經喝到爛醉，並不因此就讓我變成了『酒鬼』。我偶爾會說謊，這不表示我是個『騙子』。我被人強暴，這不表示我就是個『受害者』。人在一生之中都會做好事和壞事，我的重點是：我是個人，不是個標籤。我不能把自己簡化成那一晚發生的遭遇，你也不能。」

當食物送上來的時候，我們暫時停止對話。湯姆看起來仍在沉思，我等著他接下來要說的話。

「當我看見生活周遭各種與性剝削有關的事物，不管是年輕女孩在派對上被集體性侵的新聞、男性雜誌上半裸的封面女郎，或是在電視情境喜劇裡談到關於迷姦藥的玩笑，都會讓我湧起一股罪惡感。我知道這就是自怨自艾發展到極致的狀態，也發現自己挺喜歡這感覺。你剛才說，『發生』在你身上的事遠遠不能代表你這個人，我百分之百同意；然而另一方面來看，沒有任何事情『發生』在我身上。我當初是有選擇的，但還是做了一件需要隱藏、不讓別人拿來定義我的事情。」

「你發現自己剛做了什麼嗎？」

他詫異地看著我。

「首先，你列出了一大堆『仇視女性』的事情，像是性侵犯、強暴的玩笑，以及對女性的物化等，這也凸顯出這種心理有多普及和正常化。然後，你說『沒有任何事情』發生在你身上。這個嘛，父權制度對你產生了影響，對我們所有人都產生影響。不過你說的對，你那天晚上的確有選擇，沒有人幫你做這決定。

「我不相信性犯罪者生下來就是如此。如果那是男性本能，那麼每一個男人就都是潛在性的強暴犯和猥褻者，我覺得這觀念對男性來說是種侮辱。我拒絕相信我的兒子天生就有性暴力的傾向。我認為他出生時不具備價值觀和信仰，灌輸正確概念是我做為母親最大的任務，但是他也會受到外來影響的形塑。男人為什麼會用武力侵犯女人的答案，在於社會結構，在於我們對待其他人的態度。你曾說過，那一晚感受到自己有這資格那麼做。」

湯姆回答：「你說的對，我在父權體系中成長，它徹底滲入了澳洲人的文化。我們毫不遮掩地物化女性，使得這概念大喇喇地出現在看板上、兒童讀物，也深入到語言當中。我只是不確定利用它來推卸自己的責任是否恰當，畢竟是我自己選擇要侵犯你的。

「不過我也常捫心自問，身邊有那麼多以身作則的好榜樣，教導我尊重、負責和平等的同時，我怎麼會做出如此噁心、自私的決定？我唸的都是很棒的男女混校，我來往的女性朋友跟男性朋友一樣多。過去我根本無法想像有一天會去傷害女性。雖然曾在感情關係裡有出軌過，但這表示我把女性看成是次等人嗎？我不這樣認為。我有物化女性嗎？……我想過去是如此沒錯。我要說的是，受了這麼多教育、感受到這麼多愛，生命裡有許許多多了不起的女性……然而，我還是做出了強暴這種事。」

他搖了搖頭，繼續說：「我寧願選擇你的觀點，莎蒂絲。我也不認為強暴犯是天生的，因為每個人來到這世界時，都是乾淨的白紙。我只是試著去探索內心這不自在的感覺。二分法把我們兩個分隔開來。你絕對不該被單純貼上『受害者』標籤，更何況你一路走來已經遠遠超過這概念了。但就我的部分，我仍然覺得需要把自己看成是一個做出性暴力的人，而且這不專指過去那件事。要說『我以前曾經強暴過一個人』似乎……並不完全貼切，我大概還不願意燒掉那張標籤吧。」

我聽進了他的話，決定不再加以探究。畢竟，我沒有權利去定義湯姆對自己的看法。

結完帳之後，我們買了外帶咖啡。我決定要再多享受咖啡因帶來的快感。

「我能問你在教堂時想到些什麼嗎？」湯姆好奇問道。

「大部分就是感激吧。我對自己的健康、家人、這趟旅程……以及這一刻都很感恩，你呢？」

「我想著自己有多高興和感激……」他尋找著正確的字眼：「你很快樂、健康以及被人所愛……」他的嗓音變了。令我驚訝的是，他眼裡充滿了淚水，突然間我明白過來了：**儘管他對我做了那件事，他能否原諒自己和我能否找到幸福是密切相關的。**

我把手放在他的手上，低聲說：「我是這樣沒錯，我擁有所有你說的東西。」

他擦去臉頰上一滴水，點點頭。笑聲和淚水其實只在一線之間，當心房打開之後，這兩樣情緒甚至可以交融為一。

回程我們再次登上觀光巴士，我沉浸在俯瞰這城市的壯觀美景中。桌灣口內，一艘孤伶伶的船航行在藍綠色的海水中。巴士經過了一列旗桿，旗子啪啪地在風中唱著響亮的歌曲，就在那一瞬間，那聲音變形成床柱撞上牆壁的金屬撞擊聲響。我瞥向湯姆，不過他似乎沒注意到。**會有任何氣味、聲音或是感官上的東西，把他拉回過去嗎？我想知道。他可曾有過猛烈掙扎著想吸口氣的時候？**

巴士爬行得越高，風勢變得越加凌厲，逼得我們不得不回到下層。我深吸一口氣，鼓起勇氣說道：「從暫停交換人生故事之後，又過了一整天。我們才正要說到困難的部分，而閃避不會讓事情更加容易。」

「沒錯。」他正色回答：「你想要現在繼續嗎？」

我的胃緊了一下，但是我回答：「當然，要就打鐵趁熱。」

「好，就來吧。」他回答。我可以看到他下顎緊繃，鬍子下方的肌肉因而收縮了。

我們在離麗池飯店大約半英里的地方走下巴士。突然之間，我們被一陣強風伸出的尖銳沙爪狠刮了一巴掌，這話毫不誇張。隨著天氣越發暴怒，驅散了我們的對話，我的心思回到湯姆先前曾說過想要看見我的憤怒。我們之間的空氣因為未說出口的話和吞忍不發的淚水顯得凝重。

等回到飯店的酒吧點了飲料，並在面向花園的桌子坐下來的時候，時間已經是七點鐘。彼此也準備好要開始難以啟齒的話題了。窗戶玻璃格格劇響，川流不息的工作人員在廳內進進出出不斷讓我分心，最後我決定放棄。「我們移到我房間裡完成這段對話，你覺得怎麼樣？」

他注視著我，一臉震驚。「你確定嗎？你會感到自在嗎？」

「我們會需要適當的隱私，我很確定這會讓接下來的對話容易進行些，做這件事本來就已經不容易了。」

隨著電梯越來越接近十二樓，湯姆的焦慮益發強烈。和他相反，我的情緒已經平復下來，幾乎是帶著平靜的心踏出電梯。**現在已經不能回頭了。**

當我站在旅館房間門前，摸索著包包裡的鑰匙時，湯姆把兩隻手插在口袋裡。我將手放在門把上，門把變形成夢裡糾纏著我的那個白色塑膠門把，上頭還有一個鑰匙孔。我內心所有的一切安靜下來。**準備好了嗎？**我問自己。

毫不遲疑地，我轉動了鑰匙。

湯姆跟著我走進房間裡，看了四周，不安地微笑著說：「挺不錯的。」

「你隨意坐吧，我去泡些茶。」我忙著弄水壺時，他在床沿邊坐了下來。我從眼角注意到他閉上眼睛，伸直腰，彷彿要讓自己堅強些。當滾燙的熱水澆淋到杯底的茶包時，湯姆以沙啞的聲音繼續了他的故事。

「我那天晚上穿了金色襯衫。我不知道在冰島參加舞會習慣上要盛裝打扮，此外身邊也沒有任何花俏時髦的衣服。寄宿家庭的兒子帶我去一間服飾店，幫我挑了那件襯衫。在那時候，我覺得那件襯衫酷到不行。搭配的條紋長褲則是寄宿家庭的姐姐送我的禮物。」

他從我手裡接過冒著蒸氣的茶杯，注視了一會兒，才繼續說下去。「我還記得那時拿到門票有多興奮。我記得和朋友卡洛斯、班在舞會現場外面跟你會合。你出現的時候已經相當醉了。」

「那是我這輩子第一次喝蘭姆酒。」我告訴他：「我根本不知道怎麼喝酒。還有，雖然我吸了一口你遞來的捲菸，但其實我也不知道怎麼抽菸。我那時只想讓你覺得我很酷。」**隨之而來的一連串瘋狂咳嗽，讓我懷疑那根本不是普通的菸。**

「我們一進去，你人就不見了。」湯姆繼續說下去：「我跟卡洛斯直接到舞池那裡去。我記得自己擠進人群中，覺得很快樂很自在。然後有人告訴我，你不怎麼舒服，人在洗手間裡。」

我心裡重現了廁所隔間裡那恐怖的一幕。全新的洋裝沾上髒汙，我緊抱著馬桶導致頭髮也沾溼了，而隨著一次又一次的痙攣，恐懼和懷疑不斷從我身體絞擰出來。以及那些不斷重複的自我保證：只要我能活過今晚，絕對不再碰酒或是香菸。最後，則是一股期待母親能來解救我的迫切希望。**媽，我把事情搞砸了。我很對不起。**

湯姆皺了眉。「我覺得自己應該去看看你怎麼了，因此我爬過隔板，進到你待的隔間裡。你嘔吐時，我幫你把頭髮往後拉住，我自己也快要吐了出來。然後你啪地倒在地板上，動也不動，我記得自己把你扛出來。」

他停了下來，轉過頭去。在我來得及告訴他，他那時候像我媽的化身前來拯救，自己有多感激的時候，他已凄然地變了臉色。「莎蒂絲，接下來我根本沒想到要照顧你。我把你丟給班照顧。我走回舞池的時候，你癱坐在洗手間外面的椅子上，他彎腰看著你。」

我驚訝地注視著他。「我以為你直接把我帶回家的。」

他咬了咬牙。「我那時只想到，這是自己在冰島唯一能體會到聖誕節舞會的機會了。我很自私，根本沒替你設想。後來才覺得有些罪惡感，竟然讓其他人照顧我的女朋友。因此我用雙手摟著你回到出口，心裡因為得離開舞會而不高興。」

「出去的時候，保全把你攔下來。他們想要幫我叫救護車，因為我整個人掛在你的手臂上，嘴角還有泡沫。他們認為我是酒精中毒。」

「我忘掉了那部分……但不會懷疑當時狀況是如此。」他輕聲說著。

「我記得非常清楚，因為在那一刻，我以為你會聽他們的建議。」我往下看著杯子，這麼回答：「然後我爸媽會接到醫院打去的電話，說他們的女兒因為酒精中毒躺在病床上。我還想像自己會被禁足一輩子。」

「我那時候已經喝酒三年了，知道飲酒過量是什麼樣子，也見過許多朋友醉酒的狀態。我以為你只是喝到爛醉，不知道你真的有危險。」他說道。

「不管原因到底是什麼，我整個人癱瘓，也無法說話。不過我聽得很清楚，你拒絕了叫救護車的提議，並告訴保全你認識我，會安全地帶我回家。」

湯姆點頭，一張臉異常蒼白。「我記得，計程車是白色的。我把你家地址告訴司機……他載著我們到了你家。不過，我不記得在我努力想打開門的時候，把你放在哪裡。」

「你把我垂掛在肩膀上，同時在我的包包裡找鑰匙。」

他揚起了眉毛。「真的嗎？像一袋馬鈴薯？」

我點頭。

他低聲咒罵自己。「我記得你家的門廳，地板上擺著鞋子，掛外套的鉤子則是再過去一點，左邊有樓梯通往廚房和你爸媽房間，你的房間則是往右邊進去。」他停下來，嚥了嚥口水。「我記得自己脫掉你的衣服。」

我也記得那部分。他脫下那件沾上嘔吐物的洋裝時，我很感激；記得高跟鞋從腳上拿開的時候，自己鬆了口氣；記得自己為沒辦法說聲感謝而感到沮喪。我也記得他繼續脫下我的內褲時，心裡的不解：**為什麼要脫掉我的內褲？為什麼？**

還有我準備承受那撞擊時，腹部肌肉反射性地緊縮。

湯姆站起來，不安地走到床對面的牆壁邊。「我脫下你所有的衣物。我記得你躺在我下方的樣子，整個人赤裸著。你的身體斜躺在床上……我甚至懶得脫下襯衫。」他沉默下來，垂下頭。「我不記得整個過程花了多少時間，但肯定不短。」

「兩小時。」我語調平板地回答：「你把我仰躺放在床上，因此我的臉面對著夜光鬧鐘。雖然我的意識很清楚，但是身體卻不聽指揮，因此沒辦法移動或是把身體轉過來。我唯一能做的事情就是數著秒針，直到整件事完畢。」

窗外的風同情地長嘯著。

「兩小時總共是七千二百秒。」我加了一句。

湯姆開始哭泣：「莎蒂絲，我真的很希望能告訴你，我為什麼會做這件事。」

「做什麼？」

「強暴你。」他低聲說出口。

我眨著眼，不敢相信自己沒聽錯。

「你剛說什麼？」

「我強暴了你。」

他說出來的話在空中飄盪，就跟刮鬍刀片一樣尖銳。我想要伸出手去觸摸，儘管在紙上已讀過他的自白，但還是沒辦法抵銷這幾個字在我面前大聲說出來所產生的衝擊。突然間，我體內的水壩潰堤了，我彎身倒在床上。

「對不起。」他喃喃說著。

「你確定這是你想用的字眼？」我輕聲說回去。

「我的意思是請原諒我。莎蒂絲，請原諒我強暴了你。」

我此刻在一間旅館裡，外頭是暴風烈雨的夜晚，聽著一個嗚咽的男人吐出我半輩子以來渴望聽到的字眼。我渴望聽到這些字眼，就像是渴望著解藥、拐杖或是解毒劑。我曾想像過自己會怎麼反應，想像這個時刻，以及自己會如何誠心地迎接原諒的到來。

但是我只感覺到驚訝，嘴裡嘗到苦味，血液沖灌入耳朵裡。無預警地，我聽見自己厲聲嘶吼：「你該死的頭髮整個過程都蓋在我臉上，對我造成了巨大的痛苦……一直到今天，我都沒有辦法忍受那他媽品牌洗髮精的味道。不管在任何情況下，我就是沒辦法忍受有人的頭髮撥弄到我臉上來。」

這一長串話像子彈從我嘴裡迸射出來：「我甚至沒辦法描述那種痛……剛開始，我真的認為你把我割成了兩半。認為從胸部到胯下的部分會被撕裂開來，那感覺就是如此。一點一點的，我兩腿之間變得麻木了，但是你該死的髖骨一次一次又一次戳進我的大腿內側，你到底知不知道那有多痛？就像是有人用拳頭猛打著我的大腿，打了整整兩個小時。後來我膝蓋以上的地方瘀青了好幾個星期，這你知道嗎？」我啜泣著，滿心的怨忿和傷害。「可惡……你**有**想過知道過嗎？」

湯姆絕望地搖著頭。「就算十八歲的我之前只跟一個女生交往過，我也知道那是不對的事。渾蛋，就算十歲的我也知道這是不對的事。莎蒂絲，我多年來不斷探尋內心，想找出自己為什麼會如此背叛你的答案。」他移開目光。「這是我欠你的，但是我沒有答案。」

「你沒有為我設想，就是這麼簡單。你就是直接……拿你想要的。」

他轉過來面對我。「對，聽起來是如此，我拿走我想要的。」

「湯姆，這已經回答我的疑問，我不需要再往下繼續挖了。」

我走到浴室裡，對著洗臉槽朝臉上潑了冷水，我渾身沒了力氣，彷彿剛跑完馬拉松。我走出來的時候，湯姆蜷縮在地板上。我在床上坐了下來，接下來很長的時間裡，沒有人開口說話。

「兩天之後，我走路還是一跛一跛的，你到我家來提分手。被強暴的事情把我和一大塊水泥綁在一起，隨之而來的分手則把我推出了崩潰邊緣。我跟岩石一樣往下墜。羞愧和困惑讓我自己和朋友家人隔絕開來，他們以為我只是為初戀失敗而難過。

「儘管心理和生理受到傷害，但由於我對性侵犯的錯誤認知，和對感情關係的看法，更使得我沒辦法辨認出這就是強暴。當這沒道理的痛苦從數星期，轉變成數個月之後，我理解到再這樣下去就會割腕。我試圖把感受說出來，因此寫了一首極度暴力的詩，並在課堂上大聲唸出來，唯一得到的是老師打了很高的分數。某個晚上，我把刀子舉到手腕邊，打電話給生命線，結果他們說已經要休息了，我必須晚一點再打過去。

「我最後一次嘗試求助，是對心理學老師坦開心胸。當她明白了我掙扎著告訴她的事情之後，立刻告訴我這對她來說太沉重了。她載我到一位心理學家的辦公室，把我獨自留在那裡，結果這只不過證實了我最深的恐懼：我發瘋了。整整五十分鐘的諮商時段裡，沒辦法說出一個字，直到心理學家說時間到了，而且我還是得付錢。我把全部的零用錢給了她，在公車上流下滾燙的羞愧淚珠；回到家之後，我就把全身割得一片一片的。」

我雙手環抱著腹部往前傾，全身冒著冷汗。一直到今天，想到十七歲那一年仍然渾身不舒服。

長時間的沉默之後，湯姆說：「你怎麼還能夠忍受和我待在同一個房間裡？怎麼還能夠看著我？」

我冷笑回答：「少來了，我不覺得你令我作嘔。我一向都很欣賞你。」**這就是為什麼你施加的暴力更加傷人了。**

他發著抖，彷彿我剛說了什麼噁心的話。「我不想要你再寬容我了，能讓我看見你心裡的憤怒嗎？」

我的心回到昨晚把我擊垮的那首詩，一陣糾結凌亂的思緒隨之而來。讓他知道那首詩，對我會是正確的事嗎？這些傷痛已經足夠了，不是嗎？**那為什麼我會該死的如此害怕呢？**

「我的憤怒？」我結結巴巴說著：「我不確定……那首詩是很久以前寫的。它並不能反映我現在的感受，甚至差得天高地遠；不過它的確反映了在最低潮的時候，想要對你說的一些話。」

他靜靜等著。

我緊張地繼續說下去：「這首詩不會讓人開心，甚至感覺殘酷，你也知道一個憤怒的青少年會寫出什麼。或許這不是好辦法。」**因為我的內心深處感到震驚，在我們做了所有的事情，好不容易才走到現在這一步之後，你還是以我對你有多少憎恨來評斷我。**

「如果你可以表現出來的話，我會想要看到。」他說著，雙眼視線沒離開我。「你願意讓我看到嗎？」

突然之間，我明白到這和信賴有關。透過和他分享這首詩，表示我可以完全信任他，表現出以前從沒有任何人看過、未經刪減的完整情緒。這也就是讓整件事如此困難的原因。

即便全身從頭到腳都在顫抖著，我還是想要正視這恐懼。「我會大聲唸給你聽，但就這一次。我不想讓你有機會把整首詩記住，以免用它來餵養你以後的罪惡感。就這一次，下不為例，明白嗎？」

他點頭表示同意。

我打開筆電要開始唸詩，兩隻手不停顫抖著：

床罩過薄拉扯著我的皮膚
直到呼吸引來疼痛
血管為我身後的牆面添上圖案
一如閃光燈對著張開的手掌
我腦後的裂縫滲出屎汙沾了床單

距離失去理智已有十五分鐘
在你腳邊熬煮成無聲的肉塊

沒有人可以吐露說話更加崩壞
我深知這一點你已教過我：信任不合常理
我信任你我信任你我信任你我信任你我信任你
而這是我得到的結果也是全部的僅有
自己剩下的唯一。

在皮膚上一劃刮除你的罪過
必須站穩必須低伏
沒有人能夠碰觸我也沒有人需要知道
停下來停下來停下來停下來停下來
放開我
你的重量碾碎了我
你在防護之下我卻想知道

什麼可以保護女孩
不在第二次約會被強暴
他們夸夸談著安全性行為
我卻像魚餌被鉤住不放
我微小軟弱隨時要嘔吐
我兩腿之間訊息逐漸成形
你一點一點削減我時腦袋想什麼

我的淚水刺傷太陽穴搔癢著頭皮
你覺得自己是男子漢？
我給你還不夠你得回來強取
你一切都已想好？
腫脹噤聲麻木猛擊爽到沒射出沒？
一小時之後我已不復在
再無背叛也無絕望
你繼續剷空我卻早已遠去
融化消失一如你踐踏的白雪

把筆電放到一旁之後，我用顫抖的手指抹去濕滑的臉頰，一時沒辦法注視湯姆。突然之間，一個怪異的印象湧上心頭：我以前同居過的一個男人，曾不小心撞上玻璃櫥櫃。玻璃不是像平常那樣裂開來，積在玻璃裡的壓力反而讓它炸成無數碎粒，像雨珠似地灑滿整個房間。當最後的碎粒落到地板上時，我們四目相接。他往下看著自己赤裸的胸膛，突然間開始流血了。我們嚇得目瞪口呆，只是盯著他整個上半身，那些看不見的切口裡開始冒出閃閃的血珠。

我愣在當下動彈不得。

湯姆在地板上屈縮成球狀，我坐在床上，兩手抱住膝蓋。懸在空中的是兩人如刀片鋒利的過去，如果我們此時開始流血，我也不會感到意外。

「謝謝。」一臉蒼白空洞的他輕聲說：「謝謝你選擇信任我。」

「不客氣。」我低聲回答。

「我需要聽到……你的感受。」他盯著鋪著地毯的地板，輕聲呼出話語：「現在，你有了海福迪和維狄爾。儘管我對你做了那樣的事，你還是找到了幸福。」淚水再度自他臉上滾落下來。「這就是這故事為什麼需要美滿結局的原因，莎蒂絲。」

一股衝動下，我比了手勢要他到身邊來。兩人的擁抱儘管僵硬，但如此殷切牢固。

他用力吸了一口氣。

我忽然發現了不尋常的事情。「你聽到了嗎？」

「什麼？」

我吃驚地望進他眼裡。「暴風雨結束了！」

一直有如固定背景音樂的呼嘯狂風，在此時安靜下來。窗戶另外一邊是祥和的城市，燈火通明的交通要道在夜色中規律地閃耀著。

他淡淡微笑著。「我小時候會告訴自己，我的情緒可以控制天氣。」

「你現在才告訴我？我們可以早在幾天前就結束這暴風雨的耶！」

呼嘯的風聲此刻被飢腸轆轆的聲音取代，我們不得不走出飯店房間，尋找食物。在正常的情況下，我會想要和湯姆分開來，獨自消化這一天發生的事情，但是餓肚子的滋味可是很殘忍的。再說，要在入夜的陌生城市覓食，有同伴總是安全些。

我們最後決定搭電梯到麗池飯店頗負盛名的頂樓旋轉餐廳去吃飯。整個餐廳有一種風光不再的優雅餘韻，食物氣味不夠新鮮，布置陳設也顯老派。服務生領班帶著歉意告訴我們，廚房已在幾分鐘之前的十點鐘打烊了，不過可以幫我們預約隔天的午餐。我們彼此看了一眼，點頭同意。明天是復活節星期日，透過俯瞰開普敦的美景來慶祝這節日倒是不錯的點子。我們也拿到附近一間餐廳的名字，這會兒應該還在營業。

「我不需要為唸那首詩給你聽而感到後悔吧？」當我們在街角那間小餐館裡坐下來

時，我這麼問道。

「不，一點都不需要。」湯姆喝了一大口啤酒。「為什麼這麼問？」

「我們這趟旅程的目的是撲滅苦難之火，而不是讓我給你一盒全新的火柴。」湯姆露出笑容，說：「這是最棒的隱喻了。我保證，你這星期說的任何話都不會被用來點燃另一把火。」

我們可以自在說話了，我心裡想著，看了湯姆一眼。老實說，我們倆看起來像是到地獄走了一圈回來。

「你知道一個叫『我從來都沒有……』的遊戲嗎？」他沒作聲，因此我繼續說：「規則是要用『我從來都沒有……』做為句子的開頭，後面加上某一件事。如果其他人有做過你說的那件事，就要喝一口酒。這遊戲唯一的壞處，是時常會被扭曲成交換性愛故事的藉口，不過如果玩的人不要這麼低級，就會很好玩。」

「我玩過這遊戲。」湯姆說：「放馬來吧。」

「好的。我從來都沒有……」我的心裡出現一個時時盤據心頭的小男孩的身影，「……深深愛一個人，愛到讓我想要變成更好的人。」

我喝了一口。湯姆想了一會，似乎打算要啜一口但又猶豫著。「這我不確定。」他放下了酒杯。

「好，換你了。」

「我來想想……我從來都沒有在一大群人面前唱自己寫的歌。」

「我沒有。」我正把酒杯推開時，突然倒抽了口氣說：「等等！我在女性罷工遊行集會演講時，在五萬個人面前唱了一首我寫的歌！哈哈！」我得意地喝了一口，不過湯姆沒喝。「好了，老兄，這裡有一題可以讓你潤潤嘴唇。我從來都沒有刺青過。」

湯姆喝了一大口，我也一樣。他看起來一臉驚訝：「什麼，你有刺青？」

「你不記得嗎？我和最好的朋友在二〇〇〇年夏天去刺的呀，做為送給彼此的生日禮物。」

他斜著眼看我。「刺在哪裡？」

我想到自己背部下方的刺青，認為他只是在虛張聲勢。「你不是想要知道吧？」

「噢，所以那是在你……私密的地方？」

「不是。你真的不記得了？」我疑惑地問他。

老實說，湯姆不記得我的刺青也不是讓人太驚訝的事。他唯一可能看過的機會，是二〇〇〇年夏天回到冰島時，我在洗衣房裡把他推到牆上那一次。我可不是要跟他做愛，而是要利用一種經過算計、情緒疏離的態度，展現力量。我的目的是要重新奪回他四年前從我這裡偷走的控制權。

重新回憶起讓我做出那些舉動的怨恨，實在很不自在，因此我照著老習慣把它抛到一旁，隨意把叉子插進烤三明治裡。「也難怪你忘了，我猜你那個夏天沒看過我全裸的樣子吧。我們在……的時候，你知道的，兩個人都是半裸的。在洗衣房裡。」我一邊說一邊用刀子比劃，這樣就不需要完整說出這令人不自在的句子。

「我當然記得，我們在淋浴間裡做愛，在樓上的床上，還有在車子裡。」他平靜回答之後，繼續吃著東西，渾然不知我的下巴已經掉到地板上了。

我可以感覺到自己的臉頰紅得滾燙。這是真的嗎？我對於洗衣房裡的回憶只有一丁點，而且只把它看成是為了拿回自己身體主權，而做出的輕率報復行為。除了這一次和我的第一次之外，完全不記得自己竟然還會在這男人面前脫去衣服，更別提發生關係。然而，我相信這是真實發生過的。

我在驚慌中開始翻找回憶，把抽屜翻過來搖晃著、記憶碎片扔得到處都是，但一無所獲，唯一留下來的就是羞恥感。跟人發生關係就只為了遺忘，這心態跟我的自我形象完全背道而馳。**當然了，除非我自己沒把它看成是性行為**。我找到了一段舊日的感受，撣去灰塵之後開始重溫回憶。下一秒，這回憶帶著無與倫比的力量和熟悉感衝上心頭：我想要傷害湯姆。

這項發現像海嘯一般衝擊我。

這就是為什麼我會相信他說的話，為什麼會承認每一段遺忘的時光。因為我知道，**我可以感覺到**自己渴望深深傷害湯姆，就跟他傷害我的程度一樣。我也知道什麼樣的傷最沉痛，他已經示範給我看了。

「你還好嗎？」他好奇問道。我這才發現自己坐著不動，沒有碰眼前的食物。

「那年夏天我引誘你的原因，是想要狠狠撕碎你的心。」我聽見自己說出這句話。

他停止咀嚼，看了我一會兒，彷彿從來沒見過我一樣。「嗯，如果那是你的企圖的話，那麼你成功了。」

我隔著桌子看著他，隔著彼此各自扮演的角色，隔著掠奪者／倖存者的分別，隔著我們必須花費好幾年跋涉好幾千哩，來見證這重大發現發生的時刻：**我拿回了自己的力量**。這就是為什麼在韋斯曼特群島上，彼此間的氣氛緊張到讓一切全爆發開來。我想像自己手舉著燃燒的火把，燒去這個由恨意築成地基。原來我並沒有比報復高尚到哪去。

我的自我欺瞞被火焰燒去。**自己並沒有比報復高尚到哪去**。

我最後一絲該不該原諒湯姆的懷疑自此煙消雲散。報復不會治癒傷痕，除了我這半輩子努力將之摒除在外的破碎記憶之外，什麼也無法留下來。

經過多年來的心理治療，和對強暴後遺症的研究，我非常清楚「創傷後壓力症候群」可以如何扭曲一個人的記憶。然而二〇〇〇年夏天的記憶空白，無異是一記警鐘，我心裡正為此大感震驚與暈眩。震驚的底層還有著其他的東西，一種**不管怎麼說，那些事的確發生過**的了然於心。我安慰自己，有些事情會被遺忘是出於明智的理由。**有些事情最好還是留在其他人的記憶裡**。

「湯姆？」

我們坐在麗池飯店街角上一間酒吧的露台上，兩人已經累壞了。午夜來臨，我們卻還不想打斷彼此間的連結，希望藉著對方的陪伴找到力量，來處理敞開心房後隨之而來的脆弱。他的目光從一根燃燒的香菸往上移，直視我的眼睛。「怎麼了？」

「告訴我二〇〇〇年夏天的事吧。」

他猶豫了。「你希望我說？」

「是的。我記得那時在市區一間有皮革味的服飾店打工，還有爸媽才把日光室整修過一遍。我記得許多那年夏天發生的事，不過對於和你之間發生的事情記得非常少，當然，除了韋斯特曼群島上的事以外。在那之後，你就直接回澳洲去了。」

「我之前有想到該不該告訴你更多事，畢竟看起來你對那幾個星期的記憶很有限。」他說：「但我決定還是不要，因為不想提起任何可以讓我拿來……討厭你的事情。」

我們看著對方，這次換我說：「我不希望你用這樣的方式保護我。」

他點點頭。「那時我在好幾個月前就開始準備回到冰島的旅行……」

聽這語氣就知道，這段故事會很長，也會有生動的細節。我專心聽著，渴望回復這些遺失的資訊，但是當心中的餘震一個接一個開始襲來時，我的專注力動搖了。先前在飯店房間的對話一點一點地在腦袋裡閃現。**我真的很希望能告訴你，我為什麼會做這件事……我強暴了你……**

第一個餘震發生時，湯姆正在描述他怎麼存錢買機票來冰島。我看著他的雙唇，強迫自己注意他說話的嘴；同時間，**我拿我想要的**幾個字卻在腦海裡不停響著。當他敘述登上到冰島的飛機細節時，我的身體又起了一陣抽搐。他說的話從我身邊飄蕩而去，就像煙霧從他的香菸頭飄散開來一樣。腦袋已經夠暈眩了，我又感覺到即將來臨的游離分解，我可不能讓這發生，因此抓過湯姆的香菸，用力吸了一口。那味道噁心至極，但是把菸吸進肺裡造成的震驚，倒是達到了預期的效果，讓我回到「現實」。

湯姆瞪大了眼看著，一臉疑惑。

「抱歉，」我一邊咳嗽，一邊把香菸遞還給他。「今晚要你說這事情不太明智，你介不介意我們明天再談？」

「完全不會，」他回答：「這一天很漫長。」

我點點頭，努力用搖晃的雙腳站起來，桌子上還留著滿滿的一杯酒。此刻，這已經超過我能承受的了。

湯姆陪我走回飯店，兩人在大廳前的一根燈柱下互道晚安。在回房的電梯裡，我感覺像是被一輛卡車迎頭撞上——一輛十八輪的情緒大卡車。

等我把涼爽的床單蓋在身上時，幾乎快要凌晨一點。我的手機嗶嗶作響，維狄爾傳了簡訊。

去收電子郵件吧。祝你一夜好眠，我的愛。

他的愛像絲繭一樣把我層層包覆，我真的是十分幸運。一個精疲力盡、有人寵愛的幸運女子撐過了暴風雨，在柔軟的瓦礫碎片上入睡了。

湯姆的日記

星期六

我們坐下來時，我不知道那首古典樂的名稱，但是對磅礴的旋律感到熟悉，也知道它以前曾鼓舞過我。

她坐在兩英尺之外，我快速打量了她一眼。她的雙肩鬆垂下來，看起來相當放鬆。我的目光移到她後面的拱頂，接著朝一扇美麗的彩繪玻璃看去，再移到風琴管頂端時，我記起了曲名。隨著目光的飄移，我注意到正前方那些優雅的柱子，然後看到那座原木祭壇。

我向自己提出一樣簡單的要求：放輕鬆，不要把焦點放在周遭的景觀，而是在這裡好好休息。我撫摩長椅上的木頭纖維，神遊的心思停了下來，時間也溶化了。我專心吸進更多的空氣，然後試著輕徐舒緩地吐氣。等到一口氣逐漸消無，我感覺自己彷彿已抵岸。我記得那時心裡想著**回到家了**。

安全了，在那裡面安全又安心。

弦樂來到更為熟悉的合奏部分，我彷彿同時清楚覺察到當下這一秒，也回到那段不堪的過往。聽著歌曲的同時，我想像著她目前的生活——包括了伴侶、兒子、工作和投注在專案以及社會運動的心力。她很健康，而且就我看到的，她看起來很有自信。她很常笑。我知道有人愛她。儘管我們通了這麼多年的電子郵件，我還是不確定在對她做了那件事之後，她的心理狀態到底如何……

感謝上帝，她沒事。

謝謝祢。

我再度往上看，在樂聲來到緩慢平穩的階段時，感覺到眼睛裡有些濕潤。樂聲如此宏偉攝人心魂，我好奇裡面是不是有神聖的力量運作著。禱告和崇敬的氣氛通常會讓我在座位上不安地蠕動，但在那當下，我彷彿本來就該在那裡出現一樣，分秒不差。

雖然聽起來像是陳腔濫調，但我走出去的時候感覺心靈被**洗滌淨**了。我已輕鬆了一些，也勇敢了一些，或許是因為心整個順服了吧。我很高興自己有這種感覺，因為今晚我們的人生故事來到聖誕舞會那一晚：一九九六年的十二月十七日。

走進她房間的時候，一開始感覺極度尷尬。我坐下來，開始做些心理準備。我往外看向被覆蓋的泳池，以及底下的街燈。我聽見水壺慢慢地加熱，在強風不斷發出嘗試挑戰窗戶的噪音下，沸騰的滾水聲幾不可聞。外頭的世界陷入瘋狂……發狂般的天氣對著薄薄的玻璃厲吼著。我非常感激那些玻璃，也很清楚自己在這裡面是多麼乾爽和安全，跟外面的惡劣刺耳隔絕開來。

現在我準備好聆聽和體會她的憤怒。

她今天在觀光巴士上問我想不想親眼看。我已經做好準備，坐在那裡的感覺就像「現在是撕開傷口的時候」了。

在過去，我們總是預先做好防護，很小心不去碰觸情緒的部分。

我想要知道她的憤怒是有目的，內心其實是有意無意試著誘使她來審判我。我迫切想得到她的憎恨和怨懟，這會讓自我鞭笞的鞭子添了更多重量，幸好她已經知道了這個壞習慣。

我越來越覺得這星期兩人都該竭盡全力，找出先前所有還沒被說出來的事情。今晚該是**一吐為快**的時候。不是為了讓自己得到遲來的懺悔，而是因為我尚未和她一起回顧那場景。

關於那一晚以及造成的後果，她一直都自我克制著。我知道在郵件裡，她對許多事情多所保留，我也一樣。

但此刻是補上空白和拿掉屏蔽的時候。就這麼一次，我們可以放開心去憤怒、勇敢和自由。

我坐在那裡，雙手往下伸直臂膀，想要舒緩胃裡的沉重感覺。她站在櫥櫃旁打開兩包茶袋，放入茶杯裡。她也沉浸在思緒中，倒熱水的時候幾乎是機械式地動作。

我問自己，她是不是也感到害怕，接著理解到害怕並非她當下的心理狀態。我們多年前就朝這一刻前進，我毫不懷疑她對於我們即將要經歷的部分完全準備好了。從她的態度看不出任何的焦慮，她的冷靜也讓我得以稍稍放鬆一些——儘管外頭的風變得出奇地平靜，似乎也同意我的看法。我們兩人正在進行一種小儀式，任何殘存的畏懼都隨著窗外呼呼旋轉的風而消散。

我知道我們即將開始時空旅行，也十分確信在變回十六和十八歲的自己之前，這些是最後的時間。我準備和她走進那黑暗的洞穴，明白她將會照亮藏在我自身角落裡的惡魔。

我想要讓那些惡魔說話，想要讓那些黑暗的角落給我一些解釋。不管我如何竭力嘶喊，「怎麼會」和「為什麼」等問題回盪在洞穴深處，卻始終沒有答案傳出來。我想要得到啟示和新的領悟，我想要黑暗出聲說話。

沒有隱藏，沒有粉飾或是遺漏。

在謝謝她泡的熱茶的同時，我想著等一會她會問的問題。

然後我放開了心裡各種的拉扯糾結。我記得自己那時想著這跟答案無關。

或許，我需要的就只是聆聽。

盡可能地回想。

全面承認自己醜陋的暴力。

或許重點不在從黑暗裡出來的是什麼，而是要看清它本來面目，那是屬於我的……

如果喊出更多問題，就無法在當中找到平靜。

她對我解釋了種種畏懼。我記得閃光和感受，記得自己壓在她身上，記得她的房間。所有的黑色碎片拼湊起來了，甚至是我隔幾天之後怎麼跟她分手的。

我們往下走到那部分。

現在……我感覺到這其實並不複雜。

我拿走我想要的東西。我拿走自己想要的東西，而不在乎造成什麼樣的後果。

她今晚告訴我，自己造成了什麼後果。全在她寫的詩裡面。

當她唸詩的時候，我可以從她的聲音裡聽到。

湯姆，那就是你要的答案。在她說出口的憤怒裡，在那些流著血的字句裡。

我現在知道自己做了什麼……「為什麼」已經不再如此重要了。

第五天／

DAY FIVE

二〇一三年三月三十一日（復活節星期天）

我醒來之後，和我同名的奶奶的臉孔就消失了。我推敲這場夢的含意，湯姆說過的話在我腦裡回想著：「**人以自己的名義做這件事。**」

我在床上坐起來，檢視自己的靈魂有無因為昨晚的脆弱、狂暴而出現不適。感謝上帝，每樣記憶似乎都沒遭到破壞。我回想昨晚在地板上縮成一團的湯姆，好奇他今天早上會不會是心理不適的最糟案例。或者剛好相反，他會不會覺得肩膀上的重量減輕許多？

遺失的表層記憶在昨晚全部落到了正確的位置上：**我的報復**。我如此確定的原因，是因為清楚記得那些**感受**。我思索這項發現是否會造成對自己記憶不牢靠的質疑，不過我做出了結論，湯姆是我這輩子唯一想方設法用這方式報復回去的人。出於年輕和戀情的新鮮感，彼此才會經歷了箇中的所有情緒和體驗，從愉悅到極度的憎惡都有。現在想想，發生在我和湯姆之間的每一件事，無論如何都偏離了常軌。

快速沖過澡之後，我套上背心和七分褲，興奮地注意到窗外的棕櫚樹挺立在無風的陽光中。餐廳裡大排長龍，耗去了我原本想要用來寫些東西和沉思的半小時。**可惡**。過去幾天的發現和經驗還是過於脆弱，我得趕緊在記憶扭曲、細節錯置之前記錄下來。於是我嘴裡含著嚼一半的水果，找到一處能俯看大廳的沙發，努力在筆電上敲敲打打，直到精神飽滿的湯姆抵達飯店。經過昨晚的討論之後，我們之間存在著一股淡淡的寬心氛圍。儘管我們還有一段路要走，但是總算設法走過了烈火，而沒有造成大面積的燒燙傷。

讓人開心的是，太陽終於露臉了，我們決定去看看兩英里外廣受歡迎的景點坎普斯灣。我們本來打算步行前往，但由於預約好的晚餐讓今天的行程有些緊湊，因此決定請把車子停在麗池飯店前的「客氣羅伊」載我們過去，他連車門都已經打開了。羅伊穿著白色短袖襯衫，看起來相當專業，車子沿著海岸線前進時，我們一路讚嘆著海景。

「我又被送報男孩的歌聲叫醒了。」湯姆輕聲笑著說：「那孩子還真有天分。」

突然之間，我發現自己的胃部打了結，這是我到這裡之後第一次出現這樣的情況，而且跟那段過去毫無關係。

「我對於要在你面前穿泳衣感到有些緊張，」我啪地脫口說出來：「假裝自己不緊張是沒用的，這種爛招數一次都沒成功過。當一個人對某件事緊張的時候，唯一有用的方法是把它大聲說出來，自我嘲笑一番，然後繼續過日子。」

他疑惑地瞪大眼睛看著我。「莎蒂絲，你還真是坦誠，有話直說啊。但既然你提起了這件事，我可以告訴你：我也感到緊張。」

專業的羅伊假裝沒聽見後座這一段不尋常的對話。我感激地看著後視鏡，對他微笑。

「那麼我們現在要做什麼？」湯姆問道：「要跳過海灘的部分嗎？」

「才不呢，剛好相反。當你把恐懼說出來之後，恐懼就縮小了——幾乎沒有例外。我們既然已經嘲笑了它，就可以繼續過日子了。」

他點頭，嘴角出現一抹笑意。

一會之後，我們已經站在坎普斯灣熱鬧的沙灘酒吧和咖啡館面前了。這裡的氣氛跟目前為止在開普敦的體驗實在是一大反差。根據我們身邊多數人的口音來看，他們是年輕的英國觀光客，再從你來我往的俗氣調情話語來判斷，四處彌漫的賀爾蒙藏都藏不住呢。

我們匆匆走過街道，逕直走入明亮的沙灘。令我洩氣的是，太陽又躲到厚重的雲層後方，使得天空頓時失去光彩。我發著抖，把開襟外套從包包裡拿出來；先前當太陽露臉時，我還喜孜孜地把它收起來呢。「天啊，這是怎樣？我們有可能在這裡看到些陽光嗎？」

「這實在很特別。看起來太陽似乎只出現在你的旅館上方。」他說的時候帶著苦笑。「換句話說，你剛付錢請人帶你離開陽光的範圍。」

「我從冬天長達六個月、漆黑、冷到結凍的冰島來到南非，」我嘀咕說著：「結果得到了什麼？一場暴風雨和烏雲連天的海邊。」

不管怎麼樣，我們還是在岸上踢掉了鞋子。我的雙腳慶祝從涼鞋中大解放，這雙鞋磨掉了腳跟一層皮膚。海水非常寒冷，這解釋了為什麼除了一個穿粉紅色泳衣的十歲大膽女孩以外，沒有人下海游泳的原因。

湯姆放下背包，雙眼裡綻放出光采：「我要下去了。」

他脫下衣服的那一刻就跟預期得一樣尷尬，我僵硬的轉過身，面向群山。我已經習慣在尷尬的情況下躲在手機後面，因此摸索著手機，決定來研究全景拍照的相關設定。**讓自己看起來忙碌就對了**。

我一邊拍照一邊走著，這才了解為什麼這座山脈有時也被稱為「十二使徒」，這是根據它眾多的山峰而來的。沙灘上的喧鬧也值得拍下來：幾對打扮入時的中年夫妻躺在橘色網球椅上，愉快讀著星期天的報紙；肌肉發達的男人光著腳丫在附近打沙灘網球；一名身穿黑衣的年輕女子牽著戴遮陽帽的銀髮老太太，沿著海岸緩步前行。我深吸一口氣，要自己堅強些。**好了，表現出成年人的樣子**。我轉過身面對海洋。

湯姆的腳印形成一條直線通向大海。他背對著我，古銅的肌膚在深綠的海水和灰濛的天空中特別明顯。我再度快速轉身，不確定自己為何如此不自在。或許是因為我們共有的過去，或許是出於對維狄爾的尊重，也或許是因為湯姆並不知道我在注視他。

他並沒有在冰涼透骨的海水裡待很久，一會之後，我們便一身整齊地沿著海灘前進，不時停下來讚嘆巨大的岩石。最大的就跟卡車一般高大，被海風和海水磨出各種形狀。這些岩石好幾百噸的重量，全靠小到誇張的立足點來保持平衡。不過，我很確信這一疊大象般的沉重岩石，要比任何自己走進過的人造建築還要安全。

湯姆的視線也落在這些龐然巨石上，問道：「是不是該輪到你敘述人生故事了？」

「好啊，但可以先請你幫我拍張照嗎？」

他點頭說好，接過我的手機。我並不想擺姿勢，改成爬上這些巨岩，因為想到他會從鏡頭看著我，就覺得有些靦腆；再者是意識到照片會永遠留下從他的角度來捕捉我某個片刻的樣子。

我們之後攀上了一塊被太陽烘烤的岩石上，飽覽海洋的美景。藍綠色的海洋和俯瞰彎曲海岸的十二使徒形成了驚人的美麗景觀。

「我十八歲的時候，在我們當初認識的那間學校讀了兩年之後，我放棄了。」我雙手抱著膝說話：「那些回憶太過痛苦。我轉到不同的大學，認真讀書，也認識了許多有趣的人。不過，所有未解決的事情仍然不斷把我往後拉，我仍然陷在自我毀滅的螺旋裡。」

我隨手撿起一石塊，在手心裡掂了掂重量之後扔出懸崖。

「漸漸地，我很確信自己是個怪胎，在哪裡都格格不入，因此開始尋找其他怪胎。像是因為吸毒上癮或心理有問題等理由無處容身的傢伙，希望他們的陪伴能讓我覺得自己屬於某個地方，一個讓我在某種程度上是『正常』的地方。有時候這方法起了效果，因為那些人有成癮或是試圖自殺的問題，相比之下，我的飲食失調和自殘行為就顯得天真無害許多。這感覺讓人安慰，誰會想到『正常』的感覺可以如此美好？」

湯姆發出理解的聲音表示同意。

「有一天，我媽見到了其中一位朋友。」我繼續說下去：「她告訴我，不希望我

『跟那種人來往』。我得咬住舌頭才不至於回嗆她，說她沒有權利只看外表就評斷我的朋友，『因為我被一個模範學生強暴了，而你肯定不會介意他坐在你的餐桌旁吃晚餐。』」

我看著這個坐在身邊的模範學生：「你別介意。」

「不會。」他的視線落在水平面上，好一會兒，沒有人開口說話。

「莎蒂絲，我有一次提過自己特定的一個面向。我相信你還記得吧？就是那個易怒、自私的『一瞬間』。當我感到疲倦、無聊或是不耐煩，就會害怕它出現……我真的很害怕那一面，因為它可以瓦解冷靜或是理智。它隨心所欲，我唯一能感受到的就是挫折，或對於處在的情況感到不耐煩。我想，這是相當自然的情緒吧。然而，我討厭自己陷入那些時刻的感覺。它們讓我感到害怕，因為……我真的想要保持踏實的感覺，以及隨時留心身邊的人。如果我哪天變成某人的生活伴侶，我會希望自己能戰勝那些情緒。」

我知道湯姆在這半輩子裡是如何後悔和反省自己犯下的糟糕決定，因此相信他比多數人都有更多的自覺。不過，我明白他的疑問。多年來的自我厭惡和推開親友的關心之後，要允許自己再去關心和接受他人的關愛是不容易的。我們兩個人都經歷了艱辛的路途才學會這一點。

沉浸在思緒以及海洋和山脈的懷抱裡，感覺就像是在時間裡懸浮著。要不是因為已經預訂了晚餐，我會很開心地臣服在這永恆當中，把剩下的時間全用來思考一個個關於存在主義的思辨當中。我萬分不甘地看了手錶，打破沉默：「該走了，晚餐在等我們了。」

「說到這個……」湯姆從他的背包裡拿出兩盒巧克力，把一盒遞給我，讓我大感開心。「今天畢竟是復活節嘛。」

我們爬下大岩石，穿上鞋，再滑進一輛按表計費的計程車的後座裡。

「我應該穿上洋裝嗎？」看著一閃而逝的服飾店和餐廳時，我脫口而出了這句話。

「我的意思是，今天是復活節假日呢？」

「啊，不用了，我覺得不必要，你不覺得嗎？我只帶了這件衣服。」他一邊說，一邊往下看著自己的格紋棉襯衫和短褲。

「也是，那樣的話就會很像是在約會了。」

「是這樣沒錯……」

「嗯，我很高興我們討論了這一點。」我告訴他：「只要大聲說出來，取笑它，然後繼續過生活。」

「今日箴言！」他以愉快的語調說著。

從麗池飯店二十一樓層的旋轉餐廳看出去，底下那些大樹看起來就像是綠色花椰菜一樣。壯觀的雲層在鐵灰的海面上徘徊，一艘貨櫃船潛伏在離海岸幾英里處。明天的觀光目標羅本島傲然地自水面升起。

等到服務生取過我們的點菜單之後，湯姆謹慎地用字。「我可以提議一件事嗎？」

「當然，怎麼了？」

「這是因為你提議交換人生故事而出現的靈感。你覺得向我提問任何想要知道的事如何？」

「任何事？」

「就算是以前問過的事也可以。畢竟，在寫信時提出問題，跟面對面提問是非常不同的。這星期的主旨就是儘可能把事情做個了斷，不是嗎？」

「沒錯。」我心裡立刻跳出一個問題，可是發現自己猶豫著。「我的問題是：你為什麼保持沉默……如果你知道對我做了什麼，為什麼不在我多年以後跟你對質之前，就先承認這件事呢？」

他深吸了一口氣。「我想……我沒有去面對自己做出來的事。我不記得自己隔天感覺很震驚或是很抱歉之類的，只記得一種空洞的感覺。我只能相信自己並不了解在你身上造成的傷害、如何利用你的信任來脫去你的衣服，以及如何……強行進入你的身體。我對於女性身體的運作以及敏感性不甚了解，但我也確實質疑自己怎麼會認為，霸王硬上弓不會帶來巨大的傷害和痛苦。」

這樣說挺有道理的，那一夜你可沒有顧慮到我的感受，我心裡想著，但又覺得沒必要把它大聲說出來。

「我記得跟你提分手的過程。」湯姆繼續說下去：「那晚坐在你房間裡，我對自己施暴的事不覺得愧疚，只是很確定應該結束我們的關係。因此，直到你在二〇〇〇年對質之前，我都沒有道歉。我沒有掉淚。我不認為自己對你做出的是那樣的事。會提分手也僅是因為對這段感情有些疑慮，而不是因為恐懼和罪惡感才這麼做。我的自我否認還真是滴水不漏。」

他別過頭：「但是當你勇敢地跟我對質時，卻觸動了另一件事。『一無所知』不再管用了……我自己用了千百個『不可能』把這部分埋藏起來：來自教養良好家庭的湯姆・史敦吉不可能做出如此可惡的事情。」

否認。我自己非常清楚這一點。

他繼續說下去：「但是當『不可能』瓦解之後，整件事就變得比保護我自己重大多了，這也意味我必須認清自己深深傷害了你。隨之而來的『承認』，使得我張開了眼睛，看見以前沒看見或是**不想**看見的事情。我做出的選擇以及後來的結果，要比為自己感到難過更該優先處理。再說，我那個夏天對你真有強烈的感覺……因此心裡根本就不會去細想這件事。我怎麼可能會做那種事，何況還是對你？再一次，我不想要讓事情爆發出來，因此直接把它拋開。」

我花了幾秒的時間思考他的答案，才說：「知道嗎，這建議是雙向的。你也可以問我任何事情。」

「很公平。」他想了一會，問道：「我時常納悶你為什麼不上法院控告我？為什麼還要繼續跟我說話？」

即使經過了這麼多年，以及在我們早期溝通時就討論過這問題之後，我對自己仍然會對此感到壓迫而驚訝。「這個嘛，我那時只是個對強暴充滿錯誤認知的十六歲孩子。認為那是在暗巷裡被人用刀逼迫才會發生的事，這不會發生在臥室裡，男朋友更不可能對你做這件事。接下來的幾年裡，當我張開眼睛看清了自己的確是被強暴，就跟你一樣，我盡最大努力逃避事實。

「我不願意相信第一次付出真心，下場會是這樣子。我想要能夠相信人，有能力擁有健康的感情，能面對親密時刻，而不是不帶感情。我想要讓自己能夠做愛，而不只是跟某個傢伙上床。」我挫折地苦笑一下，再補充說著：「再說，每個人都知道我為你瘋狂。我和你發生了第一次，甚至把你介紹給我父母。我那晚穿著短洋裝，還喝下一大堆酒。你那時大概只要告訴別人你根本沒做就能解套。」

他靜靜地點著頭。「每次我看見電視上有關女人控告男人強暴的事件，大多數時候男人都沒被判刑……我就會想要大聲宣告：『我跟你們不一樣！』我想要和任何的性暴力區分開來，這是多年來養成的習慣反應。我拒絕跟那種層次的殘酷行為扯上關係，擺出一副自己被誤判刑的姿態。」

在我有機會反應之前，他快速補充說道：「但是我絕不敢否認或是逃避我的責任，以及自己做的選擇。這是另一種罪刑，另一種竊盜。」

「老實說，按鈴申告從來就不是我掛心的事情。等到我可以辨認出自己經歷的其實是強暴之後，你人已經遠在千里之外，而我身體上的傷也已經消退成為傷疤。再說……司法系統早有讓性侵受害者失望的惡名，尤其是在那些侵犯事實已經久遠的案子裡。我想要讓事情掌握在手裡，確定正義會依我的方式伸張。」

這時服務生過來加水，他從玻璃壺倒水時，我們兩人只是靜靜坐著。我最害怕的問題蠢蠢欲動，感覺要燙傷嘴唇，我在座位上坐立難安：「湯姆？」

「怎麼？」

「你曾經害怕這事可能會再度發生嗎？」

儘管從通信中我已經知道了答案，但是開口時仍然覺得內心為之一頓。畢竟，我們整個溝通都建立在一個準則上：湯姆對我做的事情屬於一次性事件。

「我只知道自己仍然在接受，某一晚做了一件從來沒想過會做出來的事。」他對我說：「那種想要控制別人的欲求，對我來說是完全陌生的情緒。我從來沒有想過、更沒有想要虐待他人的想法——就像我對你做的那樣。」

他的答案帶來混雜的情緒。整體的感覺算是安慰，但我憤世嫉俗的那一面忍不住厲聲說道：**所以這是要讓我感覺自己很特別嗎？**

「我可以問你一件事嗎？」湯姆納悶著。

「問吧。」

「我還是搞不清楚二〇〇〇年回到冰島時，你怎麼會跟我說話的？你為什麼沒有一把掐住我的喉嚨，尖叫：『為什麼?!』」

「跟那件事共存了這麼多年，我早就不急著找你對質了，也認定永遠不會再見到你。我盡最大努力往前看，治癒我的傷口。把這些傷口再撕開來的想法太嚇人了，然而我也有衝動想要讓你明白，你對我造成的痛苦和困惑，因此才會在那個夏天跟你走得很近，希望會等到揭開過去的時機。等發現自己有機會以牙還牙，當然更不可能錯過。我一定是覺得反過來傷害你，要比撕開傷口、把自己再拖進那場折磨來得容易些。但是不管我採取什麼行動，沒說出的話都在傷疤底下跳動著，我在韋斯特曼群島上對你發飆，只是迫使那些話浮上檯面。」

我們的食物送來了，當我們進食的時候，另一個問題在我心頭醞釀著：「在你做過的壞事陰影底下成長是什麼滋味？我的意思是，這件事如何形塑你這個人？」

湯姆整理思緒的同時，視線落在窗外的風景裡：「在發展自我認同時，我會選取比較乾淨的『材料』：像是爸媽和朋友怎麼看我、我的政治信仰、對戶外活動的熱愛。既然沒辦法和任何人談論我的過去，那麼緊抓這部分不放，並吸收成為自我形象的一部份就顯得無用。不過，這跟我原本希望自己變成的人完全不一致，我在鏡子裡看到的是令人緊張不安的影像。從此之後，我就把『那個影像』拖在身後某處。有時候，我會一把扯過鎖鏈，試圖跟它講道理，試著讓自己脫離那個應該更懂事的十八歲少年。或許這也是為什麼我沒有試過諮商吧，因為我對那條長鎖鏈其實挺滿意的，並不想要它變短。」

我則是想著，**我的鎖鏈卻如此之短，短到無法略過那犯罪現場不看**。

付過帳單、決定晚一點再跟湯姆會合之後，我到麗池飯店附近一家網咖坐下來。熟悉的鈴聲響起來時，我的期待來到最頂點。我的父母親出現在螢幕上，他們要維狄爾來到電腦旁，同時也帶了茱莉雅和海福迪過來。我心愛的小鬼頭們出現在畫面裡，我的心跳也隨之加快。

海福迪舉起一隻我以前沒見過的彩色絨毛烏龜：「媽咪，你看這烏龜！這是烏龜媽咪唷！」

「她叫做喜爾嘉。」茱莉雅小大人似地補充說道。

「親愛的，你在非洲那裡真的被強風吹倒了嗎？」我母親問道。

「今天的風有小了一些——」

「復活節快樂！」我姐姐突然出現在螢幕上。

「你也復活節快樂！哇，全家人都在那裡？」

「對啊，你沒看見外婆和奶奶嗎？外婆！」姐姐大聲喊道。

「你吃東西了沒？」我媽好奇著。

「有，剛吃完復活節大餐，是撒上卡薑香料的烤魚。」

「有人跟你一起吃飯嗎？」我父親的聲音透著一絲鋒利。

「莎蒂絲，是你嗎？」突然外婆盯著螢幕說話。

「嗨，外婆！復活節快樂！」

「親愛的，復活節快樂。那裡天氣如何？」

「風很強——」

我奶奶的頭出現在螢幕裡。「哈囉，親愛的，假日快樂啊！」

「嗨，奶奶！等一下唷，我做了跟你有關的夢——」

海福迪把我的話打斷了：「**媽咪，我可以跟你一起在飛機裡嗎？**」

我沉醉在家人美妙的嘈雜聲中，也努力形容旅館、食物和天氣給任何一個出現在網路攝影機前面的家人聽。最後，大夥總算分頭去做其他事情，只留下維狄爾一個人。他關上房門，降低音量，問道：「你和湯姆的事進行得如何？」

「昨天很辛苦，但是我們做得還不錯。」

「你確定沒事？我做了最糟糕的夢。」他焦慮地說道。

「關於什麼的？」

「你沒有看我寄的電子郵件？」

「還沒。」我帶著一股強烈的罪惡感回答：「抱歉，親愛的，我沒辦法登入網路，飯店發光了無線網路的密碼，接著你們去了網路收訊很差地避暑小屋，還有——」

他切斷了我的千抱萬歉，說：「沒關係，反正不過就是個惡夢。」儘管努力表現出不在意的樣子，我可以感覺到他的失望，自己的心如刀割。

「我有在找結婚戒指唷。」我以振作的語氣說：「考量到好價錢和眾多因素，我希望可以找到很不錯的。如果找到了，會拍照片寄給你。」

螢幕上的計時器告訴我，我們只剩下兩分鐘了。

「我們明天晚上可以通Skype嗎？我會在家。」維狄爾說道：「我很想你，甜心。」

「當然可以，我也很想你。」

我走出網路咖啡店，迷失在紛亂的思緒裡。外婆和奶奶並不知道我來到非洲，不過她們也沒開口問就是了。我納悶其他人是怎麼跟她們解釋這一趟外出的事？還有就是那封維狄爾寄的未讀郵件，一回到飯店，就得趕快看過然後回覆。

和湯姆約好碰面的咖啡廳，音響放著軟調的雷鬼音樂，家具上有股刺鼻的味道。湯姆坐在裡頭讀報紙，我走進去時，他抬起頭來，做勢要我趕快過去。「你看！」他指著白羊星座的運勢說著。

我大聲唸出來。「你忙著面對過去，解決陳舊的紛爭。原諒會是關鍵的角色。」我們大吃一驚地看著對方。「你是在開玩笑嗎？」

「沒錯，就是玩笑。」他興奮地說道：「不用懷疑。」他把報紙上這段預言撕下來當成紀念品，再從口袋裡摸出手機，彷彿聽到了什麼笑話似地微笑著。「我母親傳了簡訊給我。她本來可能是要寫『愛你的老媽』，結果我收到的簡訊變成這樣子。」他把手機遞給我。

我讀著：

你自尊低老媽（loegoyou.Mom）

「事實上，這話跟事實也差不了太遠。」他笑著說：「過去這幾天我的自尊遭受到的打擊不小。」

我們穿過濱海步道，在緊鄰的柔軟草地上坐下來，嘴裡咬著湯姆帶來的巧克力。穿著直排輪的青少年相互挑戰誰能滑得較快，一路又笑又叫。許多母親推著時髦的嬰兒推車經過我們身邊，沉浸在彼此的對話中。各式品種、尺寸的狗兒心急地一路拉著主人沿著海灘前進。

「該你了。」湯姆說道。

我試著記起自己的人生故事講到了哪個段落。「雖然我的青春期聽起來像是一段無止盡的折磨，這並不正確，我也有愉快的回憶。我被選入學生會、幫校刊寫東西，還在餐廳打工好賺取旅費。我參加過一些表演，這一路上也交到一些非常有趣的朋友。我並不是只跟渾蛋約會，十八歲時交了很棒的男友，一個我永遠都會關心的好人。不過我拚了命地要把過去甩在後頭，簡直是以每小時兩百英里的速度活著。那些坐在屋頂上，邊喝半打的啤酒等恐怖點子會不時冒出來。不知怎麼的，事情總變得……不是極好就是極壞。」

湯姆懇切地點著頭。「我也有這樣的經驗。我曾經魯莽到危險的地步，現在還活著可以說是個奇蹟了。有一次，我跟兩個朋友想到把網球浸在汽油裡，用火點燃，就這樣玩了一整夜的『火焰高爾夫』。每次擊中球，火球會爆出藍光，整顆球像是一道火焰劃過夜空。」

他兩眼發光地說道，接著描述自己曾喝得爛醉地躺在汽車頂上，只抓著生鏽的車頂行李架，而他的朋友則以時速九十英里的速度飛馳。

這些荒唐危險的點子對我來說再正常不過了。我很清楚失速的生活是什麼感覺，它需要一定程度的草率、對自己生命的不敬……

我懶洋洋地拔起一撮草。「說到草率……當然了，在我的青春期和二十出頭的階段，親密關係始終是個問題。性行為就——」

突然間，湯姆快步走開。「我必須離你遠一些，」他打斷我的話，努力找出字眼。「那是因為……我的審美觀沒有改變，」他說著，身體不自在地前後擺動。

我困惑地搖了頭。

「我不想把事情搞砸，不過我的審美觀沒變，莎蒂絲……這是一種美學上的吸引力。」這些話似乎也嚇到了他，驚得他抽了口氣。「噢，老天……我的意思是，你看起來都沒變。可惡，我只是需要把它說出來，我之前說絕不會對你採取任何行動時，是真心的……只是我往後退開是想保持點適當距離，不是想傷害你……不是刻意選在這種需要緊密連結的關鍵時刻。我不會奢想……這是我做夢都不會想到的事情。」

在我能說任何話之前，他已把臉埋在雙手裡，蜷縮在草地裡。

我坐著注視著自己身邊的人形犰狳。他為什麼要蓋住他的臉？他是在哭泣嗎？**我應該做什麼？**

我試探地輕輕拍了他的背，再把整個掌心放到背上去。「看著我。」

他沒有移動。

「湯姆，看著我。」

終於，他不情願地抬起頭，一臉羞愧。他的頭髮凌亂，臉頰通紅。

我迎上他的視線，問道：「你不認為我也會有感覺嗎？」

突然之間，我們面對面跪下著的草地彷彿變成一座島，把我們跟濱海步道上活力十足的人群分隔開來。「湯姆，我們以前是一對情侶啊。我們之間有股吸引力是很正常的，但這不表示會有任何事發生，所以說，這並不重要。我很高興我們釐清了這部分，把彼此的尷尬不自在也消除了。」

他慢慢地點頭。

「……因此我們可以自嘲一下，繼續往前了。」我笑著加了一句：「今日箴言，對嗎？」

他僵硬的身體開始放鬆，也發出了緊張的笑聲。「老天，剛才那一會也夠嚇人的。聽到你這麼說，讓我安心了。」

「那就好，」我微笑回應：「很高興能和你完全的坦誠！這值得慶祝一下，來個倒立……」

令我驚訝的是，他真的用雙手倒立了，看著他用兩手在草地上搖搖晃晃地前進時，感覺好怪異。時間將近六點鐘了，一棵杏樹的倒影落在海面上，我拿出手機，走到一旁，假裝要拍些落日的照片，但事實是對於剛才的情緒震盪有些不安，我腦裡堆了無數問題：**吐露擔心不受歡迎的感覺會危害到我們的任務之後，他真的安心了嗎；或者是順應我承認自己也感受到吸引力，讓他提高了自尊？也或者他是利用這種即興的嬉鬧來掩飾其他的感覺？**

我把手機放回包包裡，同時恢復淡定。「我不知道你老家那邊是如何，不過在冰島，夜晚的歡樂時光就要開始了。」

「太棒了。」他露出大大的笑容說道。

我們在附近一間提供免費無線網路的餐廳坐下來。維狄爾的電子郵件躺在收件匣裡，趁著湯姆去洗手間的空檔，我開始讀信。

嗨，親愛的，

我現在在我父母的避暑小屋裡，此刻非常想念你。

我昨晚做了一個很糟糕的夢，到現在都還沒辦法把這夢趕出腦海。我在夢裡是音樂老師，帶著一位學生走到港口去。我的學生是個年輕女孩。我們決定坐船出海，她在我之前先登上了船，就在我要上船時，船主不讓我上去。他們把我推開，鬆開船就出海了，他們綁架了我的學生。我登上另一艘船，想出他們要到哪去，接著，我發現他們把我的學生跟其他女孩一起鎖在一間建築裡。她們在那裡不斷地被強暴，等到我設法救出她，她已被折磨得虛弱且傷痕累累。我非常難受，因為是我邀請她一路散步到碼頭去的。

我不曉得這夢的含義，但在夢裡你就是那名學生，我正是那個老師。這也可能是因為你隻身一人在非洲，以及我們到目前沒有多少時間可以說上話，引發了我的恐懼。當然，也跟我知道你和湯姆在那裡要解決的是什麼事情有關。

我希望你們有所進展了，離開家到遙遠的地方碰面，討論青春期發生的事情的感覺一定相當怪異。

我最親愛的莎蒂絲，要知道我對你的愛是無止盡的，也全心全意支持這趟旅程。我希望整件事會有美好的結果。如果最近我對於你這趟出去表現得有些不自在，也請原諒我。我大概不想對自己承認你就要離開了。隨著出發的日子越近，我越壓抑自己的感受。為了拋開所有的疑慮，讓我再說一次：儘管有時候我覺得自己有點被排除在外，但我很明白、尊重也羨慕你正在處理的事情。希望我們明天有機會在Skype上說話。但最重要的，我想要親吻你柔軟的唇。

如果你今晚就寢前讀了信，傳簡訊給我。

×××維狄爾

讀完這電子郵件，我好想要讓雙臂一路延伸過大西洋，把他的脖子牢牢攬住。我沒有輕忽他的貢獻。承擔重大任務是一回事，但是逼自己放手並相信一切事情到最後會變好，是更重大的任務。我和湯姆也許正在惡水中跋涉，但是這故事裡的真英雄是維狄爾，而他現在卻因為我做了惡夢。我回信的時候心怦怦快速跳著，告訴他自己一切都很小心，已經等不及幾天之後就可以見到他、抱著他。

我的目光正巧移開手機往上看時，湯姆已經坐回我對面的位子上。他變得精神高昂，點了加酒烘烤的卡門貝乾酪，還跟服務生說著玩笑。

「你還好嗎？」我好奇問道，對於他心情戲劇性的轉變有些疑慮。

「我很好，謝謝。之前在草地上談開之後，我感覺輕鬆很多。把自己的感覺說了出來，感覺現在多少……安全多了。」他愉悅地舉起杯子回答。

儘管思緒仍然嗡嗡地忙碌著，想要避開所有湧出的問題，我還是舉起了杯子。**他在害怕什麼？我會想要舊情復燃？如果是如此，他是在擔心罪惡感會讓他不得不同意，而偏偏他又很清楚，我這麼做會失去我和維狄爾建立的家庭？他是在擔心經過開普敦的一星期之後，他又會再度毀了我的幸福？**

湯姆搖搖頭說話，打斷了我的思緒：「想到恐懼可以鎖住一個人，就覺得新奇。以前認識的一位心理學家告訴我，夾著罪惡感的恐懼會幽禁一個人，到某個程度之後足以阻礙他的情緒成長。我想這話有幾分真實。」他放低聲音，繼續說：「我本身就是活生生的例子，我的反應和情緒似乎變得——或者該說——一直陷在某個時間點和狀態裡。就某些事情來說，仍然處在青春期狀態。」

「例如什麼？」

「我對某些情況的反應似乎反應出……我的心態比實際年齡幼稚。一個奇怪的例子是，我一直對背上的毛髮感到不自在，最後在兩年前動了雷射手術除毛。」

我對他這番坦白的反應是揚起一邊的眉毛。

「我也有許多朋友背上有很多毛髮，他們隨著年紀漸長能夠跟自己的身體和平相處。我卻沒辦法，還是緊握著恐懼不放，而跟其他人分享這件事，對事情也沒多大幫助。

曾經在跟女生親熱時，對方要我把襯衫穿上，這其實是小事，但就足以擾亂我的自信。」

「哎唷，那樣不僅很不體貼，根本就是沒禮貌。」

「因此當我必須脫衣服，或是在親密的情況下，就會開始驚慌。性行為就變得……複雜。」突然間，坐在我對面的他整個人洩了氣，不再遮掩。他的脆弱在我們之間創造出一種不平衡。我決定要把比數扳平，因為既然我也攪和進來了，乾脆讓事情輕鬆一些。

「我可以體會那感覺。生小孩這事件把我搞得相當慘，我下面那裡裂得亂七八糟，等到傷口癒合時，都已經變形了。那可不是什麼賞心悅目的畫面。」

湯姆張口結舌地看著我，不曉得該怎麼回應我剛說的話。

「我和維狄爾都同意那裡變得有點像是這樣，」我一邊說，一邊伸出下巴，扭曲著臉。

湯姆這下明白自己可以笑出來，也就真的笑了──真心而宏亮。

「不過，維狄爾模仿得比我好一些。」我謙虛地說：「而且，有些時候房事上會變得比較麻煩，不過我們決定自我解嘲。當你能夠對一件事情一笑置之，事情也就變得較能忍受了。」

他擦去淚水，我換成較為嚴肅的口氣繼續說：「有時候，我會意識到自己很容易讓你感到羞愧，而縮回熟悉的模式：你耽溺在強暴犯邪惡角色裡的自憐和鄙視，而我則是扮演免費治療師的佛心角色。不過湯姆，我對這情形已經很厭倦，不想再繼續了。重點是：

我跟你沒有那麼不同。」

他困惑地看著我。

「我花了很長的時間，努力去找出是什麼原因讓人去虐待他人。我找出了幾個催化劑，第一個就是憤怒，例如『你把我惹毛了，所以我要毀掉你。』第二個是恐懼，『我得毀掉你，因為你是個威脅。』還有愚昧無知：『毀掉你可以治癒我自己的問題。』貪婪：『我要毀掉你，是因為你有我想要的東西。』突發狀況：『我得毀掉你，要不然我就慘了。』最後一個是心理疾病和上癮症：『我腦袋裡的聲音要我毀掉你。』

「湯姆，我不知道讓你那晚強暴我的理由是什麼。我猜是貪婪和無知，你想要某樣東西，就理所當然地拿走了，而不去管這對我會有什麼影響。這個嘛，我也做了同樣的事，一度也很貪心，把自己的需求擺在第一。我或許沒有強暴人，但肯定知道自我中心、自負和奪取別人東西的滋味。你拿走的東西對我有重要的價值，在我後來的怨憤中，我盡最大的努力去毀壞你財產中最有價值的東西：你的心。不要誤解，我並沒有說我們的行為有同樣的影響，也不是要說我把自己所有負面的情緒，全歸咎到發生的事情上。但是我認為自己已經很能明白這一點。」

在他有機會回應之前，我又補充說著：「幾年前，我們在通信時有了衝突，因為對於彼此聯絡的目的認知不同。你說這是為了增進了解，我說是為了原諒，但我現在看來，我們兩個都是對的。到頭來，或許這兩者本來就是同樣的事情。」

「莎蒂絲，我很確定你知道我並不想要任何權力，」他語帶強調地說：「我認為自己一直試著把它還給你，因為過去我偷走了這樣東西。你提到的三樣催化劑都沒錯。無知，沒錯；貪婪，正確；憤怒並非全然適切，但是它醜陋的表親『挫折』就對了……或許就像我以前說過的『閃現』。不過你的話一語中的，你化身成心理治療師，而我則是那個淒涼酸苦的受害者。我一直試著傾吐自己的歉意、痛楚、悔恨和哀傷，就像……狗咬了人以後，心虛地袒露出肚皮投降。我想要被人踢上一腳，這比喻不很恰當，但感覺就是如此。」

我明白他說的意思，也知道當機會來臨時，我又是如何狠狠踹了他一腳。「這就是我為什麼想要彼此說實話的原因，湯姆。如果你這星期說出恐懼、或是表現出脆弱的一面，我也會照做。沒有誰佔優勢，好嗎？雙方平等，這就是我想要的。」

「我同意。」

復活節星期天就要結束了，這城市也逐漸從昨天的暴風雨中復原。離開餐廳之後，我們走過附近旅館的騎樓，行李員忙著清掃，酒保則是奮力地要把遮陽傘收進酒館裡。就在向耶穌復活致意的這一天，我們四周處處可見復原的跡象。四棵樹被連根拔起，建築鷹架被吹倒，但是沒有人在這場暴風雨中受傷。與此同時，風四處呢喃吹送著朦朧的話語，保證自己絕對不會再表現出同樣的激烈言詞。

湯姆告訴我：「我想要讓你看一樣東西。」

「什麼東西？」

「我從家裡帶來的，幾年前的回憶和紀念品，全都是我在冰島時期的東西。」

我知道他指的是他用來折磨自己、餵養罪惡感的東西。他在通信時常提到這個裝著紀念品的盒子，以及他如何強迫自己定期瀏覽裡面的東西，希望有一天心理狀態足以幫助他了解自己在那一夜裡的所做所為。

我同意這想法，因此朝湯姆下榻的民宿走去。當手伸進包包緊握住那石塊時，心裡想著：**我們的工作尚未完成**。

他的房間比起我在麗池飯店的房間明顯小了許多。兩人要在這樣的空間裡獨處，幾乎過於親密了一些，這在幾天前來說根本是無法想像的事情。房間裡只有一張椅子，我坐上去，而湯姆則是在地上一個袋子裡翻找東西。天花板上垂吊著一盞大到荒謬的圓形紙燈罩。

「找到了，」湯姆一邊用沙啞的聲音說話，一邊拉出那個塑膠套筒。他把套筒拿到床鋪上清空，各式回憶紛紛散落在白色床單上：各種舞會和演唱會票根、節目表、傳單和照片混雜在一起。

我滿臉詫異地拿起一張紫色入場券。「泰羅斯俱樂部！」我喊道：「我完全忘了那地方！現在我記起來了，它在費斯納森街上，還有蘋果舞會，我怎麼會忘記呢？」我興奮地胡言亂語，完全沒有察覺自己是在湯姆的刑求工具裡隨意翻找著。

「這是我的黑盒子，以及一些用來打開記憶的鑰匙。」湯姆告訴我：「東西並不多。我一直試著用這些小東西來讓時間回溯，不過它們也把我石化了。我不喜歡盯著這些東西看，除非當時處在正確的思路裡……它們就像是證據。」

我挖出一張照片，看見二〇〇〇年在韋斯特曼群島音樂節的自己時，簡直喘不過氣來：紮起來的黑髮、緊身夾克、厚底鞋，眼裡散發一抹危險的光芒。這張照片是在我們首度對質的數小時之前拍下的。

「再來還有這個。」他遞給我一疊紙，是我十六歲時寫給他的詩。我快速看著這些紙張，這些詩非常青澀，但沒有我以為得糟糕。我的視線從紙頁往上移的同時，湯姆從那堆東西拉出一張入場券，遞給我。「好幾年來，我一直以為這是……聖誕舞會的入場券。」

我接過入場券仔細端詳，立刻注意到日期不正確。

「你瞧上面的圖，」他指著入場券角落的圖案，那是偷走聖誕節的鬼靈精，有一雙惡魔般的紅眼睛。「不覺得亂恐怖的嗎？」他問道，聲音細微到幾如呢喃。「不知怎麼的，那感覺非常應景。竟會有個跟入場券上面同樣的惡魔進入舞會，我一直到最近才發現這是不一樣的入場券。我手邊甚至沒有正確的入場券呢。」

我看著入場券，只看見一張舊紙上有俗氣的圖案，卻被一個沮喪的男人緊握著不放。「還有別的嗎？」

他搖搖頭，一臉蒼白。「沒有，這就是全部了。」

我的視線從他身上移到床上那堆紙，再回到他身上。「但這些都只是紙張。」我拿起一把碎片。「湯姆，這些就只是紙而已。」

他發出一個怪異困窘的聲音，像是嗚咽和驚呼的混合。

「這些……」我指著床，說：「沒辦法傷害你。」

他心裡的騷亂顯而易見。

「我希望當你把這些拿給我之後，它們對你的掌控力就消失了。」我輕聲說道。

他點點頭，然後說：「還有一樣東西，我父母寫的一封信，我希望唸給你聽。」

幾個星期以前，湯姆在電子郵件裡告訴我，他對父母承認了自己對我施加的暴力。那讓我大為震撼，看著他拉出一張摺起來的紙時，我發現自己屏住了氣，那是昨天在巴士上見過那紙，不過他覺得當下並不是分享的正確時機。

現在他清清喉嚨，大聲唸了出來。他的父母輪流寫這封信。他們帶著關愛，對兒子敘述了自己的關心，以及感覺到兒子不斷被憂鬱、羞愧和罪惡感啃食，使得他沒辦法找到幸福。當湯姆的母親寫到，憂心是不是她在懷孕期間影響到兒子的性格時，淚水湧上了我眼眶。她表示自己**非常擔心子宮避孕器和其他所有的事情**。

他的父親則談到了未來，以及湯姆說要跟我在開普敦見面的事情。他祝兒子好運，建議他相信自己的本能，也向我問候。這封信最後列了書籍清單，以及再次強調他們有多愛他和在乎他。

湯姆抬起頭來。

「你非常幸運。」

「相信我，」他回答：「我知道。」

「謝謝你的分享。」我指著床上那堆東西，說道：「這所有的一切。」

整個房間是一團混亂。正中央的是一個骨瘦嶙峋的男子，被罪惡感和恐懼環繞，以及我這個將他帶進羞愧核心的證人。即便他脫掉身上所有的衣物，也不會比現在更令他感到赤裸。

湯姆泡咖啡的時候，廚房瀰漫著平和寧靜的氣息。旅館其他客人不是還在外頭，就是已經就寢安睡。經過「記憶檢修」之後，湯姆的動作似乎輕鬆明快許多，我們帶著咖啡走到民宿露臺，湯姆點了一根菸，我坐在他對面，避開煙霧。突然間，我感覺自己受夠繞圈子了：「我需要告訴你一件事情。」

「好啊，我洗耳恭聽。」他說，毫無懷疑地吐了一口菸。

我深吸一口氣，想到即將說出口的話，肩膀立時僵硬起來。「你毀了我心裡某樣東西，某樣在我遇見你之前是完整無缺的東西。我在那之後花了好幾年的時間，跌跌撞撞地尋找著合適的黏著劑，想把碎片黏合起來。有時，我會在派對中的空酒瓶底找尋；有時，我會從自己身體上的極限找尋，但多數時間裡，我在其他人身上找尋黏著劑。如你所知，我不認為自己可以融入所謂的『正常人』，因為我有一個又大又醜陋的秘密，所以會認同那些一樣有秘密要隱藏的人。多數時候，他們的秘密也很醜陋。」

我們的視線透過藍色煙霧相接。

「你不是唯一對我採取暴力的人。」

湯姆的眼睛瞪大了，人也立時坐正，就連香菸的煙霧似乎也在等我的下一句話。

「不過，你卻是第一個清空道路的人，為那些之後的人鋪路。那些不斷要我屈服，直到我放棄為止的人，讓我從裡到外留下傷痕。」

他的嘴在沉默的驚嚇中張開著。

「不要誤會我的意思，我並沒有要你為其他人施加的暴力負責。每個案例的掠奪者都該為自己的行為負責。然而若真要回答『你對我的生活造成怎樣的影響』，答案是你造成了連鎖反應，湯姆。在你灑出了我的血之後，我發現水裡全是滿滿的鯊魚。」

湯姆把雙腳彎縮起來，雙手抱住膝蓋，他看起來如此可憐，我幾乎都要為他難過了。相反地，我輕聲說道：「你想知道，我到底想要原諒你哪一點。你現在知道了，也知道所有的來龍去脈了。」

他微微點頭，眼睛裡有些東西動搖著。最後，他說：「我很抱歉，聽到你告訴我的話之後有點心力交瘁……畢竟該感到疲倦的是你，而不是我。」

「我不想在通信裡提到這些。我想要面對面地完成這件事，讓這些話在當下……消散。」

「你現在告訴我是最好的時機……但是老天啊，莎蒂絲……」湯姆的頭往前垂下，說道：「想到那晚對你做的事竟然會帶來這麼……這麼多的傷害……我不知道該說……什麼。」

他當然啞口無言，我自己也無語了。那些經歷全封存在肌肉裡，身體記得所有的事情。它知道被人強壓住時、迸出喉間的憤怒尖叫，知道褲襪被扯破時的聲音。它知道與原始的憤怒對抗的滋味，因為嘴裡留下了血的味道；它知道戰鬥輸了之後如何麻痺；它知道每一處的灼痛、瘀青和斷裂。它知道如何用香菸、皮革和嘲諷武裝自己，繼續過日子。它知道它會持續反擊，就算因此而死也不足懼，因為我寧死也不要像十六歲的自己毫無反抗能力地躺著——我整個成年生活就是明顯的對比。

我們的視線相交，今晚在脫去一層又一層的自我之後，我們耗盡了情緒，整顆心裸露出來。我納悶這後果在我身上如此明顯，對湯姆也有同樣的效果嗎？他的金髮蓬亂不堪，一張臉氣色灰白，我們從頭到腳不住顫抖著。

我們回到他的房間時，湯姆遞給我羽絨被：「這用來對抗發抖應該有用。」他在外衣上套上睡袍，讓自己不再打顫。

我把身體裹在厚厚的羽絨被裡，像個白色毬果站在自天花板下垂落的巨大紙燈下方。這樣的詭異組合讓我看起來像個雪人。

「這感覺好不真實啊。」我大聲說道。

「莎蒂絲，在很多方面都是如此，」湯姆也搖著頭說：「很多方面啊。」

湯姆的日記

星期天

今夜的星光十足燦爛，也見到了熟悉的星座。我認出了那顆與眾不同的紅色雙聯星「心宿二」，低懸在夜空裡。我從遠處想像整個世界，假想自己走在南半球的另一處大陸，仰頭看著同樣的星星；儘管離家鄉澳洲仍然遙遠，但南非總還是在地球上較為低緯的位置。身處在這裡的感覺實在很怪異。

陪莎蒂絲走回麗池飯店之後，我走回民宿旅館。現在對這路線已經相當熟悉了，不再需要去多想該在哪裡右轉、左轉。因此，我可以徐緩地走在後巷裡，聽著夾腳拖踩在柏油路面發出的溫和啪擊聲。

分享「黑盒子」這件事進行得還算順利，過程並不愉悅，卻非常必要。我很高興自己帶了這些東西，讓她看那些照片和票根的感覺，就像這是最後一次用上它們了。能夠把這些東西壓在心頭的沉重感說出來很棒，現在覺得這些在冰島那一年留下的紀念品已無關緊要。我看了這些東西無數次，努力想要重新進入十八歲時的自己。如今我們已然見到對方，也能夠討論九六年發生的事情，那藏著刺痛回憶的小盒子似乎已經失去恐嚇的力量。

雖然如此，我還是感到一絲被誤解的味道。她似乎把我留存關於那一年的紀錄，只當成「不過是些紙張」而不去深究，它們所蘊藏著的黑暗效果和力量，似乎對她不構成威脅。對於還得費力解釋，一度覺得自己有些傻氣。她不知道的是，那些紙片能召喚出儲存已久的恐懼，我唯有在夠鎮定、堅強的時刻才敢試著揭開那些回憶。光從新聞報導中聽到「冰島」二字，就足以把我火速送回到那段過往，但是細薄的紙片能把我和冰島直接連結起來，這更糟糕。

不過或許她沒有看出來？或許她和我努力的方式不同？或許她在因應跟那一晚相關的種種創傷過程中，不需要借助老照片和昔日的入場券？

或許她的記憶並不如我的朦朧而一片模糊。

事實上，我知道真相的確是如此。

我知道她不需要像我一樣努力試著去回憶。她對於當時說過的話和發生的情景記得一清二楚，我不只一次被她能夠重敘大小細節的能力給震懾住。真要老實說的話，她卓越的記憶力同時幫助了我們倆。

然而，我前天得知她跟我一樣，也遭受許多記憶被壓抑的折磨，終於有一次換成我幫助她回憶起某些事情。

這倒是我**清楚**記得的事情之一：我們在二〇〇〇年那段怪異的感情。那段感情就在今晚看見的老照片當中。那晚我們盛裝打扮後一起參加派對，但是入座時彼此隔了幾呎遠。我清楚記得那段距離是帶有附加條件的，彼此之間的親密感就像一顆裂破，卻仍能發光的電燈泡。**打開**。關上。**打開**。再關上。

然而不管記得與否，我開始明白為什麼有些事情本來就該要遺忘。心智會「遺忘」一些令身體覺得羞愧的事情，這對我來說是很自然的。

此刻我就在跟一件回憶對抗著。走回來的路上，我盡最大的努力不去回想她在露台上對我說的話。但是當我再度走過她說出那些事的地點時，那些字句已經在腦海裡轟隆迴響著。

「你不是唯一對我採取暴力的人。」

「……你造成了連鎖反應。」

我坐在這裡整整十分鐘，試著對抗這些字句含意帶來的衝擊。

她被其他人強暴過。

怎麼會呢？為什麼？

一股深深的哀傷在我心底生根。她說試著在其他人身上找尋「黏著劑」，也說到想要找出其他心碎的人。我知道她撐過一段極其痛苦的失戀，她也曾暗示感情世界裡有過其他的麻煩……但是我從來沒想過會是這些事。

我從最近和最遙遠的過去撿出各個片段，試圖拼出她的圖像……但是我要把這些碎片放到哪裡？這裡面也有我的碎片嗎？

另一個問題不斷在腦海裡強力地旋轉：這全是我的錯嗎？

我知道自己傷害了她相信人的能力，但是也該為此擔起其他人的暴力之罪嗎？

漩渦越轉越大，我可以感到自己被吸陷進……這所有的問題。

湯姆，站起來。

現在不是做這件事的時刻。她告訴你，是要讓你明白她提到「原諒」的整個意涵。

不要再點燃另一把火了……至少不是在今天晚上。

去刷牙，上床睡覺。這件事自會落到正確的位置。

第六天／

DAY SIX

二〇一三年四月一日

客房服務叫醒我的時候已經是早上九點鐘。昨晚的真心話仍然在思緒裡流連不去：**湯姆現在知道那糟糕的骨牌效應撕裂了我的青春期後半段，以及二十初頭的生活**。這並不是要他為我的選擇、或是其他出現在我生命中的人承擔責任，而是告訴他暴力造成的傷害不會僅侷限在行為本身。在我們這複雜如馬賽克牆的人生故事裡，又有一片拼圖找著了自己的位置。

我拉開窗簾，看見的是陰沉灰暗的天空，隨時都可能下起滂沱大雨。我開始後悔帶短褲來的決定，它們此刻在衣櫃裡嘲笑著我。**你以為這雙蒼白的冰島大腿可以呼吸一下新鮮空氣嗎？**

沖過熱水澡、吃了一碗鳳梨之後，湯姆傳來了簡訊。

現在起床吃早餐。跟你一起喝咖啡？

早上十點半，距離搭船到羅本島還有一個半小時的時間，我和湯姆沿著下著雨的街道朝碼頭廣場走去。我把自己裹在羊毛夾克裡，忍不住不去盯著湯姆光溜的雙腳。

「你不會冷嗎？」我好奇問道。

「我的腳不會冷。」他如此回答，彷彿雙腳根本不屬於他的軀幹似的。

我把兩隻手深深埋進夾克口袋裡。

「如果不想回答也沒關係，但我想知道你接受創傷後壓力症候群治療的事情。我的意思是，如果你願意解釋給我聽的話，我想要知道你經歷了什麼樣的事情。」

「嗯，那屬於暴露治療法。」我告訴他。

「哪一種？」

「讓案例暴露在所恐懼的事物或是環境裡。我必須寫下被性侵的經過，回憶、拆解每一個聲音、氣味以及感受到最細微的部分。然後，我必須大聲唸出來，一遍又一遍。目的是要在傷口上形成一層繭，因此到最後那部位自然就不再刺痛，也不再那麼敏感脆弱。但是剛開始的時候，感覺就像是自己的傷口被猛力痛擊，一遍又一遍。」

「你是何時……到達這治療法的終點？」

我一邊想像自己心靈之眼裡的白色塑膠門把，一邊回答：「當你可以踏進恐懼中心而不會摔成碎片的時候。」

「天啊！」他吹了一聲口哨。

「我二〇〇七年一月開始進行暴露治療，我在敘述自己經驗的時候，根本沒辦法大聲說出『強暴』兩個字。幸好，女治療師很聰穎，她讓我照著自己能接受的步伐前進。兩年半之後，我把故事寫成書告訴大家，也接受媒體採訪。」

「莎蒂絲，這非常了不起啊。」

「謝謝你，我把它想成是自己的畢業作。」我露出誠摯的笑容回答。

突然一輛從前面巷子開出來的車子緊急煞車，發出劇烈的尖銳聲音。隨之而來的是連串的咒罵，一輛機車倒在一旁，騎士爬起來揉揉屁股，一臉緊張地罵著粗話，不過看起來沒有受什麼傷。

「你差點就撞死我了！」他對著心虛的汽車女駕駛大吼大叫。我沒辦法聽出她說了什麼，但顯然那男人一點都不買帳。他氣鼓鼓地大聲斥責：「原諒你？**這根本無法饒恕！**」

無法饒恕。這幾個字在我耳朵裡迴響。我即將要去參觀一座監獄，無辜的人在那裡以最可惡的方式被剝奪了權利。我要跟強暴我的人到那兒去，路上卻遇到有人認為開車撞到自己的人無法饒恕。

我用力緊握口袋裡的石頭，納悶著，羅本島是把這石塊給湯姆的最佳地方嗎？把石頭留在監獄裡不是很有象徵意義嗎，它可以扛下所有的指責，讓我們甩開過去的重擔，好好繼續生活？我把這些想像推到心底深處，告訴自己適當的時機來臨時我會知道的。

撇開昏暗的天氣不談，碼頭廣場裡一如以往充滿著生氣。我們正在觀賞由四名長者演出的爵士四重奏時，我的手機嗶嗶作響，老爸傳來了簡訊。

眼下還有許多天要度過。小心呀，我的寶貝，要小心。爸。

「我學到關於性侵犯的事情越多，越能明白它不僅只影響了倖存者而已。」我把心裡的想法大聲說出來。

「沒錯，我對這一點也想了很多。」湯姆說：「你喜歡的人，以及周圍的人。這帶出一個問題，你覺得我寫封信給維狄爾和你父母親怎麼樣？」

這問題有些出奇不意。「我不知道耶，自從告訴我媽已經有九年了……這麼說吧，她現在不會想拿槍射你了。就這一點來看，或許她可以坦然接受來自你的信件，但是我爸？」我搖搖頭：「我真的不建議那麼做。」

「我明白。如果我是你父親，我也不會想聽到有人提起女兒強暴犯的名字，搞不好會做出無法挽回的事。」

「維狄爾是最有可能感謝收到你來信的一個。但若要確定不出差錯的話，或許先讓我讀過比較好？」

「當然。」

我們經過一間手工藝品店，販賣不同形狀各種大小的雕像。好幾十個雕像妝點了商店前的街道，多少有些露天博物館的味道。最大的雕塑是一個實物大小的水牛，由好幾萬顆黑色珠子串起來。令人驚訝的是，有許多雕塑都是女人，尤其是帶著子女的母親，這提醒了我，開普敦也被南非人稱為「母親之城」。這些豐腴的母親們從紮實的黑岩中雕琢而出，圓呼呼的孩子們從裙襬後方探出頭，她們頂在頭上的菜籃裡裝滿了各式水果，正是豐饒的體現。

前方矗立著我們的目的地：前往羅本島的曼德拉之門。色彩繽紛的長布條點綴著大樓，從形成入口的圓柱上方懸掛下來。我讀著布條上「自由」和「人道」字樣，湯姆則說他要去一旁的商店買咖啡。

我一踏進去，注意到的第一樣東西便是曼德拉的畫像，以及代表他因政治信仰而身陷囹圄的時間：27。這裡的氣氛很崇高莊重，右手邊是一道鮮紅色的牆，上面有銀色的題詞：

我們不會忘記
種族制度的殘酷
也不要羅本島
成為我們苦難和
受罪的紀念碑

我們要它
成為人類精神對抗
邪魔的
勝利
智慧和廣闊心靈對抗
狹隘心靈和卑鄙的
勝利
勇氣和意志對抗
人性弱點和軟弱的
勝利。

亞米德．凱斯拉達，1993

我的眼睛湧出淚水，皮膚上起了雞皮疙瘩。站在通往世界歷史上一大里程碑入口處的感覺，只能用「震撼到不知所措」來形容。身處在一個歷史被嚴重撕裂的國家裡，陪在身邊的又是一個很多人都希望我鄙視的人，這種感覺的確讓人感到有些不知所措。剛好就在那一刻，湯姆帶著兩杯咖啡回來，一臉的樂觀和信任。

報復沒帶給我任何東西，從他手裡接過杯子時我心裡想著，**只除了黑暗和停滯不前**。處在一個經過好幾世代的殘酷統治，最終擊退憎恨的國家裡，帶給了我希望：苦難並不只是毫無意義的，而是一個提供學習的機會。

我們信步走進紀念品店，層架上擺滿了與對抗種族隔離制度的英雄們有關的書籍。儘管沒看到封面上有婦女的臉孔，但我知道她們在和平抵抗運動裡貢獻良多，也曾被囚禁在牢裡、與男性同志一道被殺害。就在冒出這些思緒的同時，我注意到一件T恤，上面寫著：「歷史取決於書寫它的人。」**哈！跟我的觀點完全一致**。

通過安檢和X光檢測之後，我們登上船。「我開始感到緊張了。」我這麼說道。

「我也一樣。我們可以確定，這一天會非常難忘。」

船隻啟航的時候，窗外是一片霧茫，我們在浪波起伏中前進。船艙內位在正中央的電視螢幕，開始播放羅本島以及它在種族隔離期間扮演的角色。我認出了年輕的曼德拉，仔細聽著他如何創建非洲民族大會青年聯盟的過程。航行到半途時，婦女對抵抗運動的貢獻首次在影片裡被提及：「一般來說，男性政治犯會被關在羅本島，女性囚犯則被關在克隆斯塔德監獄。」令我失望的是，女性參與抵抗種族隔離運動的介紹僅只於此。

當我們踏上羅本島，令人沮喪的天氣成為這裡最完美的背景。島上一片荒蕪，土壤乾焦，蓬亂的野草自乾裂的土塊裡冒出來，遠處幾棵歪曲的樹木為這裡增添了荒涼的氣氛。前方的監獄建築是由岩石建成，四周環繞著一堵牆，圍牆上方纏著鐵刺網，彷彿一條伸出尖牙的毒蛇。整個建築場地正中央的監視瞭望塔，令我想起納粹集中營的照片。我打了冷顫，知道這跟天氣無關。

整個團體被分成兩組。我和湯姆跟著其他六十位遊客參觀監獄周遭，我們走過充電金屬鐵絲網的一處開口，進入一棟有著慘淡螢光燈的建築時，我可以感覺來到南非以來最冷的一道風吹拂著我的頭髮。我入神地看著周遭所有景物，沒聽到要帶我們參觀介紹的老囚犯的名字。我之前就知道會由當年的囚犯擔任導覽，但是當整團人聚集在他身邊時，我還是忍不住盯著眼前這位男人。

他大約七十出頭，頭髮稀疏，穿著棕色長褲和一件藍色毛衣。我們得知他在一九八二年被逮捕，那時他還是非洲民族議會軍事組織的成員。「他們折磨我。我被脫光衣服，銬上鎖鏈，雙手雙腳都被綁起來，像這樣子——」他邊說邊把雙手伸出來：「我招認了一切，還帶他們到我們藏匿武器的地方。我被判決有罪，服刑七年，囚禁在羅本島。」

老人以近乎不帶情感的冷靜聲音述說自己的故事，他指著自己的深色眼鏡告訴我們：「我們在石灰岩採石場工作的期間，很多人的眼睛都受到損傷。太陽光非常強烈，燒壞角膜，毀了我們的視力。我們要求戴上太陽眼鏡，但遭到拒絕，他們說那不屬於制服裝備。很多囚犯的淚腺也損壞了，當淚腺不再製造淚水，他們連哭都哭不出來。呼吸道疾病也很普遍，我們在工作時吸入了大量的灰塵。」

他指給我們看一張小小的稻草墊。「我們睡在水泥地上，就睡這上頭。地板非常冰冷，尤其是在冬天的時候。」他透過眼鏡上緣看著我們，繼續說：「我們被區分成不同的族群：有色人種、印度人，以及被稱為『班圖』的黑人（譯注：Bantu是非洲撒哈拉以南、非洲中部、東部至非洲南部，一群常見族裔的統稱）。」

族群身分是決定待遇的關鍵因素，比起其他族群，黑人的食物更少。有色人物種和印度人拿到長褲和長袖襯衫，但是黑人只拿到短褲和T恤。同族群之間還會再細分成甲乙丙丁等小族群，甲組的囚犯享有部分特權，訪客會面時間、食物，甚至分到的香菸也較多。

「我們絞盡腦汁試圖想出這系統是怎麼運作的，為什麼有些囚犯很快就放到甲組，而其它囚犯得辛苦往上爬到那位子去，還有人一直待在丁組。最後，我們發現這系統根本是隨機的，目的就是要創造出不平等和分化，來削弱我們的意志。不過我們找到繞過這系統的方法。」他的眼裡有一抹光彩：「大家說好，甲組的囚犯要和其他囚犯分享特權，讓每個人都平等。我們必須以憧憬的模式來過日子。」

他以手勢要我們跟著他，整組人開始移動。我迷失在這偉大勝利的思緒中。囚犯被剝奪自由的想法已經夠悲慘了，但是想到他們連為自身境遇掉眼淚的能力都被剝奪，更叫人肝腸寸斷。

我們下一站是被四公尺高的水泥牆圍起來的中庭。「在這裡，他們允許我們做運動。」我們的嚮導手叉著腰，這麼告訴我們：「但只限於政府同意的某些運動，像是網球。」他的眼睛再度綻出光芒。「我們在網球上挖個洞，把字條藏在裡面，然後再把球打出牆外，把訊息傳給監獄其他區域裡的同志。這樣子，大夥就可以相互協調。」

透過暗中的聯繫，我想著的同時，目光自動看向湯姆。

「你們想要看曼德拉的牢房嗎？」嚮導問道，同團的人熱切地喃喃說好。我們進入另一棟建築，沿著一條兩側都有牢房的狹窄通道前進。整團的人排成一列，停下來探頭進入曼德拉服刑時間最長的牢房內。

輪到我的時候，我吃了一驚，鐵欄杆之後是個比清潔用具間大不了多少的空間。地板上只有一席小草墊，從牆一邊延伸到另一邊。牢房裡其他物品是一個鋼杯、和一個用來當作尿壺用的鐵桶。牆面被漆上難看的綠色，讓我想起開刀房。六根粗鐵條守著這狹小空間裡唯一的一扇窗。我無聲地下了結論：**對腐敗的政府來說，自由思考是世界上最危險的事物**。如果你的意見或想法足以惹怒暴君，你很可能就必須一輩子待在像這樣的牢籠裡。

當我們踏進另一個中庭時，整團人愉悅的交談聲立即嘎然而止。我們停下腳步，頭頂上方，鐵灰色的天空裡裝飾了一圈又一圈的鐵絲網。

「我們在這裡了，」意識到我們身邊有人，我細聲對湯姆說：「過了這多年之後，來到了監獄裡。」

「看起來挺合適的。」他低聲嘟噥說道。

我猶豫起來。「如果你因為侵犯我被判有罪，湯姆，你的刑期不會超過一年。因為那時候的冰島法律，不認為跟沒有抵抗能力的人發生性關係是強暴。」這真相在我嘴裡留下苦澀的味道。

有那麼一會，他只是驚愕地瞪著我看。「那也太……輕微，根本就不公平。」

我能做的就是聳肩。

他說：「有好幾年裡，我不斷自問對監獄牢房的想法，以及被判這種罪名會有多沮喪。我也問自己是否理當被銬進監牢去，我多少仍然認為自己活該如此，這樣可能會讓我和這社會稍微好過一些。」

猶豫了一會之後，湯姆問：「如果那樣的話，我在你眼裡看來會好一些嗎？」

我在思考答案時，目光落到我們身後被厚牆圍起來的監獄。

「監獄牢房是接受懲罰的地方。打比方來說的話，你可以在腦袋中戒備最森嚴的監獄裡待上好幾年，而不用實際踏進監獄一步。我相信你給自己的懲罰，要遠比外在任何司法系統給予的懲罰更為有效。因此你待在自己腦內監獄的時間，在我眼裡看來的確贖了些罪。這對我來說是一種重生的形式，因為得以跟你互換位置。」

「這麼說好了，頭幾年裡我是那個身在鐵欄杆之後的人。我不斷責怪自己，看不出有自敬自愛的需要，因為任何人都可以把我當成垃圾一樣對待，即便是那些聲稱愛我的人也一樣。在你一肩扛下罪過之後，你讓我離開了牢房，接替了我的位置，這是非常必要的一步。但是懲罰已經結束，該是癒合一切的時候了。這就是為什麼希望我們能親自碰面，這樣就可以離開、關上牢房，丟掉鑰匙。」我緊握著口袋裡的石頭，用充滿希望的語調補充一句：「兩人同心。」

現在**是正確的時機**嗎？

他沒有迎上我的目光，而那一刻就這樣過去了。我們從彼此的通信中，對這模式再熟悉不過了。每當我提到要他原諒自己的時候，他就關起心門，這些年來也給了不少的理由：他還沒準備好原諒自己，他的正義感不允許，甚至還說過，在他對自己有更深的認識之前，這是不可能發生的事。

我很想一把掐住他的喉嚨，用力搖他，大聲尖叫：「**如果我都願意原諒你了**，你憑**什麼**不原諒自己？**你的罪惡感對我沒有任何幫助！**」不過我只是看著他陰鬱的面容，對這當中的諷刺感到不可置信；一個被罪惡感折磨、壓抑自己情緒的人，只差一步可能就演變成失去控制，做出令自己後悔的事情來。**史敦吉，難道你沒看出這一點嗎？**

「請往這邊走。」監獄之旅結束了，我們被帶回巴士上，由另一個嚮導帶我們環島一圈。所有遊客排成一列逐個感謝前面這位嚮導，帶我們走過這監獄的歷史，還不吝提供他自己的故事，這讓每個人都深受感動。當隊伍越來越短時，我的心跳也越來越快，和他握手時心跳聲之響亮，他一定都可以聽見了。

他握手的力道強而有力，手掌心粗如皮革。

「我有一個問題。」

「怎麼了？」他問道，目光銳利的眼白上有點點的棕色斑點。

「你有可能原諒他們對你做的事情嗎？」有那麼一會，他定定地注視著我，彷彿這問題極其荒誕可笑。然後他張開嘴，從內心深處發出了最真誠的笑聲，像是海潮般向我襲來。「當然，」他滿面笑容地如此回答：「我們已經原諒了所有的事情。這是繼續往前的唯一方法。」

我離開監獄朝湯姆走去時，這簡單卻有力的事實讓我頓時開朗起來。

「你看起來像是中了樂透一樣。」他說。

「原諒是繼續往前的唯一方法，湯姆，他這麼對我說。」

「他是個了不起的人。」湯姆語帶最深的敬意說道。巴士緩緩啟動，充滿朝氣的年輕嚮導握著麥克風開始進行導覽。

「想想他努力熬過的那段時間，他看到的事情，為了工作還要再把自己的故事說一次……」

我同意地點頭。我好奇有沒有任何女性政治犯，也靠著重述自身故事來維持生計？

在種族隔離期間，黑人女性的權利比黑人男性還要更少。囚禁的經驗對她們來說會不相同嗎？她們在監獄裡有被強暴過嗎？懷孕的女人怎麼辦？能夠留下孩子嗎，或是孩子會從母親身邊被帶走？有任何孩子在那些監獄裡長大嗎？

「很難想像整個社會可以在制度化的歧視之下團結起來，對抗一群人。」湯姆說道。

「事情並非如此，『社會』並沒有發展出種族隔離，是一小群白人做出來的事。他們編造出規則，確保沒有其他人可以威脅到他們的權力。表面上，種族隔離給了白人女性比黑人男性更多的優勢，但是就性別來看，它絕對不是支持女性，社會依然期望她們在家相夫教子。德國在納粹時期，也通過不允許女性念大學的法律，這種讓女性遠離政治和權力的體制風潮廣泛流傳，或許也是為何今日女性只擁有世界百分之一財富的部分原因。」

「呃，莎蒂絲，你不需要對我講道。」湯姆尷尬地笑著說。

有那麼一秒鐘，我能做的就是瞪著他看。「什麼意思？」

湯姆一臉訕紅地說：「我只是……感覺到你表現得有些高高在上的樣子。」

「**高高在上？**」

活潑的嚮導此時要團員們看向右手邊。「在這裡，你們可以看見墓園，他們把痲瘋病人葬在這裡。」他說道。高高在上？「二十世紀初的時候，痲瘋病人被趕到羅本島來。」

高高在上？我握緊拳頭，湯姆可以在他人導覽下，觀看種族隔離下的男性歷史數小時而安然無恙，卻沒辦法忍受我指出在現今女性身上仍然可以看到的歧視，甚至還抹煞她們在重大事件裡的貢獻？我簡直要為此發怒了，這樣的歧視存在於世界上每一個國家裡，體現於財務、政治，以及對女性的暴力侵犯上。這樣的歧視露骨到傷人的地步了，我沒辦法容忍湯姆這一點。

他的話像一巴掌打在臉上，力道足以讓我轉頭看著窗外，不想再說話。我兩頰燒紅，心不在焉地聽著羅伯特・索布克維和其他被囚禁在島上，堅決抗爭到底的偉大英雄事蹟，窗外壯麗的鳥類生態也沒能改變沉重的心情，就算是那隻搖搖擺擺經過巴士的可愛企鵝也一樣。**他到底知不知道那副讓我閉上嘴的姿態有多高高在上，就只因為他發現事實真相太令人不安？**

登上回程波濤起伏的船上，兩人之間還是一片沉默。湯姆先出聲詢問：「還好嗎？你非常安靜。」

「我沒事，只是很失望。」

「為什麼？」

「你先前的反應啊。當我講到不平等的時候，你渾身不自在的樣子讓我很失望。畢竟，這就是我們來這裡要討論的事情。」

我轉過頭面對他。

「強暴是性別不平等最殘酷的表現行為之一。絕大多數的強暴犯是男性，而絕大多數的受害者是女性。這星球上每天都有強暴案件發生，即便是在女性應該要感到安全的情況下，跟她們信任的人在一起也一樣。否認男性和女性之間不同的現實，認為這跟我們共同的過去沒有關係，就表示你還是不明白。如果我是男的，你就不會強暴我了。」

湯姆搖著頭。

「但你強暴我就因為我是女生，一個你自認為有資格這麼對待我的女生。某些東西讓你覺得，你的愉悅要比我的同意還要更重要，即便在我虛弱到沒辦法同意任何事情的狀況下也不例外。湯姆，我不知道這是為什麼，但是我相信這跟男性普遍享有更多的權力和影響力有關，好幾世紀以來都是如此。

「或許這古老的傳統使人們適應了『男人就是比女人重要』的觀念。或許這就是你那一晚覺得自己的性慾要比我重要的原因。就我知道的，你屬於多數人稱為『正常男人』的類型，這也是為什麼我相信這事件屬於『女人比男人沒有價值』這龐大陰謀的一部分。我不能讓你因為對這事覺得不自在，就讓你和稀泥避開。」

「我並沒有想要和什麼稀泥，或是壓下任何事情，我只是覺得矮了一截……彷彿我屬於『另一邊』。」他低聲說著。

我再也按耐不住，半嘶吼喊道：「我在分享歷史上的事實！你聽了整天關於歧視的歷史都沒事，結果當這些事出自我的嘴裡，突然之間就讓你矮了一截？」

「我們可以等回去之後再討論這件事嗎？」他提議。我們之間的氣氛冷到了極點，過去幾天來的溫暖連結不見了，我們到這裡來尋求的互動基礎也消失了。這個結果有如恐怖的自由落體。

我們在碼頭廣場上一間空蕩蕩的餐廳裡坐下來。湯姆搓揉著兩隻手，緊張地清著喉嚨。他提到自己在大學修了社會科學，對於基於性別暴力和父權的形成有基本的了解，但接下來他像是陷入泥沼般，開始口吃。

我指出他剛才論點裡的矛盾，在我看來並不是矛盾而是誤解，而他的解釋在我聽來完全沒啥道理，彷彿彼此講著不同的語言。儘管我們這大半輩子隔著遙遠的距離，我對他從來沒像現在感覺如此疏離。

「我不知道要怎麼繼續。」我直直看進他的眼裡說道：「如果你不願意討論這當中的脈絡，我不知道我們要怎麼弄懂你性侵我的事實。暴力並不會無中生有，它有社會的因素和後果，這都屬於我們對話的一部分。壓下不談是問題的一部分。」

突然之間，他的眼裡湧出了淚水。「我不知道為什麼……我覺得自己站在錯誤的一邊。」他跳了起來，嘶啞的聲音補了一句：「我只是想要你喜歡我。」

他衝出去抽根菸，但我懷疑真正的理由是不想在我面前哭泣。

我困惑地留在原地，不確定自己該如何反應。**我只是想要你喜歡我**根本不是個論點，卻又十足真誠。我不僅因為這一點尊敬湯姆，也想要找到適合自己的方式，表現同樣的坦率。我可以繼續爭辯性別的不平等，用再熟悉不過的數據和事實炸得他頭昏腦脹，但無助於幫助我們從陷入的常規慣例中掙脫出來。

當他回來時，身上猶有煙味，思緒也明顯不寧，我準備提出一個建議。

「我們達成一個協議好不好？」我一邊說一邊端詳他的臉：「當我談到性別不平等的時候，你不要擺出防衛的姿態，而我說話的時候，會試著不擺出紆尊降貴的樣子。」

他微笑著伸出手：「一言為定。」我們握了手，他又說：「我還要告訴你，剛才站在雨裡抽菸時，想著剛才發生的所有事，最後是靠你那一招把情況翻轉過來。我在心裡想著『就算再困難也要找到辦法自嘲』。」

我微笑回應：「很棒的點子啊。」

一個媽媽級的服務生端來我們的食物。雖然已經把爭議拋在身後，但已嚴重受損的互信使得接下來的談話變得吃力許多。我感覺臉上的微笑很勉強，也擔心彼此說的話都可能被誤解，更加深誤會。我急於想要有一些時間恢復，因此建議兩人先暫時分開來，處理各自的事情。他立刻就同意了，只是有部分的我擔心被拒絕而感到害怕。我們關係裡新出現的不信任，就像頭大象不肯在房間裡好好待著，非要在我們之間噴著鼻息，甩動牠的長鼻子。

等一離開餐廳，走上下雨的廣場街道，我內心的猜疑開始不斷嘮叨說話。如果湯姆沒辦法放下防衛心，就這根本的制度問題好好進行對話，我認為可以釐清湯姆施暴的原因以及原諒他這件事，會不會太樂觀了？他的悔恨是建在了解自己屬於這龐大體系的一份子？或者只是以此餵養他的自憐而已？

我吞了口氣，負面想法侵入了我的心靈：**我們整個任務會不會面臨危機了？**這想法讓我好不舒服，不得不倚靠在一面牆上。我急於想找個東西讓自己冷靜下來，注意到一群青少年聚在大帳棚底下躲雨。**可惡！我幹嘛要戒菸啊？**

一小時之後，我提心吊膽地走過附近的紀念品店，為家人買了串珠商品和其他的南非手工藝品，期間盡可能讓腦中的聲音安靜下來，也讓顫抖的心穩定下來。一如以往，我試著幫海福迪買隻烏龜，但都沒找著。一股由擔憂引起的罪惡感，伴隨著想念他的心情油然而生。犧牲陪伴他們的時間跑來處理這看來注定失敗的任務，我回去要怎麼面對孩子們？還有維狄爾……我要怎麼回家告訴他，他在我身上花費的心力和那些擔憂，到頭來全是一場空，我要怎麼告訴他「相互理解」最後變成了我和湯姆不可能達成的任務？

湯姆出現時同樣也提了一袋紀念品，有片刻我對他的出現感到欣慰，但是當那頭大象從他身後砰砰跑近時，恐懼又重現了。我們吐出的每一個字，就像是沿著一層隨時會破裂的薄冰邊緣前進。我想不出任何不會引起傷害的事情來說，除了：「我需要喝點東西。」

「我也是。」他低聲咕噥說道。

我們在一間泛著陳年烤魚氣味的餐廳吧檯邊坐下來。頭頂上方是穿著黃色雨衣的水手雕像，手裡握著一張魚網。我想起以前看過的一部驚悚電影，殺人兇手用鐵鉤取出受害者的內臟，彌漫在我們兩人之間的是相同的空洞和死寂氣氛。

「乾杯。」湯姆謹慎說著，伸出他的啤酒瓶。

「乾杯。」我回答，用我的酒瓶碰了他的。

我們都不知道接下來要說什麼。令人無法忍受的是，沒有了互信，我們無法成就任何事情。沒有互信，這趟旅程就是一場昂貴的鬧劇，冒著種種的不便卻什麼也沒得到。

湯姆黯淡的眼神和深鎖的眉頭，看起來沒有比我淡定到哪去。就跟我一樣，他似乎對於我們的前景抱持著懷疑，恐懼都要可以刺破這氣氛了。在我意識到之前，嘴裡已經吐出一句話：「我們真是脆弱啊。」

「我知道，」他說著，把濕滑的酒瓶在手指之間旋轉。「在我們這麼多年來以電子郵件溝通之後，當中還是存在著脆弱。」

經歷了那些情緒、信件、該死的諮商輔導與痛苦之後，我們來到了這裡，我默默做了結論。**整個就是他媽的迷失。**

在想不出其他話的情形下，我做了最後的嘗試：「我只希望這一切能帶來一些好事。這就是我一直以來的希望。」

「或許改天可以分享我們學到的東西。」

有一會，我不知該說什麼好，然後結巴地說：「真的？你會希望那樣？」

記憶浮出水面了：在我們通信當中他曾暗示過一兩次，我們學到的東西值得分享給別人，但是我內心深處仍以為不過是場面話。那只是他看到我對於預防性侵害的研究熱情，因此說了這些想迎合我的話。**他現在是認真的嗎？**

他跟我幾個夜晚前一起經歷暴風雨，承認最大的恐懼是被人認出來的那個人是「同一個人」嗎？這就是我提議「全盤說出我們的故事，而非在恐懼中過日子」所得到的結果嗎？

「我想是吧。」他點著頭回答：「我不知道要怎麼做，但總覺得我們在這裡投入了這麼多氣力，不能就此放棄。我們已經走了這麼遠。」

光想到這，我的心跳就加快了。一般來自安定背景並享有各式權利的男人，通常會避開分析和推敲事情，且習慣遵守所有看起來「正常」的世俗規則，但是如果所有這些男人能夠跟湯姆一樣，承認性侵他人並為之悔恨，就可能為這社會等待已久的對話提供基礎，談論性侵害的根本性原因。

為了讓人們更了解這類型的傷害，他們需要對做出這種事的人有立體全面的觀點，而不是刻板的二維思想，把犯錯的人中傷成「怪物」，認為他們犯下的罪行是難以想像的。漣漪效應可以很巨大，擁有無限的可能，這才是重點。

「不需要多說，我很擔心自己會得到的反應。」他把手肘擱在吧檯上，說著：「我摯愛的人的直接反應，還有輿論譴責的反應。」

「如果你今天是旁觀者，聽到了我們的故事以及經歷的種種療傷過程，你還會譴責那個人嗎？」

現在換成了湯姆無話可說。「我們？你是指我們兩個人一起分享？」

「當然是一起啊，不然還有其他方法嗎？」

「也就是你願意說出我們的故事……跟我一起？」他抱著期望問道。

我很困惑：「你這是什麼意思？這是唯一合乎情理的做法，而且兩個人一起要堅強多了。」

「這倒是真的，」他安心地說著：「這樣就改變了所有的情況。」

我們彼此微笑，而這一次加強了兩人的互信。**我們辦到了！**我肩膀卸下的重擔真的能讓我從座位上飄起來。在信任的國度裡，我們可以成就任何事情。

湯姆明顯地安心不少：「所以說，我們要用什麼形式？」他一臉微笑地喝著啤酒好奇問道：「電影？我認識一個很棒的製片……」

「太招搖了。」我搖頭，並補充一句：「再說，他們還得剪接我昨天模仿得很嫻熟的私密產後畫面。」同時伸出了下巴、扭曲自己的臉。

「也對，這是實話。」他笑著說。

他臉上的笑容退去之後，開始把玩酒瓶上的標籤。「我沒辦法不去想像，如果對親朋好友承認自己曾強暴前女友，他們會有什麼反應，這等於是朝他們的價值觀猛力刺上一刀。還有猜想誰會因此疏遠我，誰會認為我雖然犯錯卻還是個好人。我也好奇有沒有任何認識的人會從暗處跳出來，承認他們也曾傷害自己愛的人。純粹就數字來說，我肯定認識的人中一定有曾經性侵別人的，但想不出有誰符合那刻板印象。但話說回來，絕大多數認識我的人在知道我做的事情之後，一定會非常驚訝和不敢相信。」

「我也想像過這些事，想了很多年。」我承認說道：「我問自己，如果大家知道我被強暴，生活會有什麼樣的改變。我跟一些男人約會過，他們證實了我的恐懼，也跟一些對此毫不在意的男人出去過，有些人還利用這一點來欺負我。如果我不想跟他們上床，他們就會說我是因為被強暴所以變成了性冷感。想證明他們錯了的心理，會讓我在不情願的情況下，還是跟對方發生關係。不過，情緒上的操弄還是最糟的，如果我不贊同或是質疑他們的行為，他們就推說是因為強暴讓我變得不穩定和不理性。這些很明顯都是屁話和傷害，我也因此知道因單一事件而被其他人定義、歸類的滋味。」

「聽起來很恐怖。」他說。

「這就是為什麼樹立榜樣很重要的原因。要告訴這世界，那些曾站在這天平兩端的人，不管是性侵的受害者或加害者，並不全是沒有靈魂的怪物或是瑕疵品。他們是人，不完美、會做錯事，是跟你我一樣的平凡人。他們有自己的想法、工作、生活方式以及信仰，他們也繳稅、愛他們的家人，甚至就住在我們隔壁。他們還會在沙灘上撿垃圾呢。」

我順勢在他肩膀上戳了一下。接著看了手機顯示的時間，加了一句：「抱歉，我得先走了。五分鐘之後有個Skype的線上約會。」

餐廳走廊另一邊是網咖，我戴上一副陳舊的耳機，然後登入網路。

維狄爾立刻回應了。「嗨，親愛的。」他說道，兩眼散發著溫柔的光彩。他調整網路攝影機，好讓我看到坐在他大腿上的海福迪。儘管非常努力地要跟三歲的兒子好好說話，他對於這個電子版本的媽咪沒什麼熱情。他不斷試著要爬下爸爸的大腿，去看姐姐茱莉雅在做什麼，至少茱莉雅可是「摸得到碰得到」的一個人。

海福迪離開之後，維狄爾把身後的門關起來。

「你好嗎？」我問道，試著讓自己的聲音一派輕鬆。

他嘆了氣聳聳肩。

「孩子們好嗎？」

「他們在看電視。昨天海福迪在十分鐘內，吃完了他的復活節巧克力蛋。」

「了不起！他嘴邊有冒出白沫，爬上吊燈左右擺盪嗎？」

維狄爾露出一抹微笑。「沒錯，差不多是這樣……」

我的笑容過於誇張了些，頭點得也過於急切，維狄爾一看就看出來了。「莎蒂絲，這整件事實在很怪異。」

「我知道。」我低聲回答，拉下了臉上的面具。

「你知道你在南非這件事有多怪嗎？跟一個我從來沒見過面的男人在一起？你跟他……還有一段過去？我到這一刻才真正明白過來，整件事感覺……非常荒謬。」

「我後半輩子都會後悔的，如果自己不——」

維狄爾打斷我的話：「你不需要解釋任何事，我是支持你的。我只是必須讓你知道，這對我來說非常怪異：你在那裡，你們兩人一起在那裡。」

「如果可以讓你好過一點的話，我要告訴你這事不會再發生了。」

他別過頭去，沒有回話。

我本能地傾身靠向螢幕。「維狄爾，我沒有任何其他未完成的遺憾，值得我飛過大半個地球來到這裡。」

終於，他帶著天真的笑容看向攝影鏡頭，讓我鬆了口氣。

「嗯，聽到這讓我放心了些……」

這短短幾個字融化了我的心。

時間幾乎要九點了。碼頭廣場的濕濡街道在街燈下閃耀著水光，雨滴從鄰近屋頂檐槽滴落下來，飢餓的湯姆和我漫步走進一間餐廳裡。在經過爭吵和修補之後，兩人的氣氛已非常不同。在想不出更好的形容之下，可說是相當友好。

「該你了，史敦吉。」我在鋪著紅色皮墊的靠枕長椅上坐下來時，這麼說道。

「等等，讓我想想。我講到二十歲了，對吧？」他皺眉說著：「二十歲的時候，我在雪梨北海岸的紐卡索大學攻讀社會科學。我住的地方離校園很近，有時候直接光著腳去上課。長髮、不穿鞋，我嚮往的就是這副模樣。我中學後來的考試成績並不理想，主要是因為我從冰島回去兩個月之後就舉行考試了，當時還沒適應過來。我大學的入學考試成績也相當低，因此選擇有限。我沒有選修最困難的學位，大多數的時間都在參加派對、衝浪。第一年的時候，我因為出席率不夠被當掉兩科。」

聽到他形容念大學是某種偶然的決定時，我忍不住想到他在輔導的那些苦惱的年輕人。「你相信命運嗎，湯姆？」

「我很想，不過我不相信。我認為命運這概念損害了選擇的力量，也讓人們可以不用為自己的行為負責。」

「你認為生活在某方面來說是個混合體嗎？例如，有些事情是我們選擇所帶來的後果，有些則是本來就該發生的？」

「或許吧，但是……這對我來說並非完全有道裡。」他的前額皺了起來。

我往後坐回長椅上。或許是酒，也或許是我們從爭執中建立的全新信任的影響，在我尚未意識到之前，這問題已從嘴裡呼之欲出。

「湯姆？」

「怎麼？」

「多前年的那個夜晚……你內心可有哪個部分認為，你在做的這件事對我來說也是愉悅滿足的嗎？」

「沒有。」他毫不遲疑地回答。他的坦白就像是有人朝我的肚子踢了一腳。然而，他的答案也有某個讓人安慰的地方，我們已經超越了美化事情的階段。

「你心裡有哪個部分認為，自己在做的這件事對我來說是痛苦的嗎？」我問道，不確定自己該不該渴望或是害怕聽到答案。

「我不覺得有想到你，莎蒂絲。」他的臉上沒有任何表情，聲音是實事求是的淡漠。

安心之餘，我坐直起來。沒有修飾，沒有廢話。他多年前的行為純粹是一念之私，不知怎麼的，聽見他大聲說出來挺讓人安慰的。

「繼續說你的故事吧。」我直視他的眼睛說：「你在二〇〇〇年時決定回到冰島……」

他放下餐具，往下說他的故事。「沒錯。我在紐卡索大學二年級時過得還不錯，我們有一門課需要到國家公園裡的生態旅遊渡假村『露營』。那年夏天有兩個學生在渡假村找到工作，而我最後得到領隊指導員的工作。那工作並不只是指導員而已，有六個多月的時間，我清理噁心的廁所、負責兒童活動中心、割草、丟垃圾、管理餐廳，我衝浪和喝酒的次數非常頻繁，期間只外出兩次去拜訪朋友和家人。很辛苦的工作，但是我可以快速存錢，並決定暫時休學，帶著六千澳幣回到冰島。機票花了我四千元，但這不是問題。我想要看看我的接待家庭，還有也想要看到你。」

他停頓了一會。「我其實並不清楚……想看到你的動機和念頭。我記得有打電話給你，記得自己站在公共電話亭的原木甲板上，笨手笨腳地找銅板，緊張地撥打你的號碼。」

「我記得那通電話。」我輕聲說道。

「我當時處在否認之島，完全和四年前強暴你的事實脫節。那段回憶下沉到黑暗之地的最深處，我記得感覺到強烈的不安，老是想要動個不停。而當我回到冰島之後……我們發展出那段怪異的感情關係。」

他遲疑著，彷彿試著選擇正確的字眼，隔了好一會，我發現自己屏住呼吸。

「我們第一次見面是在市區的巴黎咖啡館。打招呼時很尷尬，整場會面相當僵硬，因為基本上彼此只是談著很表面的事情。你的態度不一樣了，自信許多，幾乎到有點嚇人的地步，一頭黑髮和手裡拿菸的模樣似乎顯得老成些……我記得那個感覺很強烈。我們陸續又見了幾次，後來也見到一些你的朋友，我不會把那段互動稱作友誼，因為並沒那麼簡單。

「有一晚開車到市區玩之後，你讓我在住的地方下車。告別的晚安吻變得更進一步，我們移到洗衣房去，你催促我的樣子讓我挺驚訝的。事後，你沒跟我說話，我困惑到了極點。下一次我們單獨在一起的時候，你更是一點時間都沒浪費，對我指使東、指使西的。我甚至沒辦法想像許多你要我做的事情，它們有些……呃，挺丟臉的……大大超出了舒適圈。有時候感覺是冷漠到不舒服的地步、沒有親密感，幾乎是機械性的動作了，或者說……粗暴。感覺像是你想讓我震驚。」

我更正他：「是把控制權從你身上奪回來。」

「空檔的時候，你很少聯絡。我們不怎麼一起出去逛逛，真出去的時候，通常也是照著你的意思做。」

「湯姆，重點就在這裡，」我說，疲倦地揉著額頭：「當機會來臨，讓你變成殂上肉時，我抓住了。其他辦法會降低我的防衛能力、暴露自己的傷痕，並向你對質做過的事情，還得承擔你會全盤否認的風險。事情結果若真是那樣，絕對會把我逼瘋。

「話說回來，我沒有強壯到可以像你當初主宰我那樣地主宰你，因此選擇可以從你身上拿回一些力量的辦法，同時間還得隱藏自己的恐懼和脆弱。當自己沒那力量和你對質時，『試著報復』就成了另一個宣洩我傷害的方法。」

「如果那是你的報復，這一切終於有合理的解釋。那段時間很令人困惑……有時候覺得我們很親近，但你不讓我進入內心。現在聽了解釋，對釐清事情多少有些幫助，我感覺那時不停追逐著你，現在看來也很符合這狀況。」

「食物還合你們的口味嗎？」滿面笑容的服務生突然出現在桌子旁，這麼問著。我不由自主地往下看著盤子裡那一塊肉。

「非常好。」我們異口同聲回答，服務生轉身離開了。

我看向窗外碼頭上的街燈，每一根柱子都是我和湯姆過去經歷的里程碑。他在一九九六年強暴我時的背叛，我們各自從真相中逃離。我在二〇〇〇年因錯誤的認知，嘗試奪回他自我身上奪去的力量，那個暑假醞釀的緊繃氣氛和混亂，在韋斯特曼群島上達到頂點而爆發。隨之而來的是多年的沉默，直到二〇〇五年嘗試尋求原諒的電子郵件。八年的往來聯絡和對質，再到二〇一三年的此刻，我們位於雷克雅維克和雪梨兩地中間的陌生城市會面。這些里程碑在黑暗中形成了燦爛的金黃長鏈，藏在後面的含意讓我開朗起來。

「我並不為自己在那年夏天的行為感到自豪，這可能就是這段回憶被我徹底抹去的原因。」我告訴湯姆：「但是我相信你。我明白它背後的理由，我也會承擔屬於我這部分行為的責任。」

我想要補充些事情，承認是故意造成他那些困惑，原本在舌尖的「我並不是有意要傷害你」被自己迅速吞了下去。**傷害他正是我的企圖。**

「在韋斯特曼島的慘敗之後，我又逃跑了，帶著新生的罪惡感，整個人思緒不清、心情沉重。我記得我們在接待家庭最後一次令人困惑的見面，先是跟你一起走到公車站，然後是淚眼汪汪的戲劇性道別。我跳上飛往澳洲的第一班飛機，儘管航線較迂迴，但我想就算在五個不同機場過夜、好幾天都不能沖澡、不能躺下來睡覺都是值得的——只要能趕緊離開冰島，離開你。」

「你們想要來些甜點或是咖啡嗎？」服務生再次無預警地出現。我和湯姆相互看了一眼，搖搖頭，同時站了起來。

當我們走入夜色，摩天輪在頭頂上方聳立著，猶如發著磷光的圓。空氣裡傳來音樂聲，是從「米契爾的濱水啤酒廠」傳來的。濕滑笨重的大型洋傘下方的露天座位一片空蕩，不過俱樂部裡面倒是擠滿了人。

「是蘇格蘭和愛爾蘭式的酒吧！」我露出偌大的笑容說道：「裡面一定是嘰嘰喳喳熱鬧得很。」

「就像那裡面的多數人一樣。」湯姆一邊說，一邊饒有興味地往裡面看了一眼。「你覺得我們在這裡喝一杯如何？音樂可能不是現場演奏，但至少聽起來還不錯。」

「進去吧！」酒吧前後左右只見人們開心地各自聊天說笑。湯姆眼帶疑問地轉過來看著我。

我聳聳肩。「我跟你喝一樣的。」

他點點頭，轉回身看著酒保。我發現自己盯著他擱在桌上的手。古銅色肌膚上散布著金色汗毛。想到自己以前握過那雙手感覺挺怪異的，但我也曾用指甲刺過那雙手、咬過那些手指……

「拿去吧。」他遞給我一杯生啤酒時，我立即振作起來。我們相互說了些笑話，就好像抓著某個癢了許多天的東西一樣。能夠有一段時間談論跟那痛苦秘密無關的東西，感覺很棒，不對，是**非常必要**。從爭吵和疲倦中留下來的緊繃氣氛，導致的結果就是互相做蠢事。

「我們過去這幾天還真是好好反省了一番。」我不可置信地搖著頭說道。

「說得一點也沒錯。」湯姆把一隻手肘靠在吧檯上說道：「我們不是每天都有機會告訴別人自己的人生故事。」

我遲疑著，還是說了：「我們之間的過去影響了我在感情生活中，對親密關係和性的看法。不過我一直不敢問，你被影響到什麼程度。」

他驚訝地看著我。

「嗯，直到現在啦。」

他抬起了眉毛，意識到我是認真的。「性是如何……？」

「沒錯，我們的過去如何形塑了你生活的那部分。我不會假裝健康的性對一個人整體的幸福感沒有影響。愛情、安適、親密感，全部的事情。」

「我懂了。」他慢慢喝著啤酒給自己更多的時間，然後搖搖頭，不自在地說：「我不知道要怎麼回答……」

「少來了，史敦吉。我們一路老遠飛到南非，要探討一件嚴重影響我們生活的事情。也因為這件事涉及了性，它影響到生活那一方面也是很自然的。我不是要刺探你的性生活，我只是想要找出傷害的部分。」

湯姆看起來不是很確定，不斷轉動著手裡的玻璃杯。「幾年以前，我和我哥到一間酒吧去，一個戴著眼鏡的女孩找我們說話。她坐在我旁邊的高椅上，然後跌了下來。她說：『我煞到你了。』後來我們兩人到另一家酒吧去跳舞，幾次火熱的親吻之後，我們到了酒吧後面的小巷子裡。她在附近一輛車子的引擎蓋上躺下來，拉下裙子，我馬上感到很不自在，感覺……對不起她。彷彿自己再進一步就會佔她便宜似的，我吞吞吐吐地想要解釋為什麼無法繼續下去。她一開始似乎感到難堪，不過幸好，我們後來一起回到酒吧裡面。」

她可能只想享受短暫地性愛，我心裡分析著，不過真正的理由也可能更黑暗。「你知道嗎，如果有人在性方面很激進，很有可能被虐待或是性侵過？」

湯姆往下看著自己的手，臉上訕紅。「對，我在工作中學到了這一點，這就是為什麼我心裡的鬧鐘響了起來。我沒辦法忍受趁人脆弱時，佔便宜的想法。我必須一步一步來，非常小心。有時候，我會變得非常焦慮然後開始流汗。老實說，恐慌發作了。有好幾次我不得不在半途中停下來，也沒辦法解釋自己的臨時退縮。我的另一半必須引導我，我才不會誤解她想要的方式。」

我私下做了結論：**這樣子你就不會踩到別人的紅線，而發生需要負責的狀況了**。

湯姆呼了一口長氣。「唉，這星期的誠實相告還真是與眾不同。」他露出尷尬的笑容大聲說著。

「對我來說，最大的挑戰在於確認哪些是經歷暴力所造成的影響，哪些只是自己天性的一部分。」我告訴他：「有幾次，我在親密的情況下交出所有的控制權。或許我需要嘗試能否處理交出力量的情況，也或者我只是喜歡把決定權留給別人所帶來的自由感。我不知道是哪一個狀況，不過依然試著和自己的情緒保持連結，而不是像以前那樣完全切割開來。」

響亮的笑聲劃破了空氣，兩個二十歲左右的女孩在雨遮下抽著菸、說笑。湯姆往四周看了看，淡淡微笑。「老天，莎蒂絲，我不敢相信我們竟然在討論這種事。」

「敬我們勇敢的對話。」我帶著笑容說道，舉起了酒杯。「說到底，療癒就是放開『期望自己有較好一點的過去』，不是嗎？」我一口喝完杯子裡的酒，重重地擺回桌上。

「不過我今晚是喝夠了。」

「怎麼？有點醉了？」

「更糟，開始傷感了。我們去攔輛計程車吧。」

決定明天要睡晚一些之後，我們在麗池飯店前說了再見。當湯姆傳來簡訊告知安全抵達民宿時，我正靠在飯店房間的窗戶旁。我伸手找著電燈開關，關上了燈，這城市的燈火在下方延伸，就像一條閃爍的毯子。

那些記憶或許已從我心版上抹掉，但是我的皮膚因承載著秘密而發熱著。映在窗上的影像是一張報復的臉：這冷酷的生物一心想要那個令自己痛苦的人屈服。她輕聲咆哮，懶洋洋地伸展身體之後才迎上我的目光。**我舔著你的傷口**，她現出利爪時滿意地說著：**你以為現在有資格評斷我？**

我轉身不去看那幻影，從自己走過多少理解和耐性的經歷中得到安慰。報復用骨瘦如柴的手指抓住我的下巴，強迫我看著它。它嘶聲說著：**承認吧**。**你喜歡看到他不安扭動的樣子**。

你錯了。我厲聲頂回去：**這根本沒治癒到什麼東西**。

它咆哮著退回暗影裡去，身上的氣息徘徊不去，殘留物仍在我體內跳動，直到睡意終於把我推落邊緣，進入非洲夜晚的潛意識裡。

湯姆的日記

星期一

我把她在羅本島觀光巴士上說的那些慷慨激昂之詞，解讀為一道分界線、限制的聲明、對（自己在內的）男性的責難。我覺得自己應該要點頭附和，但內心裡是搖頭的。我非常清楚我們共有的歷史，以及我的做為是在更大的社會環境背景下發生的。我知道現實中的問題，也知道我們是這些恐怖的數據之一。我密集地研究過、讀過和思考過關於不平等的問題。

我在內心裡質問她：**她認為我真如此無知嗎？她不知道我的感覺嗎？**

有一會的時間裡，感覺像是自己被訓斥著，不自在的感覺就在這時開始了。某些事情在那輛觀光巴士裡改變了，也因而粉碎我本來預期會有的可能性，那股從瘋狂的希望中長出的念頭：在這星期裡，我可以從她眼裡再看到些許敬意。

即使在我最天馬行空的夢想裡都看不到的「原諒」兩字，自己也從來不敢妄想；但我無法否認自己希望用某種方法得到救贖，從那洞穴爬出來，讓莎蒂絲看見我是一個可以信任、體貼、有教養和身心平衡的人。

在渡輪上和餐廳的時候，我很想一股腦說出所有自己明白、感覺到和討厭的所有事情。走在充斥冷酷陰鬱不公義的羅本島上時，我想要告訴她，我同意、也能體會到她感受到的情緒。然而，我們之間裂開了一個無底的海灣，這突然多出的距離隔開了我們坐著的兩張椅子。

我感覺陽剛、蒼白、穿上「愚蠢」的外衣。

我是身體的殖民者，這是最讓我反感的事情。

我也震驚於自己又被打回強暴者的位置，或許是因為我對兩人的談話有所誤解，於是又回到錯誤的一邊。

當我無法為自己解釋時，整個人開始碎裂。眼角流出第一滴眼淚的那一刻，我站起來說要出去抽根菸。我拿了夾克，慢慢走進滂沱大雨之中，內心其實已在該死的奮力疾馳。

我驚慌地找尋字語。任何可以解釋清楚，又不至於羞辱莎蒂絲而搞砸這整個星期的詞彙。就在我抽完菸的時候，想起了她對我說過的話。**找到方法自我解嘲**。這正是我眼前需要的東西。我仍在疾跑著，前方還有很大的困難要努力，但是我需要回到那裡面，找到方法一笑置之。這感覺頗有……啟發性，也知道她值得我冷靜下來。我不確定我們能否弭平那裂縫，但是絕不能任它擴大。

幸好，我們不知怎麼地走了過來。我不知道自己是否把意思說得夠清楚，但她提議停戰，似乎為情況帶來了和平的轉機。我知道彼此間的動能已經傾斜，勢必會在記憶中記上一筆。她在多數時間裡都擔任著引領事情往前進的角色，在這次的旅程裡也一樣，我則是負責點著頭附議。從某個方面來說，我明白這是再自然不過的發展，因為她是發起人，而我早就等著道歉和交出控制權。

我很久以前也對自己承認了，她有點令人害怕。但如果我不同意她，我有自信挑戰她嗎？莎蒂絲非常聰穎，所以我對此有意見嗎？不，這跟這一點無關，而是跟模式有關：她是被指定的領導者，而我是溫順、沒有自信的追隨者。我期待雙方可以跳脫各自的角色、相互對話，而不需要擔心會失敗或是羞辱到對方。

我們後來去喝一杯的時候，她自己也說她只希望這一切會帶來好結果。這就是她一直以來所希望的。

歷經了所有的變化和轉折之後，我們來到了這裡。在全世界這麼多地方當中，我們選擇南非，盡我們所能去修補、改變過去的痛苦和選擇。

是的，從這當中一定得產生對我們兩人都好的結果。

撇開我們偶爾不平衡的動能，通信往來對我來說，一直都是自我探索的安全避難所。莎蒂絲會提問以及傾聽最困難的部分，工作就在那裡進行著，在那些彼此交換的畏縮、焦慮和探尋的電子郵件裡。

之後，也有較為輕鬆、光明的郵件。

我記得她第一次在信件最後寫上「保重，湯姆」的時刻，感覺意義很深遠，彷彿某些事已經達成了……有什麼從廢墟中建了起來，某些不是每對有創傷經驗的人能達成的事情。

我記得有次曾寫給莎蒂絲一段、頗有神啟意味的話：

「盡可能了解你的選擇，盡可能去修補、從中學習、幫助他人學到這教訓，絕不再犯，然後往前看、迎向未來。」

寫這段話的時候我一定很有自信，甚至是自負。現在，我知道自己沒有權利假設其他人需要或是想要接受幫助，我也沒有權利相信自己的話值得信任。

然而，我認為如果開始講述身為男人的特權，以及男性文化……等個人經驗，我會被排斥或是受到嚴重的批評。我也認為把自己描繪成一般男性的代表，會被眾人拒絕。但是，難道我就不想提出關於性別不平等的問題嗎？還有和女性感情關係的問題？難道我不想要在「確認問題」這一點上有所貢獻嗎？我一邊的耳朵聽見了「偽君子」，另一邊的耳朵則聽見了「共犯」。

我所知道的是，某個從我們兩人變形而出的東西，把我們不快的過去轉變成比這感覺更為巨大的事情。如果我們帶著輕鬆的心離開，卻仍然害怕討論它，等於就是向一路辛苦奮鬥要擺脫的「恐懼」投降了。質疑各種恐懼一直是我們的話題，但我想要讓這話題延續下去。我想要繼續討論，讓那圓圈擴大，是「討論」把我們領到了這裡。

來開普敦見莎蒂絲的想法，一開始把我搞得心煩意亂，像是想著能得到什麼結果、我說話不得不直視她的眼睛，以及如何解釋自己必須跟她見面的理由等等。但經過一些時間和思考之後，情況變得很清楚：即便這一開始是她提出來的想法，但我們兩人都需要這麼做。

我需要這個修補過去傷害機會，大聲說出當年的錯誤，而放手是迎向開闊未來的必要步驟。再也沒有其他方法可以把我帶到那一步去。雖然我們一直有電子郵件往返，卻一直未能拍板敲定承認過去。而且，我覺得要是能跟其他人分享這一切是相當有「人道精神」的事情。有時候，這責任被隨便塞到某個地方，或是被綁到沒關係的人身上。如果說我學到了某些事情，那便是**否認只帶來腐壞……反過來也一樣真實**。

或許，分享我們的過去正是扮演斷路器的角色，容許開放、非主流的對話從中產生。如果真能如此，我想就值得去面對更大的恐懼。

老天，湯姆，這真是了不起（也幾乎是崇高到不行）的抱負啊！先把這星期撐過去，看看感覺如何，或許還會覺得更輕鬆了些！

我很高興今晚有個「較自在」的晚餐對話。經過一天的震盪，能度過沒那麼嚴肅的場合感覺挺好的。我發現自己老是默想著沒那麼嚴肅的事情，持續分析之後，我覺得讓兩人的對話不要過於直接是明智的做法。

我們聊著酒，我心想她看起來好健康啊。整個人安好、眼神明亮，像是找到了生命平衡。我回想以前認識的莎蒂絲，注意到幾個明顯的對比：她不再抽菸抽個不停，髮色是自然的顏色，跟二〇〇〇年看到的黑色不同。她現在的衣服款式完全不同，彷彿這是她一貫的打扮。以往緊身到近乎放蕩的服裝，變成了簡單的紅色長外套，和她坐著的長椅很搭。

我記得她以往在酒吧會點伏特加，現在改成紅酒。她幾乎沒有刷毛膏，不過我記得她以前會畫上粗眼線和唇膏。她這星期穿著舒適的涼鞋，我不認為以前的莎蒂絲會穿這樣的鞋子。

她取得內心的平衡，連帶她和自己身體的關係也是如此。我非常清楚她花了多少心力去了解自己，也知道我們是如何學會對自己感到自在、自信。

再者，她現在是個成熟女性和媽媽了……時間幾乎過去十三年了。我知道自己會見到長大後的莎蒂絲，但也相信見到的會是同一個人。

第七天／

DAY SEVEN

二〇一三年四月二日

我的嘴渴得跟沙漠一樣。我在床上坐起來，立即又後悔了，宿醉像是老虎鉗一樣把我的頭狠狠夾住。**真該死！**我在那家蘇格蘭酒吧不是只喝了兩瓶啤酒嗎？老天，喝兩瓶啤酒和一杯紅酒就宿醉也太遜了吧？我記得以前是可以晚上贏得喝龍舌蘭比賽，隔天照樣像清新的雛菊到校園上課。**女孩啊，你已經遜掉了**。

我跌跌撞撞地下床，模糊地回想自己和湯姆設法修補昨天產生的爭執。儘管感覺很嚇人，卻強化了我們的任務：即便可能對在彼此內心發現的東西感到害怕，也不能別過頭去。**或許更重要的，是在我們自己內心裡的東西**。

沖澡的時候，水流沖過頭皮帶來了止痛的效果。我蹣跚爬回床上，心裡想著**早餐可以等一會再吃**，手機幾分鐘後就嗶嗶響起，聲音穿透我發脹的腦袋。訊息是以糟糕的冰島文寫成的：

> 嗨，我在上面，吃完了，看起來像汙物但我仍然……安慰以及有點……微笑。我要在沖澡裡，想著很快走到你。

這巧妙的錯誤翻譯讓我放聲大笑出來。不過，他還真是天才，竟然有辦法在這麼久之後用冰島文表達自己的意思，更何況他手機上的鍵盤甚至沒有冰島文呢。我回傳訊息：

這簡訊看起來的確是汙物。待會見。

我檢查電子信箱，看看有沒有得到「強暴危機開普敦信託機構」的回覆。這個非政府組織為曾被性侵的人提供服務，是我抵達南非之後說什麼都要參觀的地方。在啟程到南非之前，我曾在電子郵件裡對湯姆提到這件事，讓我驚訝的是，他想要跟我一起去，覺得這對於他在青少年庇護所的工作會很有幫助。

坦白說，我懷疑他真的準備好一起去一個性侵受害者聚集的地方，但我尊重他有這份心意。我回信說歡迎他一起同行，但一直到按下「發送」之後才陡然頓悟：**到時，那種似曾相識的感覺會有多超現實！**

但是「強暴危機」還沒有回覆，我拿起桌上型電話，撥了該組織在網路上公布的電話號碼。我半害羞半不自在地解釋，我在冰島出版過關於性別暴力的書，想要看看有無機會向「強暴危機」取經。對方建議我十二點以後再打電話過去找希拉麗小姐，我在紙上匆匆記下她的名字。

一小時之後，我和湯姆在大廳會合。我小心地在印花沙發上慢慢坐到他旁邊。

「嗨！」我咕噥著。

「你感覺如何？」

「跟濕答答的髒襪子一樣，你呢？」

「我好一些了。」他露出笑容說道。

我們已經習慣在參觀開普敦各處時，談談各自的生活，因此決定再到桌山遊逛一番。小小的紀念品店裡，奈吉爾坐在辦公桌後方，整個人一如以往地整潔乾淨。他看到我的時候面露喜色，急忙站起來。

「我找到你的樹了！」他帶著勝利的笑容這麼說。

我根本不曉得他在說什麼，不過奈吉爾開心地繼續說著：「在南非這裡叫做顛倒樹。這就是為什麼你問我麵包樹的時候，我聽不懂的原因。那叫做顛倒樹！」他一派熱心地微笑著，等待我的反應。

我瞪著他看，他說的話我一個字都沒聽懂。從湯姆的表情看來，他跟我一樣吃驚。

「我的樹？」

「是啊，你在找的麵包樹。」奈吉爾回答，整個人興奮地到極點了。「我打給一位園丁朋友，是他告訴我的。那在植物園裡！」

我還是如墮入五里霧中。

「你一定把我跟別人弄混了，我沒有問你任何樹的事情呀。」我以試探的口吻告訴他。他臉上散發出來的純粹喜悅，讓我真希望自己就是他說的那個女人。

他面露尷尬的笑容，端詳著我們的臉，彷彿我們在捉弄他。「你確定嗎？」

「是的，我很確定沒有問過你一棵樹——」

「她那時是穿睡衣，然後這樣子？」湯姆問道，像夢遊的人一般伸出雙手。他自己還笑了出來。

奈吉爾禮貌地笑了笑之後，才轉過來一臉嚴肅的對著我。「那棵樹在科斯坦伯斯的國家植物園裡。藍線巴士會帶你到那裡去。」他把巴士行程表拿給我。

我的笑容僵住了，接過他手裡的巴士行程表時，我的全身一陣刺癢。「謝謝你，奈吉爾。」

他幫我們打電話到桌山去，問問今天有沒有開放纜車，不過電話忙線中。我們謝過他的幫助，他朝我們揮揮手，高興自己能幫上忙。「我希望你會喜歡你的樹。」他大聲喊著。

「哇，那也太詭異了。」我們走出去站到陽光下時，湯姆這麼說：「但至少你找到你的樹了！」

「或許我注定該到那裡去。」我雖然以輕鬆的口吻回答，每個字卻是出自真心的。

我們朝巴士站牌走去，希望能搭上到桌山山頂的公車。湯姆轉過來對我說：「我希望這時身上有iPod。這樣等我們到了那裡，我就可以放一首歌給你聽，叫做〈無依無靠的地球〉。」

「誰唱的？」

「一個叫『草藥商』的團體。我聽那首歌的時候，會產生強烈到近乎是超自然的心靈體驗。我有次爬上溫哥華市外一座山頂之後聽這首歌，兩眼望出去杳無人跡，我讚嘆著眼前白雪覆蓋山頭的絕倫景致。如此超現實，如此震撼，我還記得那時候這首歌一路爬升上來，讓我整個身體一陣刺癢。」他朝海灘比了手勢，說：「等一下，我要在這裡停一會。」

「去吧。」我說著，在沙地上坐下來，湯姆則是涉水前進。感謝老天，我的宿醉慢慢退去了。太陽從朦朧的雲層背後探出頭，這是我來到南非第一次可以脫下開襟外套，享受穿著背心四處走動的滋味，這對冰島人的我來說可是一件開心的事。

突然間，我感覺到有人在看著我們，發現大約五十公尺以外有四個男人一臉嚴肅地密切注視著我們。

「我們走吧。」我把後背包甩過肩膀說道。湯姆點點頭，兩人加快了腳步，等再度回到大街上，綠角燈塔以鮮豔的油漆線條迎接我們。

「說到溫哥華，你知道我在加拿大時是怎麼從網咖寫信給你的嗎？」湯姆說：「我在那裡待了三年，二〇〇七到二〇一〇年，四處為家卻很棒的三年。一開始，我和我哥在山裡住了一個冬天，過著喜歡滑雪板的人的夢幻生活。我們打過各種零工，不是睡在貨車裡就是借住朋友家。一年變成兩年，溫哥華深深吸引了我，後來我的青少年社工證書讓自己得以獲准長期留下來。

「那間多元型態學校的工作讓我穩定下來，我很喜歡跟孩子和年輕人一起做事。和有複雜需求的孩子在一起，對我來說是新鮮的體驗，他們當中有些人因為自閉症而無法用口語溝通。但這是一對一的工作，因此時間很密集，建立起來的關係也相當了不起。在那裡做事是我做過最具挑戰的工作，但也是我最重視的工作。」

我們站在公車站牌旁，湯姆脫下背包，擱在地上。「說到工作，我去年接受了個案管理的短期訓練課程，那真的非常實用，會處理到很多職場中的真實情況。他們徵求一位男性志工加入這樣的訓練課程。我現在有個習慣，只要有人需要志工，就會火速舉起手來。這多次幫助我在群體中建立自信，但有時候也會做出非常愚蠢的事情。」

「噢，我可以想像這故事接下來的發展。」

湯姆搖搖頭。「你等會就知道了。有一次，我要扮演的角色讓我噁心到骨子裡。我必須扮演尼爾，他是一個老愛揍妻子的男人。這個男人相信用暴力對待妻子是名正言順的，就因為她踩到他的痛處，害得他『失去控制』才『猛烈攻擊她』。」

這番話讓我畏縮了一下。

「總之，我拿到劇本，然後在大約三十名觀眾面前，演了大約十五分鐘的戲。我扮演的尼爾很成功，不過也被自己可以充分理解他的立場這件事給嚇到了。很多人說，我演得『很逼真』，以及『你應該去演戲』，我對這些評論感到洩氣。也感覺到自己扮演的是很孰悉的自大、自私、憤怒的偏執澳洲男性，因此演到半途的時候我慌了，覺得很可能揭露內心暴力和邪惡的一面。我聽見自己唸著對白，合理化自己的暴力、產生戒心，否認暴力帶來的任何責任，宣稱會失控是因為妻子把我惹火了，這都是她的錯。說什麼沒有辦法控制自己的情緒，或者是別人『逼我這麼做的』很明顯是幼稚的屁話！」

「簡直就是腦殘！」我脫口說出。

「對吧？事後我的狀況有點糟。」

「但是湯姆，每個人心裡的確都有暴力潛伏著，我也可以想像出會讓我扣下扳機的情況。事實上，你能成功扮演那角色並不代表就是個壞人，這只表示你能清楚分辨出自己暴力和不暴力的部分。我倒認為這是一件好事。」

「這項練習帶出我心裡一些問題。我那一晚對你感到憤怒嗎？因為我得去洗手間照顧你，這是否讓我感到沒有選擇，對這項責任生氣？這類問題讓我感到噁心。我之前是不是轉到自私的一面，完全忘記考量別人，並像尼爾一樣爆發出來？我那晚是不是毫無根據地把責任歸咎到你身上？儘管想到就很反感，但我需要大聲公開這些想法。」他想把這件事不加遮掩說出來的意願，可從他臉上坦蕩誠實的表情一覽無遺。**這令人振奮**，我把這記下來，**也非屬必要**。

「湯姆，這對我來說沒有差別。我們談過『理解』對於『原諒』來說相當關鍵，它們甚至是相輔相成、合而為一的。不過我已理解得夠多了，對我來說，放手的時候到了。」

一輛寫著「紅線」的巴士飛快地從轉角開過來，在人行道邊緣停下來。我們登上巴士，在上層車廂找到了座位。

「我要謝謝你……昨晚表現出的信任。」我告訴他。

「彼此彼此。」

「這個嘛，我並沒有分享太多……當下的主題。」我低下聲音說著，注意到坐在我們前面的年輕人並沒有戴上耳機。「親密關係以前對我來說是地雷區。我有好幾年的時間在做愛時會把情緒抽開來，把它變成別的東西。有一陣子，我甚至對性快感產生過敏反應，還去做了各式各樣的醫學檢測。那些治療我的健康照護專家對於性暴力，以及它對倖存者的影響似乎沒什麼概念，弄得我不知道什麼是因，什麼才是果，哪些屬於生理狀況，哪些是情緒狀況。」我別過頭去，加了一句：「我想要說的是，要不是你是我的第一次……我永遠不會知道性行為應該是要怎樣進行和發展的。」

他莊重地點了頭。我在他的太陽眼鏡上看見自己的倒影，思考著在被侵犯的七千二百秒裡，是如何靠著把情感和身體分開來，才能保持理智不崩潰，以及這生存策略造成後來我在進行親密接觸時，習慣讓心智脫離身體的感受。

這些思緒很敏感，我很感激他能靜靜傾聽著。我生活的這部分太過脆弱，沒辦法承受他任何話語的重量。

突然間，他看向桌山皺起了眉頭。

「我想，纜車關起來了。」

我瞇著眼睛，但是沒辦法看清楚。「你怎麼知道？」

「它沒有在移動。」他用一隻手擋住陽光，凝視著山脈好一會時間。「沒錯，它看起來是關閉了。」

我很快就釋懷，說：「沒關係啦。反正，我跟一棵樹還有約。」

「一點也沒錯。」他笑得一臉燦爛地說道：「那是在『藍線』。走吧，我們得在下一站下車再換車。」

結果下一站位處鬧哄哄的市中心，跟我們在聖週五體驗到的鬼城有天壤之別，空氣還真因為這喧鬧的活力震動著呢。提著公事包、穿西裝的男人趕著到重要地方去，因此大步避開高舉相機的觀光客。成串的笑聲從肯德基灑出來，開普敦聞起來就像是「得來速」的味道，油炸肉的氣味跟汽車排放出的氣體難以區分。

「現在感覺終於像個城市了。」湯姆興奮地說，然後誇張地往四周瞧著：「聽見了嗎？！有人在唱歌耶！」

我閉上眼睛，沉浸在都會的刺耳和嘈雜。**開普敦，你總算出現了啊。很高興終於認識你。**

湯姆先是研究了一會地圖，再讀著附近的街道標誌，試著找出搭乘藍線的最近公車站在哪裡。我們在一個陽光燦爛的繁忙十字路口上停下來。

「湯姆？」

「怎麼了？」

「十點鐘方向。」我謹慎地用頭示意，朝一輛正在等紅燈的小貨車點了點頭。湯姆打量著駕駛人，那是個戴頂棒球帽的瘦皮猴。對方已搖下車窗，目光盯著我不放。

「那個在打量你的傢伙？」湯姆問著。

「我想是吧，如果事實真是這樣的話。」

「還真是明目張膽。」

「我的感覺就是如此。」

「太驚人了，他根本沒打算低調一點。」

「沒有！」

「還一副好整以暇的態度。」

「他還在看我嗎？」我問，自己的目光則是鎖定鄰近一棵棕櫚樹。

「沒錯。」

終於，綠燈亮了起來，我們夾在一大群行人中過了馬路。貨車司機也匆忙離開，留下橡皮輪胎的燒焦刺鼻味。在他色瞇瞇的猛瞧不放之後，我感覺跟光著身體沒兩樣，毫無隱私。我看著湯姆在身旁漫步前進，無憂無慮。女人以近乎猥褻的姿態盯著他不放的可能性幾乎是零，就算這不可能的事情真的發生了，他感覺備受威脅的機會應也是微乎其微。性別觀點的基本差異會永遠將我們區隔開來。

他在一座閃亮的塔樓對面停下來，燈塔窗戶擦拭得晶亮，柱子漆上金色。「我們應該在這裡轉彎。」他邊說邊看向旁邊一條街。

「但首先，我要到這裡面去瞧瞧。」我回答，指著街角一間珠寶店。禮貌地朝監視攝影機笑了笑之後，我們按下電鈴穿過兩道堅固的門，上頭有鋼條和電子鎖。一位戴著頭巾的嬌小女子歡迎我們進入這座堡壘。

「我能為你服務嗎？」她的臉很精緻，幾乎像個小孩。我解釋自己在找結婚戒指，她用鑰匙打開了一個又一個的櫃子，拉出裝滿戒指的托盤，擺在我面前。她顯得有點害羞，纖長的手指從一個戒指飄動到另一個戒指，就跟小時候卡通裡長了翅膀的仙子一樣。

「這一只。」我指著一個有蛇皮花紋的男戒說道。框住銀色蛇皮的是上下各一的細金環，整體看起來優雅時髦，維狄爾會喜歡的。我們很久以前就決定結婚戒指不需要配成對，也不需要在同家店購買，因為重要的是，我們能喜歡到願意終生戴著。

她輕笑了幾聲。「小姐，很棒的選擇呢。」

「你介意我拍張照片嗎？」

「沒問題。」她把戒指拿給我。

我把它套進拇指上，拿出手機，照了張相，寄給維狄爾。

「婚禮在什麼時候呢？」她微笑問著湯姆，他正在一個玻璃櫃前欣賞戒指。

「什麼？」他困惑地問：「我們？」

糟了，我怎麼事先沒想到這一幕？「我們沒有要結婚。」我快速回答：「我的意思是，我不是跟他結婚。」

「我短時間內還不會定下來。」湯姆親切地笑著回答：「有件小事要解決，得先找到女朋友。」

「謝謝你讓我們看戒指。」我急忙對這小姐說：「我們可能晚一點再回來。」

等我們再度回到街上，我轉過來看著湯姆：「抱歉！我早該想到剛才那一幕給人感覺，畢竟是你跟我一起到裡面買東西。」

「別擔心。」

我瞥見街道再往下的地方有咖啡杯的標誌。「來吧，喝咖啡的時間到了。」

出乎意料的是，那不是咖啡館而是旅遊中心。巨大的流線型服務櫃台後方是一面白牆，上面用八種語言寫出「歡迎光臨」。每個地方看過去都有觸控螢幕，一切非常新穎、潔白和易於使用，感覺像來到蘋果專賣店。

我看了時鐘，發現應該打給「強暴危機」的希拉麗了，公共電話就在旅客服務中心後面。希拉麗的聲音相當年輕平和，她為沒回覆我的電子郵件而道歉。「不過我們很歡迎你明天早上過來拜訪我們。九點半如何？」

「很好。」我回答，興奮得要跳起來。「我正跟一位在澳洲青年遊民庇護所工作的人旅行，他也對你們的工作非常有興趣。他可以一道過去嗎？」

「當然可以。」

在掛上電話之前，我稱讚了她溫暖親切的南非口音。過去幾天裡跟湯姆針鋒相對的事情耗掉我很多心思，一時也忘了這項重要的參訪任務。

我看向四周，看見湯姆戴著一副耳機，聽著服務中心的紀念品店裡的CD。

「你明天可以跟我一起去『強暴危機』見希拉麗。」老實說，我還是懷疑他真的願意一道過去，不過我還是先配合一下。

「酷！你是……呃……怎麼跟她介紹我的？」

「你知道的，」我聳聳肩回答：「就事實呀。」

「什麼？」

「就說你在青年庇護所工作，覺得可以了解他們做的事情、有些領悟是非常寶貴的經驗。」

他大大地鬆了一口氣。「哇，當你說告訴她事實時，我差一點就心臟病發了。」

我這下子才突然明白他的意思。「你是指**那一件**事實？沒有，我才沒有告訴她那件事。」

「我放心多了。」他嘆了口氣說道。雖然嘲笑他剛才的恐懼有點壞，但我還是大聲笑了出來：告訴一個女人，湯姆強暴了我，而她的工作就正是幫助性侵害的存活者？不過這當中還是有莫名的滿足感，彷彿這笑聲可以某種方式降低緊繃的氣氛似的。有多少淚水為了這件事灑落下來啊。

我們離開旅客服務中心，穿過街道到巴士站牌去。幾秒鐘不到，一台紅色的龐然巨物在行人道邊緣停下來，我們走到上層車廂坐下來時，手機響了起來。

很棒的戒指，我們買下來吧。愛你。維狄爾

我感覺像是爬上摩天大樓，從頂樓往下大喊著為心愛的男人找到了結婚戒指，還有，我正要去見那棵屬於我的樹，陪伴在旁的是一起證明癒合力量的好夥伴。我本來就預期這趟旅程會有各種跌宕的情緒，但是傻氣的開心肯定不在這當中。

「我可以……？」湯姆問的時候，順手拿下我鼻樑上的太陽眼鏡。他用袖子把它擦乾淨，才又還給我，那動作自然平凡但又很親密，使得我說不出話來。

「我非常喜歡太陽眼鏡，但沒辦法忍受看見它們有汙痕。」他解釋：「我一位前女友戴眼鏡。她很可愛、嫻靜而且慷慨大方，是少數能讓我敞開心房的女人之一。我們之間的關係縫縫補補的，我想她明白我有許多難言之隱，但仍然堅持要和我在一起。我只記得她耐心十足和真誠的模樣。

「有次在親熱時，我突然驚慌、流汗，但她只是抓住我，要持續深呼吸度過那階段。她真的付出很多，也很了解我，但我不斷編出各種藉口，淡出那段安全的感情。後來反省時，覺得由於自己的態度，使她對我也多所保留。我那時候非常魯莽輕率，算不上穩定。我抽大麻，沉溺於逃避現實，有一陣子過著居無定所、四處遊歷的生活。」

我的心思回到自己流浪四方的時期：從一個雜誌專欄作家到劇作家、圖書館員、翻譯、演員、文案、新聞記者、政府雇員、製作人、大眾演說者、導演，以及全職的作家。這還不包括我當過酒保、汽車業務和康康舞者的時間。

湯姆的表情抑鬱不樂。「我很清楚無法再包庇或隱藏這重擔。」短暫停頓之後，他繼續說話：「我以為自己可以在一段感情關係裡付出足夠的愛，但最近才有辦法承認，自己還不到那程度。我伸出了一隻手，但同時間另一隻手還拖著身後沉重的回憶。我需要放手讓它離開。透過一些力量、復原力以及你的原諒和理解，我可以戰勝這一切，我也需要這場戰役來持續懺悔。不過，我也在浪費美好的生命，死抱著一根巨棒不放，只要一犯錯就用它揍自己一頓。這一次我決定不再有任何藉口。」

「我其實也是如此。」我承認說道：「靜止不動的感覺很危險，會招來太多自我反省。我也同樣從穩定關愛的情況出走，一直到今天，我從來沒有在同一個地方生活超過五年。而我的履歷……看起來就像是在玩職業版的賓果。」

他露出淡淡笑容。「我們還真是遊民哥倆好啊？我有過兩輛可以在後面『露營』的車，也喜歡到任何想去的地方的那種自由。我曾在零下七度睡在大型垃圾車後方的紙箱下面，我也曾在亞伯達鑽油井一段時間，後來因為該死的預算問題，身無分文地回到城市裡。我還記得自嘲了一會，穿上所有衣服，試著在雪堆裡入睡。我對金錢從來就沒興趣，也從沒學會存錢的技巧。我很快就了解一項事實，自己不是朝九晚五上班、揹貸款、趕緊成家那種類型的人，不過我對他們是很尊敬的。」

我好奇我們的自我形象，有多少是受到那場強暴而塑造出來的。如果那件事沒發生，我們會過著比較傳統的生活，不會染上流浪癖嗎？我也在思量讓湯姆人生故事變得豐富的那種自由和無懼，並忍不住歸因於性別的緣故。我很少認識女人想到要在大垃圾車後面過夜會覺得好笑的，因為她們會擔心自己被攻擊或是強暴。再一次，不管我有多願意面對自己的恐懼，我和湯姆要面對的永遠都會是不同的難題。**如今這是一項值得的挑戰，**我對自己微笑想著，**完全改變這可能性。誰敢說身為女人就一定表示會害怕呢？**

公車沿著我們沒到過的街道蜿蜒前進。我們駛上了高速公路，周圍全是高聳入天的大樹。我們來到桌山的另一側，也就是城市所看不到的「後山」。這座山的美是粗曠嚴峻的：陡峭的多樹懸崖，雲朵像發泡奶油般棲息在山巔。

巴士停在一座乾淨的停車場裡，前方是一間有稻草屋頂的售票亭。穿過旋轉柵門之後，我們進入了科斯坦伯斯：開普敦的植物園。我們腳下是石子鋪面的道路，蜿蜒穿過各式花園，空氣彌漫著鳥鳴聲和低聲細語的樹頂華蓋。

「真是壯觀……」我看著一株像是獅鬃的巨大仙人掌，忍不住喃喃說道。一路徑突然轉向右側，當花園在我們眼前華麗氣派地展開時，我敬畏地屏住氣息。一條小溪流過閃閃發光的茂盛草坪，光著腳的孩子們在小溪裡費力前進，笑鬧著彼此相互潑水。花床向四面八方蔓延，填滿當中的是各種盛開的花朵。輕柔的木琴音樂在空中悠揚，而鳥兒則是在草間闊步走動。被高長野草圍繞的湖面，反射出空靈高山絕景，偶然乍現的光線穿透雲層，傾瀉在蓊鬱的山腰。這種美景真簡直就是令人入神。

「這氣味……」片刻的沉默之後，我呼了一口氣。

「沒錯，」湯姆也讚嘆地說著：「非常濃郁……」

「……非常富饒。」

湯姆脫下鞋子光著腳走在草坪上，青草柔軟蓬鬆有如苔蘚。那顏色如此翠綠多汁，彷彿可以直接飲它入喉。我則是停下了腳步，凝視著前方永遠不會忘懷的景色：一棵橡樹挺立在翠綠草坪外圍，粗壯莖幹的枝幹往上伸出十五公尺的高度伸到天空裡，樹頂華蓋在雲層間繪出深色的輪廓，傲然地統御周遭較為低矮的植物。桌山陡坡上的霧氣更為這背景增添了太古之美。

「這裡就是天堂。」我呢喃而語。

湯姆也停下腳步。兩人懷著敬畏之心，讚嘆眼前的橡樹和它的王國，窮盡目光盡可能看得更遠。

「湯姆？」

「嗯？」

「你曾吃過『知善惡樹』的果子嗎？（譯注：典故出自《聖經》，亞當和夏娃違反上帝的命令，吃下知善惡樹的果子，因此被逐出伊甸園。基督教認為這是人類所有罪惡的開端）」

他別過頭去，等彼此視線再次相接時，他的靈魂大喇喇地敞開著，讓我嚇了一跳。

「有，我有一次吃了一口。」他輕聲說道。

我知道他的意思。**我也在那裡**。

突然間，太陽穿過山頂上的雲層，金色陽光灑在我們身上。我的雙腳頹然塌倒，眼淚開始從臉頰滑落，我的心彷彿一顆氣球飛出胸膛。

湯姆在我身旁坐下來，憂慮的眼神帶著詢問的意味。

「好安全。」我從緊縮的喉嚨間輕聲說話：「我一直到現在才有真正安全的感覺。這地方好神聖，就像回到家一樣。」

他在崇敬的靜默中點頭。我任淚水盡情落下來，直到心再次回到心房中。我在這一刻明白了，**這才是適合的地方**。

我伸手到背包裡，石頭平滑冰涼。「我想，是時候了。」

他嚥了嚥口水。我拉起他的手時，兩人目光凝住不放，我把石塊放進他手裡，再闔上他的手指。他急促地吸氣，開始啜泣。我把自己的手放在他緊閉的拳頭上，他另一隻手放上我的手上護攏，將過往的核心緊緊封住。

在我內心，一切事物都落入沉靜。我花了一點時間才習慣那昏暗，接著看見一幅隱約卻熟悉的景象：那扇門。我聽見悶悶的呻吟聲伴隨著穩定的吱吱聲從鑰匙孔滲出來。

這是自己第一千遍，
壓住白色的塑膠門把，
聞到酒精和嘔吐的惡臭，
從窗外街燈照進來的朦朧燈光幾乎無法辨認出床鋪的位置。
那青少年的背部拱在女孩的上方。
她的臉被他的金髮覆蓋住。
這是第一千遍站在床邊，
看著湯姆強暴我。
他的雙拳深入我身體兩側的床墊，
我的頭無力地垂掛在床鋪邊緣。
聽著他的重量反覆撞進我體內時發出的聲音，
以及床柱撞上牆壁的金屬砰砰聲。
這是第一千遍，

注意到牆上的青少年海報、
裝飾著床鋪的填充玩偶，
以及代表童年的一切東西，跟眼下發生的事形成殘酷的對照。
我面對著站在床腳旁的守護天使們——這些我讓她們一個接一個進入這間臥室、知道真相的密友們。儘管沉默，她們忠誠地站在床邊，帶給我力量。當我說完故事時，迎上了一位朋友的目光，她沒出聲但全心全意擁抱住我。
這是自己第一千遍，
轉過去面對床鋪。
也是自己第一次，
阻止了湯姆。
這是他第一次，
翻過身離開我，坐起來。
我用強而有力的雙手撐住自己，在床上坐起來。我抹去臉頰上的淚水、兩腿間的鮮血，再幫昔日的自己換上乾淨的睡衣。我捧起她的臉，立下了誓言：
你永遠都不需要再數著那些分分秒秒了。
然後，我打開門。
守護天使們先行離開，一個接著一個，噗噗地撲動著背上的翅膀。

湯姆站了起來。他踩著堅定的大步離開房間，不曾回頭望。

最後，只剩下我。

準備好了嗎？我問自己。

一等到離開心靈之眼內的房間，我鬆開了湯姆的手。我的手指如荷花緩緩張開，現出了他緊握的拳頭。我睜開眼睛之後，湯姆的兩頰全是滴淌的淚水。

我微笑了。

我微笑是因為南非的陽光曬在皮膚上的溫熱。

我微笑是因為知道這一刻標記了自己生命新篇章的開始。**我清空了房間。我做到了！**

接著，我的笑容擴大了，因為突然間彷彿是神力的介入一般，一頭巨大的非洲火雞就站在我身旁。牠的頭是鮮藍色，紅色的皮囊垂掛在嘴喙下方，深色的點狀羽毛蓋住健壯的身體——這身形似乎與光禿的頭簡直不成比例。牠眨眨眼，嚴峻地審視我們。我往上看向天空裡的編劇，贊同地點著頭。**如此的轉折正好。事情發展變得太灑狗血了，我們需要一些搞笑來調劑一下，例如像是可愛的火雞。**我自己寫劇本都沒法寫這麼好。

湯姆眨了眨眼注視著這大鳥，同時用手背抹去臉頰上的淚水。「那些羽毛沒能蓋住牠們的頭真是不公平啊。」他咕噥著。

火雞邪惡地看了他一眼，試著攫住湯姆剛點燃的香菸。

「你對牠說那樣的話，就該知道會有這種下場的。」在湯姆抵擋火雞的攻擊時，我指出了這一點。這隻大鳥憤怒地猛啄湯姆的大腿，然後再次嘗試抓住香菸。「更厲害的是，牠不想要你汙染天堂裡的空氣呢，看見沒？」

我在後背包裡翻找到一包堅果。「好朋友，你餓了嗎？」這大鳥一點都不浪費時間，一口口嚼下我撒在附近草地的堅果。我心虛地對著湯姆大笑：「你不覺得這可能違反了植物園規則嗎？餵食動物？」

「如果是自我防衛的話，應該就沒關係了。」他也笑著回答。

囫圇吞下了堅果之後，這位新朋友輕蔑地看著我們，短暫考慮之後，牠把龐大無比的屁股轉向我們，搖搖擺擺地走開了。這場偶遇激發出的笑聲是最令人開心的事情，然後我轉身面對湯姆，謹慎地找尋措辭。

「我本來是計劃在羅本島把石頭還給你的。在我心裡，把石頭留在監獄島上有其象徵意義，讓我們可以自由地轉身離開，但後來我們……變得有些……不愉快，因此改變了心意。不過那不是唯一的理由，而是覺得我們的故事值得更好的結局，不應該在一個忍受痛苦和沒有公平正義的地方結束。而是應該要在這裡，在天堂裡結束。」

他明顯得深受感動，點了一下頭表示同意。「在顛倒樹的根源。」

「好主意。現在讓我們去找那棵樹吧。」

在我們漫步深入大自然之前，湯姆必須上洗手間，因此我們走下一條小徑，前往有稻草屋頂的餐廳。我輕聲咯咯笑出來。

「怎麼了？」

「沒事。我只是很開心。不知怎麼的，整個人輕鬆多了。」

「我懂你的意思，就像是胸口裡有顆氣球。」湯姆說道。我的腳步陡然頓住。

「怎麼了？」他再次好奇問道。

「沒事……只是……我幾分鐘之前跟你有一模一樣的想法。」我含糊說著。**怎麼這麼湊巧啊？**當他走入洗手間不見之後我尋思自問：**我們在進行的對抗工作，難道會召來心智劇烈的接合，弄得彼此的思想也融合了嗎？**

突然間，我身旁有個愉悅的聲音冒出來：「你應該做一下臉部彩繪唷。」聲音的主人是個喜洋洋的光頭男子，穿著卡其色襯衫，胸口上繡了餐廳的名稱。他指向一位穿著連身裙、戴著頭飾的女人，她就站在餐廳的入口處。她面前有三個小孩不耐煩地等著讓自己的臉龐成為藝術作品。

「不了，沒關係。」我告訴這男子。照等待的隊伍看來，九歲以下的小孩才會覺得臉部彩繪是相當酷的一件事。

這男子像是沒聽到我說的話：「幫她畫個很棒的吧。」他告訴那女人，急切地指著我。由於不想要拒絕當地人展現的人情味，我拖著不情願的腳步走到隊伍後面去。

等湯姆回來的時候，我額頭上的白圓點一點一點地直連到左臉頰。象徵蝴蝶的小符號裝飾著我雙眼的眼角邊。

「你也要嗎？」那女人問湯姆。我開始懷疑她早上大概享受了幾口大麻煙。

湯姆的臉發了光地亮起來。「當然好，你可以畫些跟水有關聯的東西嗎？」她給湯姆一個嗨茫的微笑，開始在他的右眼周圍畫上線條。等我們回到前往花園的小徑時，他一臉期盼地問道：「她畫了什麼？會讓你聯想到水嗎？」

「不會。」

「一點都不會？」

「一隻腳丫會讓你想到水嗎？」

「她畫了一隻腳丫？」他訝異地問。

「不要動，你把腳丫全弄皺了。」我指著他的額頭說道。

「她看起來的確有點……嗨茫的樣子，對吧？」

「你是指她嗨翻了的腦袋就跟風箏一樣嗎？」

前往大橡樹的路上，花園的美麗讓我們安靜下來。每一步都把我們更拉近那棵巨樹，我胃裡刺痛的感覺更強烈，不過我知道這不是因為顛倒樹的關係。等我們見到這棵樹，我把一隻手放在粗壯的樹幹，抬頭極目望向樹頂。同時間，湯姆彎下腰撿起了一顆毬果。

「它有很多小孩躺在這裡呢。」他指著橡樹說道。

我從他攤開的手掌拿走了那顆毬果。「母親樹。」

他也同意地說：「母親樹。」他指著前方小徑上一個正在小心塗抹泥漿的男子，補了一句：「或許那個人知道怎麼指引我們？」

「顛倒樹？」他重述湯姆的問話，站起身來抹去額上的汗珠。「啊，沒錯，就在那前面，在溫室裡。你不可能錯過的。」

我的本能是遵從他的指示，直接走下小徑去找那座溫室，哪管在那下面的到底是什麼。

「你介意我們先繞到上面，看一眼那棵樹嗎？」湯姆問我，手指著通往那壯觀的樹頂華蓋的小徑；龐大華蓋的氣勢壓頂，遮住了前方山腰其他的簇葉。「我一定得看看那一棵擁有那氣派華蓋的樹。」

我們得非常非常樂觀才會認為能在諾大的森林裡，找到這一棵特別的樹，不過既然整趟旅程是信念往前大躍進的結果，因此我沒說話，跟著湯姆走上了小徑。

「這一邊。」他一邊說，一邊指著通向森林深處的路。眼前的場景感覺像極了《愛麗絲夢遊仙境》：小路橫過一座小水塘，綠色水面反射了其上的雕刻木橋，一座長椅由上而下看著水塘，擠在木板之間長出的是細小樹枝和蘆葦。陽光從一簇簇葉子間滲進來，在樹幹上匯集了點點光圈，一棵歪斜的樹繞著眼前的風景形成了彎曲的畫框。我腳底下的土壤正呼吸著。

我們浸淫在美景中好一會兒，然後我率先走過木橋，我們的重量壓得木橋嘎吱響。小徑在樹木之間左彎右拐地前進，突然間，湯姆停下來。他往上瞧，瞇起眼睛擋住太陽光。他目瞪口呆地說：「莎蒂絲，那不是一棵樹。」

我抬頭往上看。在我們頭頂高處，樹幹彼此交錯纏成禱告中的手指。

「那是一整群的樹。」他輕聲說著。

這壯觀的華蓋是通力合作的結果。讓我更加驚異的是，這些並不是落葉樹，而是伸入空中二十公尺高的常綠樹。

「你瞧，它們不斷被修剪，卻還是往同樣的方向生長。了不起！」他喃喃說道。

我端詳著頭頂上方的大自然傑作，記起自己說過性暴力不僅影響倖存者，也影響了關心他們的人。要克服困難，整個團體就必須往同一個方向生長，修剪錯誤的觀念，再會合眾人的努力。

我們都沒開口說話。風攪動著枝椏譜成安靜的歌，我所有的感知全打開來，一點一點的，這森林令我著迷，湯姆似乎也跟我一樣入迷。他坐下來，背靠在一棵樹幹上，我則在另一側坐下來。我化身為千足蟲，攀爬過彩色的樹皮，這棵樹的粗皮被各種彎曲的棕、橘、灰和白弧線裝飾，就像是腳印一般。

不知道坐了多久我們才站起身來，往回走上前往顛倒樹的小徑。我的心境安寧平靜，不知怎麼的，只牢記著「一切都落入正確位置」的想法。

我們穿過園區這段路是無聲的歷險。一隻埃及鵝帶著三隻鵝寶寶在有細高蘆葦遮蔽的湖面上悠遊，穿梭在睡蓮之間。優雅的雕像挺立於當中，其中一座是母親正搖著搖籃裡的嬰兒。她長長的身軀圍繞著嬰兒，結繩項鍊圍在脖子上，嘴唇上有一抹微笑。突然間，一道光線突破厚厚的樹頂華蓋，照亮了雕像，彷如舞台上的演員。

剛才那些已讓人印象深刻了，我對著天上的編劇說，**祢現在這樣就是炫耀了唷！**

「這邊。」湯姆說。我們站在一間玻璃屋頂的建築物前方。我跟在他後頭穿過門時，心臟怦怦猛跳著。

我第一樣發現是，這是螺旋狀的空間。數千種植物形成的花床圍繞著一株巨大的樹，形成近似祈禱者圍成的圓圈，正中央的樹則像圖騰柱一樣巍然聳立。這棵樹大約十公尺高，幾乎要觸到玻璃天花板了，其他的植物則多由較矮的植被、仙人掌、灌木叢組成。

這該不會就是……？

這整個空間是圓柱型，你可以往左或是往右走。湯姆往右邊走去，而我自動往左邊前進，好幾千張塑膠標誌突出地面，上面以拉丁文寫著每一種植物的名稱。有那麼一刻，我對眼前的一切感到十分震撼。自己到底要怎麼在這萬千種植物裡找到顛倒樹啊？我甚至不知道它長什麼模樣呢。

「莎蒂絲，到這來！」湯姆突然大喊著。

「你找到了？」我趕緊到他那邊去。

他站在一個玻璃大標誌旁邊。我停在他身邊，唸著：顛倒樹。

「它就是……？」我問道，卻沒說完整個句子。

「是的。」他回答，頭朝螺旋中心那棵大樹的方向點了一點。「就是它了。」

我仰著頭端詳著這棵樹，開心地接受「這是我的樹」的想法，並感謝命運的奇妙轉折。深綠色的葉片從枝椏間長出來，這些枝椏比起粗壯的莖幹相對顯得嬌小。

「這樹被稱為顛倒樹，是因為根據非洲的民間故事，偉大的神賜給每種動物一棵樹，而土狼拿到了最後的『麵包樹』，感到很洩氣，因此把樹上下顛倒來種。」湯姆讀著牌子上的說明：「看啊，這裡有張地圖。」

這地圖寫出這棵樹來到這裡的經過。麵包樹是世界上最大的肉質植物，只在乾燥地區裡生長。這一棵七噸重、百來歲的樹，是從這國家北方林波波省的鑽石礦區拖運過來的。它等於遊歷了整個南非，最終在開普敦的植物園落腳，成為全非洲最南端的麵包樹。

我忍不住想著，**它是個旅人，就跟我們一樣**。

我毫不猶豫地踏進花床。小心地潛到這棵麵包樹旁邊，同時間確定自己沒踩著任何植物。湯姆謹慎地跟在我後面，幸好，溫室裡只有我們兩個人，我抓住這機會跪在這棵樹的根部，湯姆也跪了下來。樹幹讓我想起大象的粗腿，灰撲撲的，點綴著節瘤和隆起。我把一隻手放在樹上，然後驚訝地抽一口氣。

「怎麼了？」湯姆輕聲問著，也把一隻手按在樹幹上。

「它就跟石頭一樣堅硬。」我一臉迷惑地低聲回答：「感覺到了嗎？」我盡可能把手指甲用力挖進樹皮，但沒留下任何痕跡。

這一次換湯姆低聲說話：「我想時候到了。」

他把那塊承載我們過去十六年人生故事的石頭，從口袋裡取出來，放進樹皮上其中一個節瘤裡；那是個杏仁狀的裂縫，就像隻眼睛，那顆石頭看起來則像是淡褐色的虹膜。石頭勉強放了進去，圓側邊緣凸出來一些，但是整體看起來相當牢固，就像是最後一塊的拼圖終於找到了自己的位置。我微笑起來，默聲祈禱著。**謝謝祢照看我們，謝謝祢讓我們的故事在這裡用這方法結束。**

拍了拍我的樹道別之後，我躡手躡腳地走出花床，湯姆則是多留了一會兒。他跪在麵包樹突出的眼睛旁，而四周圍繞著多刺的仙人掌和低垂枝椏的畫面，會永遠刻蝕在我記憶裡。

我繞著樹行走一圈，從各個角度端詳研究，另一邊也有個玻璃說明牌。當湯姆來到我身旁時，我剛巧流下了第一滴眼淚。

「麵包樹——亦即生命樹。」他唸著牌子上的字。

當唸到麵包樹字面上的意思是生命樹，每個部分對於人或是動物都具有價值時，我靠在他的肩膀上哭泣。在很多地區，甚至是人類和動物唯一的飲水來源，在致命酷熱中提供遮蔭。它的葉子、種籽和果實都可以食用，根部則可以用來染布。樹皮用來做繩子、魚網和藥品，空心的樹身是很多動物的棲身之地。

生命樹真的是名符其實。我把老是威脅著自己的重擔哭了出來，不過從現在開始，這重擔要由世上最偉大的生物扛起來。我哭泣，是因為終於看見這旅程的終點線——這旅程帶著我飛過大半個地球、飛過半輩子的時間回到過去。

「入口處有個說明牌，上面寫著肉質植物的倖存者。」我看著湯姆，一臉頓悟地說道。「我們在倖存者的屋宇裡。」

當他的眼睛迎上我的眼睛時都張圓了。「了不起，」他喃喃說著：「真是非常的……了不起。」

這真的是屬於我的樹，而不知道什麼原因，奈吉爾知道這一點。

當我們離開科斯坦伯斯登上觀光巴士時，涼風吹著我們的頭髮，時間將近六點鐘了。經過這精彩的一天，我滿心充實，湯姆若有所思地轉過頭看著我。

「莎蒂絲？」

「嗯？」

「這些年來你把那石頭放在哪裡啊？」

「我書桌上的筆架裡。老實說，我還能留著它實在也了不起。我搬過六次家，它跟著我去了美國再回來，又去了澳洲，中間待過新加坡、倫敦、挪威和土耳其。」

「而這裡就是它旅程的終點，我們現在的位置：非洲。」

「永永遠遠。」這事實襲上心頭，我忍不住搖了搖頭。「筆架。那是擺放書寫用具的地方。」

「沒錯，我想我們終於找到我們要的形式了。」湯姆說道。他微笑時，眼角周圍的彩繪也跟著皺起來。「書寫出來就對了。」

突然間，我們左側出現了貧民區，一個指向該區的標誌寫著：**廢料傾卸**。許許多多由鐵皮組成的脆弱屋舍依附在山腰上，貫穿整個聚落的曬衣繩上，有繽紛多彩的上衣在風中翻飛。街道上，一名疲累的老婦坐在一個塑膠籮筐上，面前有張小桌子，上頭擺了待售的商品。夕陽照在坐在自家階梯上，或是聚集在汽車旁的人們。一名戴著帽子的武裝警察站在生鏽的警車旁，注視著人群。

「根據我讀到的旅遊資料，參觀聚落是這裡最大的觀光活動之一。」我告訴湯姆：「這或許也有正面的意義，但想到去參加團體旅遊盯著當地人看，就讓我不舒服。」

「對啊，貧窮變成了觀光景點。」他打了冷顫說道。我好奇那聚落裡有多少女人跟我一樣是強暴案的倖存者，卻永遠沒有辦法像我一樣能夠承認自身的痛苦。受限於她們的背景，她們無法跟我一樣有機會被人聽見和看見，光是每天為衣食戰鬥，就讓她們忙得沒時間耽溺在過去。

即便是我生命中最慘痛的事，都還是證明了我有「特權」，這事實讓人深受打擊。我可以公開討論自己身為強暴倖存者的種種狀況，而不會被自己的同胞排斥。我可以批評男性施加在女性身上的暴力，而不會被丟石頭。我有家人的支持，不會因為「維持家族榮譽」而遭到殺害。我的坦率發言獲得了尊敬和認可，但同一件事情卻讓其他的倖存者被鞭笞、羞辱或殺害。如今我的人可以來到這裡，和侵害我的人主動會面，也不需要因為他的惡行而被迫嫁給他。

我打了冷顫，注意到寒冷的夜晚已悄悄來臨。湯姆戴起圍巾，我則是從後背包拉出一件舊披肩，鋪在雙腿上。

「天啊，這是？」他問道，瞪著上面有龍蝦圖案的亮橘色披肩。

「是啊，我青少年的時候就有了，你還記得？」

「一九九七年，我有一晚在市區見到你的時候，你把它裹在下半身像裙子一樣。你那時穿著一件紅夾克。」他嘴裡劈哩啪啦說著，像是剛見到一位老友似的入迷看著。

我把披肩攤開，一併蓋住了他的腿。「嗯，這的確是一件可靠的老同伴。」我滿意地說道：「它跟我飛過了整個地球，被當成裙子、圍巾、浴巾和桌巾呢。想想看，我從來沒洗過它呢。」

湯姆的臉唰地發白。「從來都沒有？」他嫌惡地看著蓋在腿上的披肩。

我大笑出來。「騙到你了！」

他也開始笑起來，慶幸自己腿上沒有積了二十年之久的細菌。我們在碼頭廣場下了巴士，心情比前次來的時候輕鬆多。我們分開行動，湯姆去買巧克力給奈吉爾，做為推薦我們到柯斯坦伯斯的謝意。

這間購物中心裡的走道兩側都設有商店和攤位。冰島購物中心的攤位上，賣的通常是便宜商品，像是T恤或是美髮用品，但在南非可不一樣，這裡有鑽石攤，成堆的寶石像糖果一樣擺在上頭。想想，我一向都認為冰島可因為地形和氣候榮登「極端國家」之首，但是南非卻以豐富的自然資源、野生動物和令人斷腸的貧窮，以及極其普遍的暴力事件更勝一籌。這種極端從珠寶店寫著**本月所有鑽石對折**的告示牌更可見一斑。**這下子我真是什麼場面都見過了**。

這家店有樣東西正在等著我：戒指。那戒指很精巧，上面符合道德標準開採的鑽石從直面切割下來，而不是傳統的圓形切割。因此，它可讓光線穿過，而不是把光線往不同的方向反射出去。這透明度讓人相當喜愛，而做為忠誠的象徵，我發現這戒指相當適合代表了婚姻裡的透明公開：沒有任何一方有事情需要隱藏。還有什麼比讓光線穿透往前灑落景象更美了呢？

鑽石有個非常酷的特點，它不需要借助光來證明自己是顆鑽石。**跟自我認識有關**，我試戴這枚戒指時如此想著。當戒指滑進我的手指的當下，我們已立下契約：**親愛的**，

眾人盡可自由評論，但惟我倆知道你是真正的珠寶。

我端詳著這枚自己打算要戴上數十年，做為對完美的另一半忠心不渝象徵的戒指。愛黛兒的歌聲從店裡的揚聲器傳了出來：**就帶走吧，帶走我的愛。**

「我要買這一個。」我告訴銷售小姐。**帶走我的愛。**

我提著裝了戒指的袋子、臉上露著一抹傻氣的笑容，前腳才離開珠寶店，就被湯姆撞著了。突然間，我的笑容爆成歇斯底里的咯咯笑聲，不得不把身體往前傾來喘口氣。

「這是重大的一步唷。」他的語調裡帶著理解：「你剛剛給自己買了結婚戒指！」

「就好像這一天還不夠美好似的。」我含糊地說著。**從今天起，我永遠不會忘記四月二日這一天。**

「你可以幫我一件事嗎？」湯姆問道。

「什麼事？」

「挑張要給維狄爾的卡片？」

片刻之後，我們在書店裡對著一整架毫無用處的卡片皺眉，找不到適合的款式。我拿起一張兩隻長頸鹿親吻的傻氣卡片。

湯姆投給我惡毒的眼光。「哈哈，非常好笑。」

沒多久，我們走過那間有高聳的曼德拉串珠雕像的紀念品店。「搞不好他們有賣卡片？」湯姆懷著希望地往裡面一瞥。「我要進去看一看。」

「你可以先幫我做一件事嗎？」我問道，在那串珠雕巨人旁邊站好之後，把手機遞給他。

「你是認真的？」他那過分好奇的表情背後是一個開闊的笑容。

「再正經不過了。」我堅定地回答：「我不再高高在上了。」

事實是，我們在過去幾天建立起的信任已給我足夠的勇氣，可以在湯姆身邊表現得傻氣糊塗。即使別人開我玩笑，我的自尊心也不會因此裂成碎片。他拍下照片之後，很難分辨出來誰的笑容更開闊——是雕像的笑容，還是我的笑容。

這之後不久，我們在附近的餐廳坐下來。兩個大黑板組成的菜單送了過來，由一位戴眼鏡的瘦削服務生擺在我們桌子旁邊的椅子上。我驚惶地發現那是店裡唯一的菜單。

「我們還在考慮的時候，如果其他客人需要點菜了怎麼辦？」難以抉擇的我緊張地問了一下。

「就讓他們等一會。」服務生掛著笑容回答。

「就讓他們等一會。」我一臉茫然地重複說道。

在我居住的西方社會裡，要等待點菜是無法想像的事情，然而在這裡，在我決定到底該吃雞肉燉飯或是豬肉時，即便是在客滿的用餐尖峰時刻，餐廳服務生還是會和顏悅色地等候。真是了不起。**畢竟生命不會走到哪去，它就在此時此地**，我做了如此結論。

我吞下滿嘴美味豬肉的同時，湯姆吃著他的鷹嘴豆咖哩。豬皮鹹酥中帶著油脂，他好奇地注視著它。

「自己拿一些吧。」我告訴他。

「你知道我吃素。」

「但你明明就很想試試，我從一哩外就可以看出來了。」

「我以前倒真的是喜歡這個，我們稱為『烤脆皮』。不過，不用了。」他猶豫地說道：「我不可能再吃了。」

「為什麼？」

「也沒為什麼，我這張嘴很多年沒吃肉了。」

「我很多年沒抽菸了，一直到前天借你的菸抽了一口。」

「這不一樣。」

「沒有不一樣。」

「就是不一樣。」

「我諒你也不敢吃。」

他翻了翻白眼。「我們現在是十二歲嗎？」

「不，我們是在進行瘋狂旅遊的成年人，幾乎沒告訴任何人這旅遊的真相。為了來到這裡，我們必須要做不可能的事情：信任對方。現在，在我們走過所有這一切之後，你告訴我咬一口豬皮是無法想像的事情？」

湯姆二話不說，直接挑起豬肉啪地一聲放進嘴裡。他的臉扭曲著。「太鹹了，」他呻吟說道：「真讓人失望。」

「恭喜你！」我舉起杯子，眨了眨眼。「你剛做了無法想像的事情，這是這星期的第二次了。」

他打了冷顫，大口喝下一杯水。接著他從背包裡拉出一棕色的漂亮巧克力盒，放在桌上。「你覺得我們再寫張謝條給奈吉爾如何？」

「很棒的點子。」我從筆記本撕下一頁空白紙。

「我們各自寫一面，好嗎？」他如此建議。

我點頭，把紙摺對半。

親愛的奈吉爾，

參觀顛倒樹（生命樹）是難忘和意義重大的體驗。如果你有機會來到冰島，請寫信給我。我的朋友，請好好照顧自己，也非常感謝你寶貴的幫助。

莎蒂絲・艾娃

我把紙和筆推過桌面。

「我寫完之後，再看你寫什麼。」湯姆說完便翻過紙面。他簡短寫了幾行字之後，再把紙推回來給我。

「真有趣。」我讀完之後大聲說著：「我們竟然寫了同樣的事情，只除了你寫的是『麵包樹』，我寫的是『顛倒樹』。」

很快地，我們坐在麗池飯店街角上的那間酒吧裡。這一天種種的美妙事情在我心裡閃耀著，就跟超新星（譯注：supernova，為恆星演化到後期，爆炸所產生的天文現象，特色是極其明亮）一樣明亮。我凝望著夜空，很確定地心引力此刻對我的影響要比以前小很多。

「我永遠都不會忘記這一天。」湯姆看進夜色裡如此說著。

我看著他的電子菸線圈燒出的煙霧，在空中猶如一條藍色的蛇。「奇怪。」

「奇怪什麼？」

「這種親密的情緒。畢竟這麼多年來我們都很疏離，或不停理性分析事情。」

「是啊，是很奇怪。」

只不過彼此以後再也不會見面了。才在不久以前，整件事感覺茫茫然沒有終點，但現在這想法卻伴隨著一陣超乎預料的強烈感受。

等我把鑰匙插進旅館房間時，雖然筋疲力盡卻滿心喜悅，我把口袋裡的東西清出來放到床頭櫃，隨手寫下關於那塊消失的石頭的幾句話。卸下了負擔，當我鑽進被窩裡，感覺輕盈到連身體底下的床單都沒壓皺。我閉上眼睛，腦中青少年時期的空房間重新添上了天堂鳥、透明的鑽石，以及一隻白色蝴蝶在生命樹周圍飛繞的痕跡。

湯姆的日記

星期二

能夠靜下來一會真不錯，我背靠著粗糙的樹皮，想找出一塊較平坦的地方，讓自己可以靠坐在大樹底下。我抬頭往上看，想到從遠處看來像是一棵茂盛的綠樹，事實上卻是許多樹聚集起來的結果，不禁微笑起來。緊密結合的樹木家族共享著太陽。

我閉上眼睛，深深吸了一口氣，然後讓肩膀放鬆下來，讓背脊貼近樹根，就像自己以前在家時，會在樹屋裡進行固定的冥想練習一樣。

等到我們走過溫室大門抵達那地方，每件事情感覺都有明確的目標，幾乎就像是被某種更美好的力量引領著。花園裡繚繞不絕的嗡嗡聲響，使得入眼的綠更為翠綠，土壤的味道聞起來讓人精神大振，我都想把那深色土壤吃進嘴裡。

不管在這巨大的花園裡，存在著何種超出人類知識範圍的東西，同樣都讓人「感動」，就像我們那天在教堂發現的寧靜空間一樣。我放下一直倚靠的理性或邏輯，擁抱那彷彿命中注定出現的溫柔感，此刻不管是什麼東西在四處優雅嗡嗡鳴叫著，都有一種我能夠簡單接受或是感覺自在的神聖性。我感覺很輕鬆，充實卻又同時感覺空蕩。

我品味著樹幹抵在背脊上的堅實感，篩濾過的溫暖陽光曬在皮膚上，而口袋裡那塊平滑的小石頭則抵著大腿。我讓各種感覺逐漸融為一種思緒，再聯想到今天早晨我們坐在草地上時發生的事情。

我很高興她選擇的時機令人驚喜。這石頭就跟我記得的一樣平滑圓潤，以及她放在我手心裡時的清涼。

我記得那小石頭代表的嚴肅含意，以及它對莎蒂絲的意義。剛開始只是一樣從老家帶出來的無害東西，如今卻已長成精神支柱。她曾告訴我，把石頭還給我代表了她的原諒。

草地上的小儀式感覺是一種釋放的行為，是開始也是結束。我高興地自她手中接過來，想要感覺這石塊已收錄的意義和重量。

我知道她也希望我和石頭分離，讓它回到原來的地方。我想像自己用力把它扔到大海裡，但首先，我想跟它相處一會兒——這顆石頭這麼多年來都待在她的房間裡。

我知道彼此承諾過，要解決並釋放所有的事情，這表示石頭很快就會放在顛倒樹旁。我感受到一股瞬間即逝的衝動，想握住這熟悉的小石頭，但又想到如果自己緊握住它的話會引起莎蒂絲多大的不快。

為了讓小石頭留在我的口袋裡一會，我轉回頭專注在周遭的種種聲音，風吹過上頭樹枝的窸窣窣聲響，以及陌生鳥兒的啾啼聲音。坐在那兒，我享受著多年來頭一次在內心找到最寧靜的空間。

隨著這星期每一天的消逝，我們回到過去的旅程似乎是要緩和對未來的長期憂慮，而今天也沒有不同。就算坐在那些樹中間的時刻裡，我覺得自己也在成長……那感覺相當美好。

不久後我交出了石頭，我們跪在顛倒樹的樹根，輕聲說著話。我看見右側樹皮上有個像肋骨似的小裂縫，看起來像是眼睛和嘴唇的混合物。我本能地伸手去握住莎蒂絲的手，另一隻手則握著石頭。不去思索、也不去納悶石頭能不能放進那小小的裂縫裡。沒有任何多餘的聲音，也無一絲懷疑，我把石頭夾在兩根指頭中，平放在那小小的平滑面上。

它完美地待在原地，看起來就像是要被裂縫吞沒似的。

看著它在那裡歇息……是我這輩子見過最有象徵意義的東西了。

放下石頭帶來的影響感覺既純淨又恆久，除了高昂輕快的感覺之外，我們口袋裡再也沒有東西留下來。但是有部分的我想要提醒自己，總有一天還是得去把心裡的抽屜和櫥櫃清乾淨，也許還有一些工作要做。

或許有些看法和評價會永遠跟著我……我只知道，不是只有那顆小石頭把我和我的行為連繫起來，或許我把這看成一個簡單的等式，可以相互抵銷。

也或許這屬於「盡我所能」的案例，然後再坦然接受那些沒辦法做到的部分。

我永遠沒辦法改變曾對她做過的事情，事實就是如此簡單。但在「為什麼」和對自己的尊重之間，我確信自己會繼續前進。或許等回到家兩星期之後，再回過頭來讀這些內容。湯姆，你現在感覺如何？

如果你感覺還不錯，就往前看繼續前行，並原諒你自己。

第八天／

DAY EIGHT

二〇一三年四月三日

這是我留在南非最後一天的早晨，當睡眼惺忪地睜開一隻眼睛時，那種納悶自己身在何處的詫異感，已經被**牙膏該不會用完了吧**的擔心所取代。生活就是如此啊，到頭來，總還是被細碎煩瑣的事情縈繞心頭。

我請大廳的接待員幫忙叫計程車到「強暴危機」參觀時，時間剛過九點。湯姆穿著紅色T恤和灰色長褲站在我旁邊，散發著沖澡後的清新，比起我來顯得休閒許多。我們剛踏進奈吉爾的店裡，他正好掛上電話。「早安啊，親愛的朋友們！」他以一貫熱心的態度說著：「我可以為你們做什麼？」

「我們想要謝謝你，昨天指點我們去看顛倒樹，還有送你一樣小東西表達謝意。」湯姆一邊說，一邊遞給他那盒巧克力。

奈吉爾困惑地瞪著那盒巧克力一會，接著他那保養得宜的臉綻放出燦爛的笑容。

「還不錯吧？」他看著我問道。

「令人難以忘懷。我很高興你把我誤認成別人，讓我們經歷了一段奇妙的時光。」我回答著，明白我冷靜的聲音和內心的緊張並不一致。

奈吉爾又問：「你確定真的不是你嗎？說到認人，我記憶相當好，從來不會忘記任何一張臉的。」

他這番話讓我全身的汗毛都豎起來了，不過湯姆爆出溫厚的笑聲。「我希望你喜歡這些。」他指指巧克力說道。

我和湯姆接著坐進計程車，前往當地人戲稱「城市碗」的市中心。這綽號可不是巧合，因為開普敦四周圍繞著惡魔嶺、桌山、獅頭山以及信號山。在市中心這裡，我們可以看見尋常的事物，像是小學、醫院和公車。隨處可見的塗鴉和出門工作的當地居民，總算讓我們覺得見識到了真正的開普敦，而不是被粉飾過的觀光場景，感覺很開心。生長在中產階級家庭，我覺得自己和擁有私人泳池、制服員工的高貴社區格格不入。

「記得我告訴過你，民宿員工每天都會在我枕頭上，留下一張寫著智慧名言的紙條嗎？一定要讓你瞧瞧，昨天回去時等待著我的是什麼名言。」湯姆興奮地遞給我一張小紙條。

「你在吃著偉大樹木的美麗果實時，記得要感謝風。」我大聲唸出來。「真的假的！」

「我看到的時候，也露出大大的笑容，等不及要告訴你。」

找到目的地之後，我和湯姆按了電鈴，穿過一扇門進入小中庭，面對著一整列排屋（譯注：terraced house，為一種房屋樣式，由多棟相連的房屋組成，相鄰的屋子會共用同一面牆）。我看著一扇顏色鮮豔的門，不確定該自行推門而入，或是等人來邀請我們入內。不知怎麼的，站在我身後的湯姆看起來要比平常略矮一些。

沒多久，門開了，我們和一位年輕女子四目相對。「早安。我們來這裡見希拉麗。」我緊張地說道。

「請進。我去告訴她。」

門廊很明亮，右側有一扇大窗戶。接待員辦公桌後面的牆面上是一幅水彩畫：赤裸的女人斜躺在床上，情色意味十足。我忍不住想著，**對一個倖存者中心來說，選這藝術作品還挺怪的**。儘管倖存者對於強暴的反應不一，但任何涉及性的事物在性侵害發生之後，似乎都有了不同的意義。對一些倖存者來說，任何跟性沾上邊的事物——像這幅畫——都可能引發強烈的不舒服反應。

我迎上湯姆的視線時不自覺地屏住氣，他不可思議地瞪大眼睛。

「怎麼了？」我輕聲問道。

他驚異地指著躺在辦公桌左側架子上的書。我轉過頭，唸出書名：《一的力量》，布萊思・寇特內著。

「不可思議，」他喃喃說著：「這未免太巧了。」

「我們的狀況比巧合還要誇張。」我也低聲回應。

希拉麗說話時聲音相當柔和，年紀大約五十開外。她穿著一件黑襯衫、飄逸的寬長褲和一雙夾腳拖。

「需要幫你們倒杯咖啡嗎？」她問道，我和湯姆同聲接受了。她在倒咖啡的同時，我們簡短介紹了各自在專業領域上的背景。我從眼角望去，注意到湯姆的動作異常謹慎，彷彿他再度走在蛋殼上。希拉麗感興趣地聽著自我介紹，帶我們去一間訪談室。我和希拉麗捧著熱騰騰的咖啡，在兩張扶手椅上坐下來，湯姆則是坐在對面一張兩人座的人造皮革沙發上。

「我們的願景是支持和給予性侵受害者力量，撐過刑事司法系統，降低二次傷害的程度，終極目標是讓更多的倖存者能勇敢報案。」我問希拉麗「強暴危機」的願景時，她如此回答。

「我們全職受薪的員工數目非常少，靠的是一大群志工，他們必須接受三個月關於司法系統、創傷反應，以及對性侵倖存者的支援措施等訓練。我們非常重視訓練課程，要確保志工能支持倖存者走過一段非常困難的過程。」

「志工裡有任何男性嗎？」湯姆謹慎問道。

有一刻，希拉麗的嘴唇抿成一條線。「我們目前訓練過的男性志工都很快就離開了。這是重大的損失，因為我們真的需要能夠讓男性理解，尤其是警察這部分。警察需要知道，告訴一個妓女她不可能被強暴，或是告訴喝醉的女人先回家去睡上一覺，再想想要不要提出告訴……這些說詞都是無法令人接受的。一個女人要花多大勇氣才能走進警察局，舉報某人強暴了自己。」她同情地說著：「你不應該告訴一個鼓起全身勇氣走進來的人，要她回家去，晚一點再來。」
我由衷同意並告訴她，在冰島平均約有百分之七十的強暴提告最後都被駁回，聯合國和許多人權團體都認為這數據令人無法接受。「會先由兩名律師負責檢視證據，再決定這案例要不要送上法庭。根據冰島法律，這類案子的證據必須要很明確能證明有罪，要不然就會被駁回。」
「這裡也是如此。」希拉麗說。我們搖搖頭，對司法的力量被如此轉移感到憤慨，似乎變成是官僚體制（而不再是法官）有力量決定，性侵的倖存者能不能走入法庭。我對這位志趣相投的新朋友產生了很大的好感。
「我可以請問，這裡二十四小時都有人員駐守嗎？」湯姆問道，也提醒了我他的存在。
「沒有，不再是如此了。我們以前是二十四小時全天候都有人在辦公室，但現在下午四點半就關門。在那之後的時間，我們有熱線電話。」
她接著解釋熱線電話的標準流程，以及志工都會先詢問來電者需不需要救護車。如果不需要，就會要對方先趕緊到醫院去，完成性侵取證的步驟。「我們會詳細解釋為什麼取得醫院和法庭鑑識檢查如此重要。只是對一些倖存者來說，事後還要讓陌生人檢查私密的器官，感覺就像是受到了另一次侵害。」希拉麗說：「我們有個倖存者在非常保守的家庭裡長大，從來不曾談論性方面的事情。她沒有辦法告訴醫生，性侵犯是強迫她口交，但醫生假定這是一樁陰道強暴案，因此只從那裡取了樣本，當然什麼東西也沒發現。」她搖了搖頭。

「在雷克雅維克大學醫院裡，我們為強暴和性攻擊的倖存者提供緊急診所，她們在那裡可以接受法庭鑑識員的檢查，並提供你剛才提到的醫療協助。不幸的是，預算遭到大幅刪減，現在沒辦法再提供愛滋病毒或是C型肝炎的篩檢服務。」我告訴她。

希拉麗的下巴都要掉下來了：「但這就是倖存者最擔心的事情啊！」

「我知道！很難理解事情怎麼會變成這樣子。」

「在這裡，檢查後的下一步是幫助倖存者撐過整個司法過程，通常要花上四到五年的時間。」

這一次輪到我目瞪口呆：「為什麼需要這麼久的時間？」

「多數的案件裡，要花上很長的時間才能抓到犯罪者。警方的性犯罪部門人手不夠、資金不足，還要處理數目龐大的累積案件。」

「我聽說南非被稱為世界強暴之都。」我的語氣很小心，不確定希拉麗對這名稱會做何反應。

「我們是啊，毫無疑問。」她回答，如此的坦白讓我背脊一陣發涼。

「為什麼？」

「這問題沒有簡單的答案。這國家仍然在種族隔離造成的傷害中癒合，而種族隔離是父權政治最極端的表現形式。」希拉麗放下了杯子，說著：「當然，在法律上事情已有所改變。大家會說我們已經有了偉大的憲法，但它不會提到更細的法律問題。貧窮依然存在，清楚地區隔了各社區。雖然有較多的黑人開始搬進較富裕的社區，但也就僅此而已。

「其他事情都沒改變，這就是這國家的問題。經過數百年的壓迫之後，到處有人覺得無能為力。有些人絕望到願意用各種方式攫取一些力量。強暴就是這麼來的，跟力量、控制有關。膚色跟這沒有任何關係，性侵加害者有白人有黑人，就跟倖存者一樣。」

「幼兒強暴的情形呢？」我問她：「是什麼讓人做出這樣的事情？」

「這也跟控制有關，即使只是支配幼兒也一樣。」希拉麗回答：「然後，很多人相信跟處女發生性關係可以治療愛滋病。三星期大的嬰兒被強暴也有這類的因素在內，是成年男子下的手。」

湯姆發出了一聲不滿，十足反映了我的心情：憤怒和悲傷。

「我們也面臨未成年性侵犯的問題。孩子模仿看見的事，每個地方都有強暴發生，他們只是單純地複製那行為。」

「在冰島，我們最近開始一樣支援措施，專家會治療那些表現出不恰當性行為的孩童，包括會猥褻其他同儕的孩子。」

「我們這裡也可以採取類似的方法。」她沉思說道。

「你們的志工本身也是性侵案件的倖存者嗎？」湯姆問道。

「有些是，但我們在篩選時很小心，要確定他們做這份工作是要幫助其他倖存者，而不是治療他們自己的傷痕。」

湯姆直視她的眼睛。「那麼加害者呢？你知道任何為他們設立的服務嗎？」他的聲音聽起來有些緊繃。

希拉麗皺起了眉頭。「我想有吧，不過那不在我的工作範圍之內，因此知道得並不多。」

「在我的國家，政府機關在打擊性暴力議題時，常常沒辦法相互合作，這表示心力、金錢並沒有投資在對的地方，也沒有適當的監督。」我告訴希拉麗：「幸好，最近有三個以預防性暴力為主旨的部門聯合起來，而我很幸運能夠跟他們共事。這是我們共同合作的成果，全國的學校裡也都有上課宣導。」

希拉麗好奇地接過我從包包裡拿出來的ＤＶＤ。

「這部短片在宣導性行為必須取得當事人共識的重要性，以確保性是一項正面而且雙方都願意進行的體驗。」我補充說道：「影片是冰島語，但是這一份有英文字幕。」

希拉麗謝過我，給了我們一份「強暴危機」的年度報告做為回禮。第一頁裡，「強暴危機」組織的主席證實了南非許多和強暴相關的數據佔世界第一，而開普敦更有「強暴之都」的稱號。

南非的社會、文化和機構都受到非人性化的制度深遠的影響，根本源頭就是種族隔離制度和軍隊的強硬介入，他們一隻手鞏固這些政策，另一隻手則反抗。這系統使整個國家受到了損傷。

南非的每一個人在社會結構上或生理上，都受到種族隔離政策的暴力影響。最糟糕的狀況是，這種對生命毫無敬意的蔑視仍然持續上演著；從後果來看，它還不用受到懲罰，自然造成了更多暴力的出現。

這是因為憎恨招致憎恨啊，我提醒自己，曼德拉的話閃過心頭：「勇敢的人為了和平之故，不怕原諒他人。」

我們站在一個放滿不同出版品的上鎖玻璃櫃旁，湯姆以擠出來的愉悅語氣說：「那應該放到裡面的。」他指著一本名為《男人》的書。

「是的，那是本好書。」希拉麗禮貌地回答。

「我的意思是，它應該被關起來。」湯姆補充了一句。隨之而來的沉默比瀝青還要厚，一直到湯姆再說了一句：「不好意思，我想要到外面等計程車，順便呼吸新鮮空氣。希拉麗，謝謝你跟我談了這麼多的時間。」

我看著他跑到外面，心裡納悶對他來說這是何等的挑戰：在這屋裡呼吸的同時，還要跟內心浮現**男人應該被鎖起來**的感受交戰著。我決定不跟過去，因為知道也不能做什麼，有些事情必須要由他自己面對。

「男性在南非這裡被強暴的情形是如何？」等門在湯姆身後闔上，我問了希拉麗。

「每五個南非男人當中，就有一個曾被強暴過。」

有一會，我只是愣在那裡。「五分之一？」我從來沒聽過被性侵害的男性有這麼高的比率。「他們都是被其他男人強暴的？」

「是的，幾乎沒有例外。」希拉麗回答：「有些人還被侵害了不只一次。」

「我讀過許多研究顯示，一個人一旦受害之後，再度被性侵的機率會大幅增加。」

「這合情理。」希拉麗說：「受過性侵之後，受害者的防衛機制會損壞，在有些案例裡甚至是被摧毀了。」

「如果加害者想找容易到手的獵物，他們的確會傾向尋找已經受過傷害的人下手。」我補充說道，心思回到那些在湯姆之後對我施加暴力的人。**他們是看出了我的裂痕嗎？**

我伸手謝謝希拉麗，她握手的力道堅定而溫暖，我們已經來訪超過兩小時了。我找不出話來表達她工作的重要性，因此只能泛泛講些「感謝你給我們這麼多寶貴的時間」等字句。

我看不到湯姆的蹤影，因此走出圍繞著房子的籬笆之外。他坐在再往前一點的鐵圍笆旁，我在他旁邊坐下來，大大吐了口氣。

他猶豫了一會之後，朝「強暴危機」的方向點了點頭，說：「你覺得這一趟的收穫如何？」

「很有教育意義和長了見聞，就跟我期望的一樣。你的收穫又如何？」

「等我們在安靜平和的地方坐下來之後，我再告訴你答案。」他粗啞著聲音回答。

「情況這麼糟糕？」

「是的，沒錯。」我們決定走到最近的公車站，登上了一輛標示「開普敦市」的巴士。車上擠滿了有精巧髮辮和嚴肅臉孔的女人，全都靜默地坐著。坐在我旁邊的湯姆不知怎麼的也很安靜與氣餒。

「我的人生故事幾乎要說完了，」我告訴他：「想要聽剩下的部分嗎？」

「當然，」他露出淡淡笑容回應：「我們現在可不能放棄。」

我快速帶過二十幾歲時一段混亂的關係，最後演變成棘手的分居。我告訴他隨之而來的難堪時期：身無分文和極度心碎的我，必須再度搬回父母家，但同時也重獲自由。

我輕聲描述再搬回青少年時期的房間（那個案發現場）的痛苦畫面。我蜷縮在地板上不停啜泣，我母親緊抓著我的肩膀，柔聲說：「親愛的，我們需要找個方法來淨化這房間。」然後她揮動雙手，輕柔地哼著，就跟我小時候從惡夢中驚醒時，她安慰我的方法一樣。她閉著眼睛，手臂往前伸直，輕輕的吟詠聲在牆面之間顫動著，滲進了我體內某個地方。

這魔法很有效，因為兩年後我在同一個空間裡，寫下長達二百七十頁關於性侵害的書。「這是第二次，在那房間裡發生的事件改變了我的存在，那本書對於我的事業有著重大的影響。」

「聽起來像是你在那裡找著了自己的聲音。」

「還有，我也在那廢墟的某處找到了自己。我就是在那時候遇見維狄爾的，我們一起度過了美妙的夏天，那些熱戀和不想入睡的夜晚。在我寫作期間，他耐心聽著我所有關於性侵害的抱怨。書出版之後，從各地湧來了一大堆信件，寫信的人有經歷過強暴或受虐的經驗，卻因為過於羞愧，或是落入沉默的陷阱而不敢去面對。他們的故事讓人驚愕，而他們的復原能力和力量成為我最大的鼓舞來源。」我的視線落在隔了兩個座位的女孩，她的雙手擱在大腿上，臉上有著嚴肅的表情。

我轉過來看著湯姆，補充了一句：「我相信這世上最堅強的生物就是青少女。」

「我還記得讀到你在信裡寫說，在那本書寫進了我對你做的事，我感覺電腦螢幕開始搖晃。」他告訴我：「我很難集中視線，勉強看完了郵件，然後迅速關閉視窗，趕緊離開網咖。我覺得噁心、四肢無法協調，充滿強烈的自我厭惡和不敢置信，那大概就是震驚吧。

「但一會之後，我就想通了，我明白自己的確做了錯事，的確是你書裡的那個人。你有充分的權利以覺得最恰當的方式，說出那一晚發生的事，而我必須讀它、再經歷一遍、承認它，為此感到抱歉，並面對公諸於眾產生的任何後果。想通了這一點，我的心裡就有不同的感受了。」他臉上的表情柔和下來。

「那是一種……安心。為你已經能夠說出我讓你置身的地獄而感到安心；為你在幫助人們了解強暴罪行是多麼殘忍和無情的同時……還能如此堅強地揭露自身經歷和試煉，讓其他受害者有所慰藉而感到安心。為明白在外頭的某處……我想要埋藏過往的嘗試是徒勞無益而安心；為你沒有把我的名字揭露出來而安心，但同時也因為知道自己不會永遠是無名氏而安心。就像你說的，常年擔驚受怕有害健康。」

巴士在接近「青綠市場廣場」的地方停下來，我們在這裡下車。廣場中央有個大舞台，我們在廣場旁一間義大利餐廳坐下來時，喧鬧的音樂開始漫天價響。我作勢要湯姆把椅子朝我移近一些，兩人才聽得見彼此說的話。

一位穿蕾絲襯衫的服務生告訴我們，剛才那些噪音是在為今晚的表演檢查音響效果。「開普敦國際爵士樂節。」她大喊著，然後帶著我們的素食烤披薩點單離開了。

「聽起來挺不錯的。」湯姆說。飲料送到我們桌子上的同時，他取下了太陽眼鏡。

「看來這裡不會有安靜平和的時候了，但至少我們現在是坐著的。」我朝他的耳朵大聲說道，以蓋過那爵士樂歌手的歌聲。「想要分享你參觀『強暴危機』的感受嗎？」

「一開始的時候，感覺像這樣，」他邊說邊舉起一隻臂膀，露出一大塊汗漬。「頭幾分鐘裡，我從外頭往內注視著自己，感覺就像是恐慌症發作，心臟猛跳、汗珠猛流，一邊自問我哪來的該死權利，可以坐在那庇護所的屋頂下。」他喝了一口水，想了一會。

「偽君子、騙子、強暴犯……這類的標籤在心裡不斷跳動，但我設法放緩速度，停止評論自己。等冷靜下來，我才有辦法開始投入到對話裡面。親眼看到你和希拉麗相互討論和提問，是件很難得的事情。我從來沒看過你專業的這一面，討論政策、法庭檢測和教育等議題。」他看著酒，思索著要說的話。「莎蒂絲，我想要成為這一部分。我想要在這空間裡感到自在，不想覺得自己是問題的一部分，而是答案的一部分。」

他的話點亮了我心裡那間被遺棄的青少年房間，在這一刻它轉變成了一間庇護所。

「我冷靜下來思考之後，發現了許多事情。」他繼續說道：「如果我們要把我們的故事告訴大眾，我真的想知道更多倖存者經歷了哪些事情……我需要知道更多的事。儘管心裡怕得要死，但我也學到性侵害的『另一陣營』，非常有存在的必要。就跟把你的故事大聲說出來非常重要的道理一樣，把事情的所有環節說出來，補上真正發生的細節。就像你之前在寄給我的電子郵件裡做的一樣。」

我很清楚他說的是哪一封電子郵件。當初湯姆聲稱在強暴我時，處於無意識狀態，於是我寫了那封郵件，補足那一晚的細節描述，來強調他得做出多少決定來完成那件事：從脫掉我的衣服，到記得戴上保險套來保護他自己等每一件事情。

「不過，你對那封信的回應並不是很好。」

他皺起眉。「真假？我是怎麼回應的？」

那些話仍然刺痛人。「你指控我為了陳年往事，把你擺到證人席上。」

他畏縮了一下。「沒錯，我的反應很糟，這反應真的很自私。」

我聳聳肩。「你感到害怕。」

「原諒我，莎蒂絲，我不應該對你這樣說話。」

「湯姆，我已經原諒你了。」

我原諒你的方式遠比你知道得還多。

午餐過後，我們回到那間珠寶店，買下那枚能見證我和靈魂伴侶踏入婚姻的戒指。

「恭喜。」走出那間店準備去搭公車的時候，湯姆對我說：「現在沒有什麼能阻止你嫁給那位完美先生了。」他猛然拉下背包，撈出地圖。「我們下一個目的地……」

我的耳朵仍然被先前在廣場上的巨響震得嗡嗡響，突然間我知道自己想做什麼了。

「湯姆，儘管我覺得桌山很棒，但現在真的不想再吹風了。我想去海灘，我們可以放鬆好好說話，不需要大吼大叫。」

他從地圖中抬起頭來，又是驚訝又是開心。「我很高興你這麼說，我也正在想同一件事。」

「很快地，我們甚至再也不用說話了，只需要看著對方點點頭。」

「這聽起來可能有些傻氣，不過我一直想拍張我們的合照。」他紅著臉立即加了一句話：「我內心裡還是想要證明這件事真的發生了，你懂嗎？」他聳著肩。「總之，我一直想著這念頭，這星期裡在腦袋裡拍了相當多照片。」

我完全明白他的意思。照片無法捕捉這趟旅程的目的，或我們之間的連結，更別說拍張友好得像是夏日假期一樣的照片。不過，我自己也想要一張照片。

「我們一定會找到彼此不會尷尬的機會。」我遲疑說著：「只要我們不是坐在擺著蠟燭的餐桌旁，對著鏡頭僵硬地微笑，好像在一場糟糕的約會就行了。」想到我們正朝海灘的方向走，我補充了：「還有……只要我不用穿比基尼。」

「別往臉上貼金了。」他戲謔說著，巴士這時也出現了。

等我發現他的言下之意時，兩頰唰地紅了。「什麼？！我不是那個意思！老天！我沒有暗示你想要我穿比基尼的照片！」

「不是嗎？」他還是那副戲謔的語調。

「不，這跟你沒有關係！我是……真是的，我已經有了一個孩子！這是生過孩子的身材！」

儘管我在大庭廣眾之下曝露自己的隱私，他臉上還是不相信的表情。我感到沮喪，我把自己弄得像是性別歧視荒謬美感下的受害者。

難怪他不相信了，他知道我不在乎這個的。

但我也不會去澄清，自己確實在意現在的身材，距離多年前兩人碰面時早已走樣。我為什麼要該死地在意呢？是因為他提過我的容貌都沒變嗎？**噢，虛榮心。你真是令人厭煩的東西！**

巴士在我們前面停下來，我大步跨上去。我在上層甲板選的座位熱烘烘的，剛好跟臉頰很配。湯姆在旁邊的位子坐下來，安慰地說：「別忘了你是在跟誰說話。我是個得動雷射除毛手術才敢脫掉襯衫的人。」

我斜著眼看他，嘆口氣。「我們兩個各有心理負擔。」

「最好的辦法便是大聲說出來，加以取笑，然後往前繼續生活。」他咧著嘴笑著說。

「史敦吉，你倒學得挺快的。」

「事實上，我正想著要把這一句偷學過來，變成自己的名句。」他一邊說一邊往椅背靠上去。

幾分鐘之後，我們在坎普斯灣下車，時間已近傍晚，太陽仍然炙熱，海灘擠滿了人群。我們走向海岸時，我的思緒停在自己和湯姆共有過去的殘存情緒裡。此時此刻，我很確定不要留下未完成的細節，沒有任何事情可以破壞它。

我不確定如何把想法化為言詞，因此遲疑地開口：「羞愧是種不會有好結果的情緒。它會繁殖、破壞，讓人除了沉默和抑制情緒之外沒有任何幫助。憤怒是很活躍的情緒，做為發洩出口的話，甚至頗有建設性。但羞愧就不是這麼回事，如果心懷羞愧，你就需要自我練習，把它當成癌症看待。」

他點頭，明白我想要表達的意思。羞愧帶來令人麻木的影響，他再熟悉不過了。我們停下腳步，發現置身在嬉戲的孩子們和蓋沙堡的家庭當中。下一秒，湯姆的後背包掉在白沙上，我的也是；我們的鞋子雙雙落地，他的襯衫躺在我的洋裝旁。終於，我們面對面站著，身上除了泳衣以外什麼也沒有。

「去你的羞愧！」我低聲說著。

我們不再浪費時間，衝進海浪裡。湯姆放手游泳，我只在深及膝蓋的冰水裡玩就很滿足了，然後再浸到肩膀、再加深到耳朵的高度。不管怎麼說，這讓人精神一振！

等到浸在海水的身體心滿意足之後，我們走回岸上，朝幾天前爬過的岩石群走去。我聽見湯姆看見我背部下方的刺青時，說了這一句：「我現在記起來了。」

一路上，我們經過一對年約四十歲上下、全神貫注在各自手機的情侶，兩人肩併著肩卻隔著好幾光年的距離。在此同時，走在我身邊的這個男人的生活方式，各方面都跟我差了十萬八千里，然而此刻他比我遇過的多數人都還要親近。

他瞇起眼睛凝視天空。「當太陽下山時，我們應該可以看見綠閃光。」

「綠閃光？」

「對，當太陽落入水平面後方，它最後的光線會穿透海水表面，就出現了綠閃光。它非常短暫，稍一眨眼可能就錯過了。」

我們把衣服穿上之後，爬上近處一塊懸崖，腳丫子底下的岩石透著溫暖，當我們坐下來凝視著金色的大海時，我的心怦怦跳著。在我們底下，一隻黃金獵犬開心地在岸邊嬉戲，精力充沛地猛甩著毛皮上的水珠。

湯姆朝海洋點了點頭：「我帶了潛水衣，好在這裡徒手衝浪。」

「徒手衝浪？」

「如果知道正確的技巧，不需要衝浪板也可以衝浪，就用你自己的身體。」他解釋著：「不過，今天的浪不適合，太過……連續了。」

他轉過來看我，表情嚴肅許多。「我發現自己需要每天至少做半小時的運動。如果沒做的話，就會感覺到自己變得焦慮和沒耐心。在討厭自己變得壓抑，或覺得需要趕走什麼的情緒當中，其實有著「自私」的元素。對我來說，運動是讓頭腦保持清醒的必要之舉。」

眼前這男人已經發展出一套鍛鍊系統來防衛自己。然而，我不相信他有任何破壞性，我在他身上沒看見嗜血的渴望。在這一刻，我全然信任他。

「你寄給我頭一封電子郵件的確切時間是什麼時候？」他問道。

「二〇〇五年五月。」

「八年了。」

「是啊。」

他搖搖頭嘆息。「你不知道我有多少次寫了長篇大論卻又刪掉了。」

「我也是。」

「現在累積有三百封郵件了……」

「我知道。我們的通信已經……」

「……有時候變得很客觀沒啥人情味，從來不會太過親近、太有趣或是太批判。」

我點頭附應：「是很小心。」

「缺乏興奮、憤怒或是任何可能導致誤解的東西……」

「……在情緒上很疲乏。」

「沒錯，你說的對。」

他的視線落在我身上。「我……覺得自己在這星期裡學到很多。關於性侵的本質、關於我自己，以及自己的行為在你身上產生的後果。我現在確認了持續自我懲罰不會帶來任何好處。我覺得自己應該要分享……傷害會造成的後果，或許還包括了……『為什麼』。倒不是說我有面面俱到的解釋，但我**知道**自己並不特別，也不是唯一一個，而是許多人當中的一個。

「不過身上還是有種不自在的沉默，可能是擔心自己挖得更深入吧。我只是想**說點**

什麼，就像你在書裡做的一樣。我想要說出來，莎蒂絲，把類似經歷再次發生的機會降到最低。如果我們只是持續寫信給對方，不做面對面的接觸，我知道自己不會說出這樣的話。我不會想到要把事情公開，也很確定不會走在此刻的道路上……學著再次去愛湯姆這個人。」

笑容在他臉上一閃而逝。「這是我對你說過的話當中，最容易的事情之一，這也表示我的感覺就是如此。如果我真的能說出來，真的要感謝你這些年來向我展現的耐性和理解。」

「你還為我留了一個重大的秘密，或許現在是公開的時候了。」他說這句話的時候，手肘輕輕拂過我的手肘。

「也許你是對的。」

我們靜坐著，看著夕陽替海平面染上種種色彩，從鮮豔的琥珀色到桃子色都有；隨著頭頂上方的星子一顆接一顆地亮起來，海面逐漸退為一片深藍。

「準備好了嗎？」湯姆問道：「綠閃光要出現了。」

我們屏住氣，看著夕陽最後一道光離開海平面滑入後方。我不敢眨眼，但不管盯得多用力卻看不到任何綠光。「我們錯過了嗎？」

「沒有，我想這一次它沒出現。」他茫然說道：「真可惜。」

我聳了聳肩，但老實說在開普敦待了一星期之後，就算大自然法則真的有所改變也不會令我訝異，沒有任何事會永遠相同。

我們爬下大岩石穿回鞋子時，沙子仍然相當溫暖。我把手機拿給湯姆的時候，他好奇地望了我一眼。

「可以請你幫我拍張照片嗎？」我的身體要抓住這個機會，從突出海面三公尺的斷崖上往前奮力奔跑，等我爬上頂點，腎上腺素在血管裡奔騰著。等明天離開時，我要把過往留在身後，留在這裡，留在母親之城的療癒擁抱裡。

「我想我拍了幾張不錯的。」我爬下來之後，湯姆這麼說。我從他手裡接過手機時，彼此的視線相遇，在意識到之前，一串話已從舌尖跳出來：「我知道我從來沒當著你的面說『我原諒你了』，但我真的是這麼想的。湯姆，我原諒你了。」

「老天，你剛才真的說了？」他張大眼睛抽了一口氣。我還搞不清楚怎麼回事，他的雙臂已緊緊抱住我左右搖晃。我也伸手抱著他，為聽見他啜泣聲的強烈反應感到吃驚。他的哭泣讓我的身體也跟著晃動，我在他耳邊輕聲說著：「一切已經結束了，我原諒你了，結束了。」

我們擁抱了好久之後，他才鬆開我，擦掉臉上的淚水，說：「我接受你的原諒。」

不知怎麼的，湯姆轉身在沙地上走路的樣子似乎有些不一樣。他的步伐變輕盈了，頭抬得比以往高了，這景象感動了我。**原諒是不是真的能改變人們走路的樣子？**

我停下來靜靜欣賞這結果：心靈平和、壓在心房的重擔移開了。奇怪的是，大家普遍誤認為原諒是一種犧牲，使得它總是跟自私和崇高牽連在一起。我站著看湯姆走進金色沙灘，身上每個細胞都很確定，這原諒之舉帶給自己的益處並不少於湯姆，它讓我不需再飲下怨恨的毒藥，從各種沒有答案的問題裡解脫出來，讓我可以不再陷入過去而好好生活。

夕陽在我們待在南非的最後一晚落下之後，眼前的顏色更加鮮明。沙灘上的棕櫚樹在炫目的金色海平面中挺立，高高地伸進了紫羅蘭色的夜空。這壯麗的景色是我見過最浪漫的景象之一，不自覺在手機上按了維狄爾的電話。

他接起電話時，我臉上浮起傻氣的笑容。「我買到你的戒指了。大了一號，不過希望我們可以拿去改小。」

「或者我可以把它戴在右手上。」維狄爾深情地回答：「我們會想出辦法的。」

「沒錯，有人告訴我到頭來最重要的，還是你一輩子對我的愛和忠心。」

我幾乎可以聽見他的微笑：「這就正是我計畫要做的事呢。」

我沉浸在絢麗的夕陽美景，一會才補充說著：「這是我在南非的最後一晚，之後就要回家見你了。」

「我的甜心，很快就要見到你了。」

「非常快。」

我剛把手機塞回包包裡，湯姆已走回我身側。我故意搖搖頭，指著燦爛的夜空說：

「一看就知道是軟體修出來的。」

「我知道。真的是……令人驚嘆。」他也搖著頭。

「等你遇見這輩子的真愛，你要帶她到這裡來。我從來沒見過比這更浪漫的景色了。」

他淡淡微笑著但不作聲。

「我想她很快就會出現了。」我告訴他：「比你想得還要快。」

「誰？」

「你這輩子的真愛。」

他尷尬地聳聳肩：「這我可不確定。」

「我確定，非常確定。」**因為現在你沒有藉口把別人鎖在心扉之外了**。我可以感覺到這一點，就像可以感覺到腳趾間的清涼細沙一樣。

想到這是我和湯姆最後一次並肩走在海之角的柏油人行道上，感覺有點怪異。黑暗中充滿著嗡嗡鳴叫的昆蟲，我試著記住這聲音。兩個人離開這地方時，可能已永遠改變了，但這裡的生活仍會如常地繼續。

我們坐在麗池飯店前的矮牆上時，湯姆也陷入沉思。他兩手搓揉著，張開嘴但又合起來，最後開口問：「莎蒂絲，你這星期心裡有沒有一丁點對感情不忠的感覺？」

這問題嚇到了我，不過我知道他為什麼會這麼問。過去幾天情緒的震盪變化就跟許多人的感情關係一樣，即便是柏拉圖式的情感也一樣。

我搖頭：「沒有。」

他安心地呼口氣：「那好，我不希望有這狀況。」

「再說，維狄爾也參與了我們的每個階段。」我補充說著：「要不是他，我一開始根本就沒有辦法踏上這旅程。」

「他確實是很偉大的支持力量。」他輕聲說著：「你明天是幾點的班機？」

「三點半。」我告訴他：「你呢？」

「中午。在我到機場之前，早上想不想一起喝最後一杯咖啡？」

「好，就這麼說定。我也正想要建議一起去機場呢。」

湯姆一臉期望地看著我。「你會想這麼做？」

「我覺得一個人在開普敦會有點無依無靠的感覺。」

「我同意。」他笑著說：「那麼早上見了。」

我躺在床上，想著這是接下來兩天最後一次睡在床上的機會了。我也納悶，這會不會也是最後一次見到湯姆？我們的目標是原諒，如今這目標達成了，為什麼我不覺得自己想在屋頂上放聲大喊、跳著勝利之舞呢？當然，我這星期得到了安慰和釋放，卻從來不曾預期此刻會感到哀傷。

我的思緒隨著空調穩定的哼哼聲上下起伏，思路靈敏且煩躁。好多年來，我被綁在湯姆留下我的那張床上。從那裡逃跑成了一種生活方式，讓我快速地在一群人、挑戰和經歷中移動。和湯姆道別，意味著我也和防禦機制分離了，我終於不再需要用力拉扯鎖鏈。

這驚人的發現震得我從床上坐起來。**我的不自在跟想到要跟湯姆說再見無關，而是跟要和他在我生命中所代表的種種事物分離有關**。我躺回枕頭上，忍不住張大眼盯著黑暗看，擔心未來的不確定性。

放輕鬆，我心裡柔聲說：**你會成長、去愛、挑戰自己、失去自己、再找回自己，然後再飛到各種意想不到的終點，就跟以往相同。沒有什麼會改變這一點的**。

儘管如此，我還是翻來覆去直到在海福迪身上找到慰藉，他會開心地把媽咪從飛機裡收回來。最後的意識碎片沖走了我混亂的思緒，只留下了一個字：**家**。

湯姆的日記

星期三

我推開大門離開「強暴危機」的院子，掃視街道看有無地方可以遮陽。我朝一片生鏽的大圍牆走去，它下方正好提供了陰涼的暗影。我吞下梗在喉嚨間的一口氣，再把頭靠在鐵皮突起的部分。

我呼出來的氣，半是嘆息半是哽塞的呻吟，慶幸自己已經上岸了。稍早發生的事像是三小時長的故事章節，夾雜著游泳、溺水，以及各種焦慮症狀。內心的聲音製造出強力的吼嘯浪潮，每一波都把我推進「光是站在那房子裡就是褻瀆」的感覺裡。靠在圍牆的寬心感則像是吸了一口無罪的空氣。

我之前已預期會感受到刺骨的罪惡感。我知道「強暴犯」、「偽善」和「加害者」等標籤終會無可避免的浮出檯面，自己的腦袋會製造出什麼樣的畫面也不僅是錯覺而已。進入為女性提供的庇護所裡，我知道自己會象徵性地忘形，說出一大堆充滿指責和羞愧的詞彙。我已經準備好承受那些噪音。

我屬於「他們」之一，那些造成了傷害、令人畏懼、壞蛋、犯下性暴力的男人。

我早已預期自己會被弄得心神不寧，但也希望待在那裡的挑戰，會讓我理解它的重要性。我希望光是待在那裡的機會，會比我加在自身上的任何戰役要更為有力。

我知道自己想要在那裡。

我想要知道站在「對的一方」是什麼感覺。

我曾經跟許多遭受虐待和性侵，卻擁有極大復原力的年輕人合作過。到「強暴危機」參觀讓我看到第一線的工作狀況，希望跟莎蒂絲一起走進那環境裡，能更幫助我了解其他人的經驗。

當我臣服在「今天」也屬於整個旅程一部分的想法之後，一些殘存的疑慮也暫時消失。如同這星期其他的轉折和變化，我知道自己最後有所成長和癒合。

但我並沒有預料到，在知道南非當地的問題細節時會如此震驚。倖存者還來不及處理創傷的同時，還要面對感染愛滋病的風險，以及如何安全度過司法過程。同時，年幼的孩子也慘遭虐待，這國家有太多的傷痛。

我有許多問題想問希拉麗，但卻想不出任何安全的問題。

我從莎蒂絲和希拉麗公開坦誠的討論中感受到威脅，我慶幸是以「雪梨青年志工」的身分坐在那裏。我試著讓自己安下心來，我已經在社區服務了一段時間，能理解她們談論的多數議題。我也知道今天學到的任何事情，都會對工作更有助益，而不僅限於個人層面。

和希拉麗談話時，很高興我能夠壓下焦慮——即便我的襯衫有部分已經濕透了。**我為什麼要穿那件紅色襯衫呢**？不過，我的鎮定最後還是瓦解了——那本《男人》的尷尬俏皮話讓我奪門而出。

畢竟，我到那裡去的原因，還是為了個人因素，而不是專業上的理由。這或許也是我後來靠在鐵皮圍牆，為自己的「表演」結束而安下心來。

如果這是場自我測試，那麼我就得為了要正面迎戰而冒著被羞辱的風險。

我很慶幸之後我們在海邊待了一會，光是把腳浸在冰冷的海水裡就讓我鎮定了下來。她今天說了那幾個字。**那幾個我一直想聽見的字**！我沒想到自己會表現出那樣的反應，甚至對緊緊抱著她感到有些難為情……但是我已經忍住十六年多的淚水。我想淚水總是熱辣和不理性的吧。更感激的是，她似乎有回應那擁抱。

我也認為自己**不需要**聽她說出原諒。我並沒有數著日子，等待它的到來，也不想讓她感到有壓力。這星期裡，光是能夠把事情講清楚、彼此能坐在一起，我們之間的氣氛就已經有被原諒的味道了。

話雖如此，聽到她說出來的感覺還是非常好。我明白自己為何哭成一團。

誰會知道這幾個字能否承載我們賦予它的價值。我只知道她今天給了我一樣東西，讓我開心帶著希望衝向雲霄；她知道這份「給予」的意義遠多過於我所知道的。

第九天／

DAY NINE

二〇一三年四月四日

鬧鐘響起來時，我的身體拒絕離開床鋪，等向床鋪和枕頭好好道別之後才起床。畢竟，能夠平躺著入睡才能有最棒的睡眠。

我即將踏上的旅程需要舒適的衣物，我選了穿起來最自在的牛仔褲和柔軟的棉襯杉。這樣的組合不太可能贏得任何時尚獎項，但想到接下來兩天都要穿著這些衣服睡覺，它們已經很不錯了。

行李整理完畢之後，我沖了長長的熱水澡犒賞自己。熱水在排水管裡汩汩流著，與之並進的是飛馳的思緒，想著「西元開普敦之後」的生活會是什麼模樣。**從這次蛻變而出的會是什麼**？我會卸掉防禦心對自己較寬容，或是和自己的恐懼角力時，會長出堅硬的盔甲？

在此之前，我對於性侵害領域做的貢獻，出自於恆久不變的渴望，而這渴望卻得靠接觸司法系統的瑕疵、社會的不平等和靜默才得以平息。我要如何把在開普敦學到的功課帶進未來呢？又或者是反過來，它們會帶著我到哪些意想不到的地方？

我擦去眼裡流出的水，記起壁虎脫去眼鱗之後，視力就會受損的小知識。或許我該停止去擔心這些問題，欣然接受自己只是暫時失明，直到長出新皮膚。

我在飯店的花園裡享受在南非土地上的最後一餐：一碗優格和一顆水煮蛋。陽光如此明媚，今天大概會是我抵達南非以來天氣最好的一天。**哈！恰巧就在自己即將離開的時候。**

我坐在印花沙發上看報紙的時候，湯姆背著帆布大背包走進了飯店大廳。「嗨！」他開心地說著：「請告訴我這裡有好咖啡可以喝。」

「咖啡是有，但好喝？差得遠呢。」

「我要試試自己的運氣。」

我們走向早餐室的路上，經過了奈吉爾的小商店。我們踏進去的時候，他剛講完一通電話。

「巧克力好吃嗎？」湯姆好奇地問。

奈吉爾面露喜色，一隻手放在胸膛上，同時謙虛地搖著頭。「太美了，我捨不得吃它們，還有那紙條也是。」

「不過我差點惹上了麻煩，我把它們放在這裡，」他急切指著牆壁旁一個抽屜，「然後我妻子來這裡，問這是什麼？我要她讀紙條的內容，她問這到底是怎麼回事？」他停下來，戲劇性地皺了眉。「我告訴她再讀另外一面，然後她點頭說：『在生命樹那裡一定發生了某些改變他們生命的事情。』」

我和湯姆看了看彼此，點著頭。

「我妻子說，或許他跟她求婚。」奈吉爾的眼睛興奮地發著光；他的感情如此真誠，因此那一刻既不令人尷尬也不會難堪。

我笑嘻嘻地告訴他：「沒那種事，不過那件事情同樣重大，也改變了我們的生命。」湯姆贊同地點了頭。

奈吉爾交疊著手臂，滿足地打量我們。「嗯，我得說你們會是很登對的佳偶。」

「我們許多年前走過這條路了，只是……」我話沒說完，聳了聳肩。

「……沒成功？」奈吉爾柔聲問著。

「沒成功。不過我最近接受了別人的求婚，只不過不是他。」我指了指湯姆。

「那麼，我祝你幸福。」奈吉爾的笑容幾乎要佔去他整張臉。這男人有某個特質融化了我的心。忽然之間，我有想哭的感覺。

湯姆靠在辦公桌上。「那個詢問麵包樹的神秘女子，她有回來嗎？」

奈吉爾看著我，不確定該怎麼回答，之後才轉回頭看湯姆。「她只是……進來這裡詢問這棵樹的事情。她沒告訴我原因，不過那對她非常重要。」

我聳著肩，沒必要在這問題上繼續著墨了。**生命讓這件事就這麼自然發生了。**

湯姆對奈吉爾說：「我們要到樓上去，在陽光下喝最後一杯咖啡。」

「你們離開前過來，說聲再見吧。」

花園裡的躺椅摸起來很燙手。湯姆小心坐下來，避免把恐怖的咖啡灑出來。

「我得警告你，那喝起來像耳屎。」我告訴他。

「你怎麼會知道耳屎吃起來是什麼味道？」

「我當然知道啊！你不知道嗎？」

「不知道！」他一臉震驚。

「騙人！你以為我會相信你從來沒在刮耳朵之後，不小心咬了指甲？」

「天啊，沒有！」他打起了冷顫。

「好吧，我做過這種事，非常噁心。幾乎就跟那杯咖啡一樣噁心。」

「媽啊，」他嚐了那咖啡之後說：「這未免也太難喝了吧。」

陽光照得我的臉微熱，我把手插進牛仔褲口袋。「我有東西要給你。」

「什麼東西？」

我拿出一個紫色鈕扣：「我最近在冰島組織了一個成立女性庇護所的募款活動，賣鈕扣。這是想鼓勵人們利用拿到的鈕扣，做點有創意的東西，然後拍照上傳到網站。我要傳達的訊息是，我們跟暴力搏鬥時需要更有創意的思考。因此我要向你發戰帖，用這顆鈕扣做出創意的事情，拍下來寄給我。」

「我接受挑戰。」他把玩著那枚鈕扣，然後從口袋拿出一個英文字母A的串珠鑰匙圈給我。「我今天早上退房時，民宿的人把這送給我。或許這是記住開普敦的好方法，這城市到處都是串珠。不過，我不知道A代表什麼。」

我接過這鑰匙圈，或許是想說「**永遠**」（Always）？我們在開普敦學到的經驗會永遠陪著我們，這倒是肯定的。

走回大廳跟奈吉爾道別的路上，我發現儘管他幫了我們這麼多次，卻沒有跟我們要過一毛錢。**我要買一些紀念品**。我打定主意之後，正巧走過奈吉爾商店前的玻璃櫃，我每天一定都有經過這裡，可是不曾注意到它。看到櫃子裡的五隻手雕烏龜時，驚訝得下巴都要掉下了。

不可能。我在開普敦來來回回走著，想要找到烏龜，沒想到牠們每天卻盯著我看。我鎮定下來，告訴奈吉爾：「我想要買其中一隻烏龜。」

奈吉爾微笑著搖頭，告訴我：「不，讓我送一隻給你當禮物。」他不理會我要付錢的各種說辭，打開了玻璃櫃。

我拿起一隻皂石刻成的烏龜，這材質就跟這一帶許多的工藝品一樣。所有的烏龜殼上都各有一隻刻出來的動物，我認出了豹、犀牛、獅子、大象和一隻看起來像是水牛的動物。「這些就是五霸？」

「沒錯，只有在非洲才找得到的非洲五霸，別地方可沒有唷。」

我手裡握的這隻烏龜背殼上刻了犀牛，奈吉爾用指尖輕巧地拂拭。我把烏龜拿給奈吉爾，而他的回應是大氣度的慷慨：「你拿去吧。」

「奈吉爾，我是要跟你買啦——」他打斷我的話：「這是禮物。」他把一隻手放在胸膛上，補充了一句：「這是我打從心底的心意。」

我謙虛點頭道謝，眼裡泛起了淚水。突然間，我想到一個了不起的點子：「我們可以跟你一起拍照嗎？」

奈吉爾驚訝地微笑起來。「好啊，當然好啊。」

我們找到一個從大廳走出來的熱心女士幫我們拍照。湯姆站在奈吉爾的右側，我站在左側，他把臂膀繞著我們。拍下照片的那一刻，我露出發自內心的微笑。**這真是一石二鳥**。我一直等著要跟湯姆合照，現在還有「命運塑造者」奈吉爾做為紅利——這紅利讓這張照片看起來更輕鬆自然。**太好了！**

拍完照之後，奈吉爾準備握手道別。然而看著他伸出來的手，我跟他同時做了決定，自然地張開我們的雙臂，來個溫暖的擁抱。

「過來吧，你這傢伙。」湯姆說道，也和奈吉爾擁抱在一起。握手不足以表示心意，我們三人全都知道這一點。

麗池飯店外面，一輛計程車已在等著我們。每走一步我的心就越加沉重，那重量不亞於我得費力才能放進後車廂的行李。雪上加霜的是，計程車裡面正在播放瑪麗亞・凱莉的情歌〈英雄〉。我望向天空，嘲弄一番。**現在是要進入多愁善感的段子了，是嗎？**

計程車開動的時候，我低聲道別。先是麗池飯店，再來是見證了這次尷尬重逢的大廳，接著是棕櫚樹、街道。車子開上了高速公路，開普敦在我們眼前絕美地迤邐展開，瑪麗亞・凱莉也唱出了整首歌最壯闊的部分。

我整個人快哭出來了。**不，這也太誇張了**。我的視線落向湯姆的iPod，「可以放些你的音樂讓我聽嗎？」

「當然好啊。現在？」

「沒錯，現在。」

「聽〈無依無靠的地球〉？」

「好啊！」

他找著那首歌，把耳機拿給我。「一般來說，聽這歌時應該要閉上眼睛的，不過我們可以破個例。這會是很棒的背景音樂。」

外面的景色以光速飛逝過去，這歌曲像響尾蛇般滑進我的耳膜，神秘又優雅；我對著羅本島、忙碌的街角以及觀光巴士說了再見，這首歌形成了一幅了不起的聲音風景。

在我向希拉麗、強暴危機和教堂道別時，樂聲納入了更多樂器。就在我對生命樹道別時，一道女聲開始以嘹亮的聲音唱歌。那效果非常有感染力，當我把耳機還給湯姆時，向他承認：「我現在明白你說的超自然體驗了。」

時髦的機場俯瞰整個城市，計程車載著我們直接來到滑動門正前方。我們最後一次沉醉在開普敦的風景中，語言已是多餘。太陽熾熱，一絲風也無，進入航站大廈之前我心裡想的最後一件事：**再見了，母親之城**。**謝謝你讓我們在臂彎裡休息**。

母親之城立即回應了。在入口處，湯姆前行的腳步突然頓住，手指著我們頭頂上方的一塊巨大招牌。我抬頭往上看，大聲唸著：「往前邁進的感覺不是很棒嗎？」

湯姆無語地拿起照相機。

我朝招牌比著手勢，臉上帶著燦爛的微笑。「這張是給你的。」

他點點頭，拍下了照片。

在湯姆報到之後（我的報到櫃檯還沒開放），我們在可以俯瞰機場的餐廳坐下來，點了最後一杯飲料。「向奈吉爾乾杯。」他笑著說：「我真愛你整個星期都在找烏龜，卻在最後一天得到了一隻的故事。」

「這值得乾一杯。」

兩人的酒杯碰觸了，湯姆臉上的笑容褪去。「我現在要去拜訪的南非朋友是最親近的朋友之一。不能分享我對他了不起的家鄉的一些想法，感覺很奇怪。」

「那就告訴他。」

他抬起頭。「對啊，我們走了這麼久才走到這一步，應該沒有任何謊言了，不是嗎？」

他從後背包拉出一張美麗的卡片。「最好先從這裡開始。」正面的圖案是各種用陶土捏成的非洲動物，裝飾著有花紋的布片，他以秀雅的筆跡在信封上寫下「維狄爾」。

我離開餐廳去完成報到手續。在隊伍中等待時，我透過玻璃看著湯姆寫信給這整個星期中有著英勇表現的男人：他留在家中，毫無條件地信任我和湯姆。

我正從地勤人員手裡接過登機證的時候，湯姆過來了，把信封交給我。信封是密封的，我也沒問。事實上，我很高興他獨力完成那張卡片，甚至更高興自己也希望是這樣的安排。

完成了安全檢查之後，我們走入一間擺滿非洲紀念品的小型免稅商店。我面對著多到無從選擇的鴕鳥蛋，訝異得搖頭（**牠們這樣不是很快就會絕種了嗎？**），湯姆舉著一塊米色手繪的亞麻布到我面前，布帶著濃烈的麝香味。「這很有土味呢！」他興奮說著：「我要買下來。」

一會之後，我們跟著標誌走下樓梯進入一間吸菸室，湯姆先點燃一根香菸，之後才從背包拉出一個裝滿零錢的沉重塑膠袋。「你能幫我把這捐給慈善機構之類的嗎？」

「沒問題。」我玩著他從紀念品商店買來的披巾，對那手繪圖案讚歎不已。

「我媽會非常喜歡的。」他看著披巾說道：「我想把它留在我爸媽家，這樣他們也可以欣賞了。」

「那是你……告訴他們的地方，是嗎？」

「是的。」他的眼光黯淡下來，說：「我知道不能讓他們永遠坐在那裡猜測。我請他們跟我一起到外面坐著，那晚天氣很晴朗，我有注意到星星。我盡力回想、解釋那一晚發生的所有事情，當說到脫下你的衣服然後……我停了下來，說不出那兩個字，因此用類似『不是兩情相悅』幾個字來代替，然後是一片沉默。

「然後，我爸媽說這是他們造成的「錯誤」，也原諒我，想知道我到底瞞了多久等等的話。他們往我靠過來，說他們仍然一樣愛我。我告訴他們，我們已經相互連絡很多年了，他們說我很幸運，發生這種事之後還夠跟你說上話。」

「你也很幸運有他們當你的父母。」

他微笑了。「我知道。我永遠不會忘記那一晚。」

「你能代我向他們問候嗎？」我問湯姆：「還有……不，算了。」

「不能把句子說到一半不說完的。」他開玩笑地戳了我的肩膀。

「我只是……你有辦法讓你媽知道，我根本不曾怪過她嗎？」

他皺起眉頭。「我不覺得她有怪自己。」

「湯姆，我想她或許會唷。我母親就不停想找出理由，來解釋為什麼我們三姐弟會有這些遭遇。就跟你母親之前在信中寫得一樣，她懷疑是不是懷孕時的焦慮影響了你。如果你能找到一個方法告訴他們，我祝福他們一切安好，我會很感謝的。」

「我會的。」

當他捻熄香菸時，我心裡感到一陣刺痛的焦慮。我想要把時間倒轉，把菸灰再從菸灰缸旋轉而出，回到他手指間的香菸裡去，看著香菸越來越長，直到餘燼變成火焰，被吸回打火機裡，再多給我們寶貴的五分鐘。

他尷尬地聳了聳肩。「我或許應該走了。」

我們抵達樓梯上頭時，他的登機門已經開啟，前往澳洲的最後一批乘客正在登機。再二十多步，我們就要分開了。**十九、十八、十七……**

剩十二步之後，我們同時停下來，把行李放到附近的長椅上，我的夾克和太陽眼鏡也一併放著。湯姆抱住我的時候，我心都碎了。

他對我說話時，身體打顫著：「我有想過自己會在開普敦留下什麼，而它也已經留下來了。我並沒有遠離它，但是謝謝你讓它留在神聖美麗的生命樹裡。莎蒂絲，我不再害怕了。」

我們都嗚咽起來，他抱得更緊，放低聲音：「我對這星期很感恩。謝謝你，你救了我。」

在那有如永恆的幾分鐘裡，我們抱著對方不動。我把臉埋進他的頸窩裡，全心全意地抱著他，沒有遲疑或畏懼。最後，我得用意志力才能鬆手放開他。

「我沒有太多要補充的，」我告訴他：「我也謝謝你，湯姆。做你自己吧，要安全，要快樂。」

他點頭，壓下一聲嗚咽。

「等你到了，傳訊息給我。」

「我會的，你也一樣。」

我伸手最後一次抱他，輕聲說：「湯姆，我們都會沒事的，一切會很好的。」

他從長椅上拿起了背包，我也拿起自己的行李。終於，我們面對面站著，我可以看見不耐煩的女空服員在登機門口等著他。

「不要不連絡唷。」是我對湯姆·史敦吉最後說的話。

「不會的。再見了，莎蒂絲。」

「再見。」

我看著他走向登機門，耳朵裡一片轟轟作響。等知道他不會回頭看了，我轉過身走回到免稅商店裡，內心裡一片空無。曾經裝滿未說出口的話的罐子此刻已然空蕩，剩下來的只有悽苦和混沌留下的痕跡。我用原諒裁製成的包裝紙已經散碎在我心裡。

我在這裡。好好地站在這裡，在這身體裡，活著。一個人，卻也是整體。

這感覺很新鮮，我在長椅上沉坐著，檢視著雙手看看是否有了新的面貌。我思考著自我形象的重塑、安靜地檢視內在的空無，時間從幾分鐘跨成了幾小時，得出的結論是很快這些都會被新的形象、聲音和感覺取代。

一對夫妻帶著他們的小孩打斷了我的獨處，還要經歷兩天殘酷的長途旅行，才能見到維狄爾和海福迪。誰知道會不會再見到湯姆呢？**親愛的生命，結果怎麼會是如此？我怎麼會覺得剛失去了一位寶貴的朋友？**

等登上飛往伊斯坦堡的飛機時，我心裡的倉儲工人使勁要把麻木拉出我的心，再把前方架子上裝滿眼淚的瓶子排好，把瓶蓋全打開來。**你救了我**幾個字在腦裡迴響的同時，幾滴淚水落在我的大腿上。我的龍蝦披巾派上用場，蓋住頭成為情緒洩洪的一人帳棚。接下來幾個小時我任淚水傾瀉，一直到空服員端來晚餐。隔壁坐著一個吃素的女人，於是我退回帳篷裡再哭了一會。

經過淚水不斷的十一個小時之後，情緒乾涸、身體疲累不堪的我走進了伊斯坦堡機場。**我現在就需要咖啡，可以直接打進靜脈裡嗎**？

我拖著腳步走進一間咖啡廳，緊張兮兮的服務生接過我的點單。從他胳肢窩下方一大塊汗漬以及快步走向廚房的樣子看來，這是他第一次值班。**儘管如此，還是麻煩盡快送來我的咖啡**。當我好不容易有大把時間寫作時，腦袋竟然卡住了！要不是腦袋裡一片空盪，我可能還會覺得很諷刺。

手機忽然響了，發現是湯姆傳來的訊息時，我立時開心起來。他一定是要說自己安全抵達澳洲了。

我一定得告訴你，剛跟我朋友坐在海邊，把我們的事告訴了他。他仔細聽著，我哭了。我說出那兩個以前一直都說不出口的字。他謝謝我，提到了尊敬、錯誤以及第二次機會等事情。他要我代他向你問好。我可以把這當成是畢業模擬考嗎？

我的喜悅在咖啡廳裡爆裂開來，嚇得服務生挺直背脊，驚訝地看我。「抱歉，小姐，您的咖啡來了。」他一邊說，一邊把我四十分鐘之前點的卡布奇諾端過來。我對他投以理解的微笑，心想該怎麼回覆這簡訊。

> 哇，湯姆，這可不只是什麼模擬考耶！恭喜你！我為你感到開心，很高興你有這麼好的朋友，也為你跨出牢籠深深感動。引用在開普敦看見的標誌：往前邁進的感覺不是很棒嗎？

這簡訊打破了我的作家瓶頸，接下來幾小時在鍵盤上猛力敲著，直到周圍的螢幕對我尖叫，該上飛機了。飛機上的小睡、一杯濃咖啡和一碗水果讓我恢復了一些精神，抵達斯德哥爾摩機場時仍然繼續寫著，然後在大廳看見國際紅十字會的募款箱。上頭有張憂心如焚的男子，抱著懷裡的孩子往前跑的照片，下方的標題寫著：**請發揮你的善心，我們接受任何貨幣的捐獻**。我拿出湯姆的硬幣袋，也掏空了自己的口袋。募款箱裡有超過一磅重的硬幣，最上頭是一張印著曼德拉頭像的紙鈔。

到頭來，這趟飛行三十六個小時、換四班飛機抵達冰島的折磨之旅，其實是以善心為主題。在伊斯坦堡時，一個女人把我忘在咖啡館的護照送了回來。飛行中，我把在觀光巴士沒用上的耳機送給一個小女孩，很高興它們能派上用場。我有兩次小睡片刻時，隔壁的旅客都會幫我留一瓶水。

我告訴自己，**每個人在飛行途中都是脆弱的，必須忍受長長的人龍、不舒服的座椅、一板一眼的安全檢查，以及中斷日常作息。如果飛機墜毀的話，大夥就全完了。在所有這些不愉快當中，同情心得以滋生。**

在從斯德哥爾摩到冰島的最後一段航程裡，我希望內心找到的輕盈會自此生根，一直到永遠。過去仍然會出現，卻不會再伴隨被鎖在記憶裡的幽閉、恐懼感，就連隨後出現的一連串痛苦也沒那麼痛了。

我注意到：**連鎖反應可以產生雙向的作用，也還真奇怪。**一度具破壞性的漣漪已經反轉，規律地在我生命由後往前振動，在泥濘中留下乾淨的水層。我往後靠在座椅上，享受不需深究過去的新奇感受。這時內心的有股聲音嘲弄起這番慶賀：**你覺得它就這樣一去不回？它永遠都會是你的一部分。不只是湯姆留下的秘密，還有其他的秘密。**

我知道，我告訴它：**不過，我可以樂觀一點啊。如果過去的鬼魂回來奇襲，我腦裡現在有一間清空房間可以做為軍械庫。**

四月初的冰島不是熱門的旅遊勝地，因此我那一排的其他座位很空。坐了長達三十個小時的飛機之後，背部覺得像是被保齡球連續投擲似的。我把區隔座位的扶手往上抬起來，試著躺下來，卻被安全帶狠狠地壓住大腿和肋骨。猛然間，我妒忌起湯姆和他短短十四個小時就飛回澳洲的班機，那就只是一眨眼的時間啊。

至少他還妥善利用了多出來的時間。跟朋友承認自己多年前做的錯事肯定不只是一小步。我好奇對方會不會是湯姆身邊第一個知道事實真相的朋友？湯姆在旋轉餐廳對我說的話，此刻在腦中迴響著：「由於我沒有辦法對任何人提到我的過去，因此死抓著過去、讓它成為我個人的自我形象，似乎也只是徒勞無用。」

從現在開始它會是他的一部份了嗎？

我閉上眼睛，試著忽略氣流無止盡的嗡嗡聲。某個東西在九六年的那一晚誕生了，一種讓我們飽受折磨卻沒有膽子去診斷的疾病。我們扛起了責任和羞辱，從相同的症狀裡證實了它的存在。我們在自我治癒中裂成碎片、出汗，跌跌撞撞地走過最壞的階段，但是腫瘤繼續擴大，直到它佔據了我們的語言，設法擠出這腫瘤是惡性的訊息。它浸透著由於無法和任何人分享所引起的謊言。

我花了很長的時間才打默了沉默，然而還是領先湯姆好幾年，把他對我施加的暴力公諸於眾。免除自己的羞愧感是最困難的一部份，但靠著接受迴避多年的事實，總算是走了過來，這事實便是：我不需要為湯姆那一晚的選擇負責。

但是他就沒有這樣的權利了。我好奇，等在他前方的又會是什麼？我們有沒有可能都變得過於依賴自己的角色，造成湯姆現在才開始脫離那些加在自己身上的標籤呢？

他告訴我，他沉溺於自我責備，我也跟同樣的癮頭奮戰過。責備自己和為自己的所為負起責任是兩件非常不同的事情。前者只會不停餵養搖尾乞憐的自尊，而後者放寬眼光，去承認自己扮演的角色為何。我納悶，負起責任是否就能讓湯姆自由？即使在罪惡感召喚時，它可以幫助他跟自己講道理嗎？我在機場道別的那個男人已經改頭換面，因為我的原諒而安心，這可以成為他赦免自己的基石嗎？

蜷縮在飛機機位上，最終的問題在我腦裡縈繞著：**他能不能完全原諒他自己呢**？儘管這會成為我們故事的偉大結局，但我發現無法做些什麼。從現在開始，我和湯姆會各自書寫故事。面對未來的不確定性，儘管過去永遠都會是我們的一部分，但經過開普敦的戒癮之旅，我們先前的生存策略將不再是必須的選項，這事實讓我安下了心。

我在機場傳簡訊給維狄爾和老爸，讓他們知道已經安全抵達冰島。我夾在免稅商店的結帳人龍裡奮力抵抗時差，購物籃裡有給家人的甜食。一個擺了盧恩字母項鍊的架子吸引了我的注意，我伸手把架子上的盧恩字母「蘇里薩茲」拿下來，讀著背面的說明：「這字母表示你從遭遇中學習，透過紀律和思考，將成功翻轉人生。一開始感覺負面且困難的事情，會轉為祝福並更新你的生命。」

一點也沒錯，往前邁進的感覺真的很棒！

旁邊最後一個同班旅客從行李輸送帶上抬起深藍色的行李箱，急忙走開了。知道自己的行李沒這麼聽話，我盡責地等待著，直到同個紙箱經過眼前三次，我才決定要填寫行李遺失表格。

一等到在機場巴士坐定，我立刻打電話給維狄爾。聽到他的聲音，我彷彿像奶油般融化了，但聽到他說愛芙蒂絲和茱莉雅也在路上的時候，卻又嚇出一身冷汗。我慌了起來：今天是星期五嗎？今天是跟女孩們共度的週末嗎？想到全家總動員的週末，疲累感猛力襲來。這是幾個小時以來，第一次感覺又想哭了。

等我抵達公車站，聽見在任何地方都能認出的聲音時，那股自憐隨即溶解。

「媽咪！」一個三歲男孩跑過來衝進我懷裡。他看著我，晶亮的眼睛閃著興奮，用滿懷希望的聲音問道：「媽咪，我可以跟你一起坐飛機嗎？」

我還來不及回答，他瞧見了我身後的機場巴士。「媽咪，還是我們去坐巴士？」

跟我到任何地方去吧。

站在兒子後方的男子深愛我、信任我、尊敬我，甚至支持我飛過大半的地球進行瘋狂的旅程。當他緊緊抱著我的時候，膝蓋變得跟麵條似地發軟了。

「親愛的，歡迎回家來。」他在我髮絲裡低聲說著。知道我們接下來幾天只有一些寶貴的時間留給自己，我像是沙漠裡的花朵拚命暢飲著每分每秒：他的氣味、他的手臂抱著我的感覺、他唇角的溫暖微笑。

走進我們的公寓後，第一個印入眼簾的是寫著「歡迎回家」的布條，還畫有笨拙的圖畫。十四歲的繼女愛芙蒂絲出現時，臉上多了在佛羅里達曬出來的雀斑；她和母親去那裡參加堅信禮，花掉了一些親友在節日給她的零用錢。我們擁抱，輪流歡迎對方回家來，我注意到她口袋裡露出粉紅色iPad和iPhone。我將目光望向維狄爾，用嘴型說出「**感謝上帝**」，他露齒笑開來，還翻白眼。

廚房餐桌上已有一束玫瑰和剛烤好的香蕉麵包在等我了。「你得原諒我沒辦法給你任何紀念品。」我抱歉地對維狄爾說道。

「你的行李呢？」

我嘆了口氣。「……不是飛到大溪地去，就是沒人知道的鬼地方。」

維狄爾在餐椅上坐下來，我則是躺到他的大腿上。他用力抱了我，吐出一口長氣。「我真高興你回家了。我一直都在擔心你……或許擔心不是正確的字眼……不過你知道我的意思。」

我在他的脖子上吻了一下做為回答。

「你覺得自己已經……得到從這趟旅程中想要的東西嗎？」他問道。

我思索著答案。「我相信是如此。長期的影響還不曉得，但是現在我覺得自己……是完整的，而且……輕盈多了。」

我的回答荒謬地簡短，沒有描述自己經歷到的艱苦細節。用文字總結總覺得枉然，就像是嘗試用一疊樂高來解釋一個哲學概念。幸運地，我知道維狄爾明白，他把我拉近他，這提醒了我要把他的擁抱當成每天的日常作息之一，直到生命最後的時刻。

「想要看戒指嗎？」

他臉色亮了起來。「當然要了！你手邊有戒指？」

「當然，隨身行李啊。」

維狄爾打開我拿給他的盒子，被戒指的美迷住了。「真神奇啊。」他輕聲說著，端詳著迷人的設計。

海福迪坐在餐桌旁，開心地咬著香蕉麵包。女孩們則是在客廳裡高聲笑著，沉醉在iPad的魅力裡。屋子裡遠比我想像得平和許多，回家的開心克服了時差，我也安下心來。

我從維狄爾手裡取過盒子。當我單腳跪地面對他時，他還一臉疑惑。

「維狄爾．葛孟森……」只見他在透過窗戶照射進來的春日陽光下微笑著。

「……你願意娶我嗎？」

他回答「願意」時，彼此的視線相迎。

「你願意愛我並尊重我？」

「願意。」

「不論健康或是疾苦？」

「願意。」

我把戒指套進他的手指裡，在他嘴上吻了一下。「你可不能忘記唷。」

這週末在許多方面看來都不尋常。由於「媽咪」因為時差導致的虛弱，三餐和睡覺等作息都令人開心不起來。孩子們在屋子裡跑來跑去，嘴裡塞滿免稅商品店買來的棒棒糖。最怪異的是，我遲遲沒提到這趟旅行的經歷。維狄爾每一次視線落到我身上時，都有一千個沒說出來的問題，我則是在心裡無聲回答了所有的疑問。結果變成我們喜歡稱之為**現時距離**的狀況，也就是指遙遠的靈魂在現在的身體裡。

星期天晚上，當女孩們噴上佛州買來的香水回到她們母親身邊之後，我們終於等到了屬於自己的時間。我把海福迪送上床後，維狄爾已經在客廳的燭火光影中等著我，儘管他努力隱藏，一臉焦慮還是顯而易見。我以顫抖的聲音開始述說種種事情，等了這麼久心情還是緊張不安。隨著故事的進展，維狄爾的肩膀放鬆下來，當敘述到和湯姆在旅館房間內談論最關鍵的話題時，他緊握著我的手。

我花了三個晚上說完整趟旅程的經過，都是等到海福迪睡著之後才開始。我能明白維狄爾覺得他需要評判湯姆的心情，但是當他發現對方有太多脆弱之處時，他做了相反的事情。

等到我說完整個故事，隨之而來的沉默溫暖且飽滿。我們在床上躺在彼此的臂彎裡，我伸手愛撫著維狄爾的臉頰。

「了不起的故事。」他啞著聲音說道：「謝謝你告訴我。」

「我也謝謝你。」

兩人擁抱著寂靜，感覺生命樹伸出枝幹把我們包覆起來，輕柔地搖晃著。床邊櫃上檯燈的昏暗燈光在牆上畫出了影子：犀牛、山脈、岩石、火雞，以及穿著硬挺襯衫的微笑奈吉爾。

我坐起來，對維狄爾說：「我有東西要給你。」

他驚訝地看著我，我則是走到走廊上，回來時手上多了湯姆寫的卡片。

「給我的？」他端詳著信封上的字跡問道。

我點頭。「你想要我先到外面去，自己看內容嗎？」

「看你的決定。」他回答著，已經忙著研究卡片上的陶土動物。

湯姆沒有要求我唸出卡片的內容，這是只給維狄爾看的。出於對他們兩人的尊重，我走進浴室，打開水龍頭，大口喝下幾口冷水。

「莎蒂絲？」

我立即像從玩具盒跳出來的小丑玩偶一樣跳起來，喊著：「怎麼了？」同時抹去流到下巴上的水。

「我看不懂這些字跡，你能幫我嗎？」

我走進房間時心口怦怦跳著。我在維狄爾身邊坐下來，接過卡片。

致維狄爾：

我只是單純地想要謝謝你。

這星期我聽到莎蒂絲談起你們充滿關愛、信任和支持的關係，你也是非常棒的人。我非常……開心她擁有你。我深深祝福你和你家人有快樂和心靈富足的未來。謝謝你讓這一切順利成功。

湯姆謹啟

維狄爾把信封放在身旁的床上，把我拉向他，緊緊擁抱著。他顯然深受感動，在我耳邊輕聲說：「現在，你終於回到家了。」

有些事情告訴我。他說的沒錯。

湯姆的日記

星期四

我轉身朝登機門走去之前，看見她最後的姿態是那抹淺淺的微笑。我讓自己深呼吸好對抗頭昏，這要比抹去淚水還重要，再說，我不覺得有這必要。

我的背脊要比其他時候都還要挺直，而且覺得……非常堅強，不可思議地沉著和堅強。每一步都是慶祝，專注卻輕盈的姿態，因為那氣球再度在我的肋骨間吹漲起來，擠壓著喉嚨。

十公尺縮減成五公尺，我有股衝動想要轉過頭去。再看一眼應該是慶祝這重大時機的好方法。我可以感覺到她在注視著我，但忍下了回頭的渴望。我想要榮耀我們把事情做得如此完滿，沒有什麼事情是未了的。往前邁進的感覺**真的**很不錯。

我一邊微笑一邊抽著鼻子，把機票拿給空服員。**她一定見過成堆男人落淚的場面**，我在心裡想著。

左轉進入玻璃走道前往班機的路上，在自己發覺之前，我已轉向左肩偷偷瞥了一眼：她在那裡，正走回等待區。

看著莎蒂絲離開，我張大了耳朵，想記住從擴音器流瀉出來的那首歌。可惡。這是葛洛莉雅．蓋諾為了東山再起的迪斯可作品：「我還有大好時光要過，有滿腔愛情要付出，我會活下去，我會活下去。」就像七〇年代糟糕的好萊塢片結局。此刻我已經淚眼汪汪，**以及**在想要放聲大笑的邊緣。我想像螢幕下方流暢地秀出劇組工作人員的名單。

她消失了，一個突如其來的想法像火球般在我心裡閃過。**那該不會是最後一眼了吧？**

我轉身走下亮閃閃的斜坡，遠處，我辨認出一座北邊山脈優雅地往上簇擠著熱辣的天空。

沒錯，一切都完成了。

澎湃的慶賀感使得我把雙手高舉過頭，閉上眼睛，往後仰頭。我盡力讓自己的心靠近天堂，再釋放出來。

我們做到了！

淚水再度流淌下來，此刻再恰當不過了。這是知道我面對、克服所有的恐懼，把它全釋放出來之後的副作用。從一度黑暗的洞穴射出的光如此明亮，非常有可能是黎明的曙光。

我吸了一口氣，把票根拿給微笑的空服員時，順手抹去眼淚。我坐下來，把買給爸媽的披巾蓋在腿上，「有這一小片的開普敦跟著我」的想法撫慰了自己。

我想要記錄在腦袋和四肢裡種種值得學習的東西，記錄令人頭昏的高度，和這星期感覺到種種足以凍結人的恐懼，好讓自己永遠不忘它們如何改變了我，以及將會如何改變我。過去這幾天的祝福和發生的事情感覺像是有誰在指引，我想至少應該把學到的經驗，用書寫的方式來頌讚這超凡的力量。

我很高興在飛機上有許多時間，把這些驚人的概念發洩在紙頁上。寫出在一星期裡學到的人生功課，至少是**我的**人生功課：

天空之上有某個力量存在。不需要去關心它的形狀或型態，只要感激也感恩自己的靈魂和它之間有連結。抬頭往上看，謙虛地感恩，記住要時常這麼做。把自己的權力或影響力凌駕他人是一種恐懼、貪婪或是自利的展現，它源自於自己不知道、也無法掌握的恐懼，也建立在不理解的不安全感之上。貪婪屬於心理層面，沒辦法被滿足，一種內在的空蕩。自利能夠自私地抑制、窄化你的人性，因此在這世界裡只看見自己。

只要有足夠的羞辱、罪惡感和自我審判，一個人就可以鎖住所有記憶，中斷自己和過去事件的連結。但有了愛和耐心，你可以回到那裡發現自己。

生命會繼續。完全地善用它。我們擁有的並不多，但是這一樣肯定是屬於你的。

這種心靈層面的崇高體驗感覺上有點誇張……但是話說回來，如果原諒是一種宗教的話，我就會是它的信徒。

我的靈魂自由了。

尾聲

二〇一六年四月七日

我有好多好多故事要說，可以先從湯姆回到澳洲之後的故事開始。

他把「女性庇護所」的鈕扣固定在衝浪板上，這樣就可以在這滋養心靈的運動中陪伴他。我也可以告訴你，回到冰島的兩星期之後，我在韋斯特曼群島演講，並藉機重訪初次大聲說出那可怖真相的地方；以及我在附近發現一座紀念碑，斯堪的納維亞神話裡的生命樹就刻在上面。

我也可以告訴你，透過網路我發現植物園裡的生命樹是在一九九六年冬天被種在那裡的——就我和湯姆初次相遇的同一年！更有趣的是，那隻公火雞的名字就叫做「湯姆」。

我也可以告訴你，湯姆回家之後沒多久，便把我們在開普敦一星期發生的事全告訴了父母。當他敘述我們經歷原諒的重大時刻時，他父母如何掉淚、握住了他的手。以及他母親說，他們終於重新盼到兒子從那令人費解的黑暗裡，回到他們身邊；也說從開普敦回來之後，能看著他從陰影走出來，進入光明是多大的喜悅。

我也可以告訴你一個重大勝利的故事，像是湯姆一年之後來到冰島，我把他介紹給維狄爾認識。在經過兩小時的緊張互動後，他們在餐桌旁坐下來，拍了拍對方的背表達無聲的尊重。以及在我三十四歲生日的午夜裡，我們三人如何坐在後院，就著燭光開心享受著乳酪和香檳。以及我和湯姆怎麼連同其他數千人參加了二〇一四年的蕩婦遊行（譯注：SlutWalk，為爭取婦女人身安全所發起的抗議運動。遊行宗旨是希望糾正「女性穿著清涼是自取其辱」的錯誤看法。為了突顯這個議題，參加遊行的女性通常穿著清涼的服裝，希望增加社會大眾的認知：不管女性的穿著如何，社會都應尊重她的身體自主權），在抵制強暴的布條底下團結一心。

我最好的朋友在見到湯姆時懷有敵意，但是那晚之後，他和湯姆在性侵犯的議題上坦誠地交換了意見。他事後轉過來一臉困惑地看著我說：「這就是為什麼你們需要把這故事告訴全世界的原因，這會讓最具防衛心的人都願意討論。」

但我最想要告訴你們的事情，是我的直覺最後證明是對的。離開開普敦幾星期之後，湯姆認識了一個女人：凱依。聰穎、美麗的凱依同樣熱衷於環境保護，她後來成為他生命的摯愛。他們認識三個月之後，他決定告訴她這個事實，也促使我和湯姆寫了這些電子郵件給對方：

在我喝了一瓶啤酒、她喝了一杯水之後，我建議到歌劇院上方的公園走走。公園坐落在港口邊緣，可以看到雪梨大橋和海景。據說當天的夕陽會非常美，我以此做為藉口，也知道公園有一棵大無花果樹。

我們在樹下坐下來，談著有多幸運可以看到如此繽紛的風景。然後我用「凱依，我需要向你坦白一件事情」的不祥預告當開場，當然她變得很不自在，因此打趣地說：「這聽起來不妙唷。」

我接下來談著相信她、希望彼此可以更親近，和我們在第一次約會時就提到了脆弱的議題，以及我有一段不想要再隱藏的過去，因此想要明白地讓她知道這件事。

我一開始就告訴她，對她說過一次謊。當時我們在看一部南非紀錄片，她問我有沒有去過那裡，我不知怎麼的回答沒有。從那以後，「沒有」兩個字就一直如影隨形地跟著我。整個對話結束的時候，她說自己被騙的那部分或許是最難讓人忍受的部分。

我向她道歉，繼續說我曾經跟一位叫莎蒂絲•艾娃的女人一起去開普敦，時間是在今年三月底四月初。我接著提到在一九九六年認識你，把我們之間的事情照時間順序一樣樣說出來。

我用了強暴這兩個字。我提到自己鎖住所有選擇，以及在那天晚上的角色。我告訴她，自己接下來的狀況，以及我們不可思議的聯絡溝通。我告訴她關於開普敦的事情，以及那逐漸改變我們人生的一星期。羅本島、科斯坦博斯、坎佩灣……我們受到感動和啟發的一星期。我告訴她，那趟旅程之後我的日子再也不一樣了。

我絕對地信任她，因此選擇她進入這秘密當中。她傾聽著；在我說話的時候，靠在我身上。我說完整個故事之後，她開始說從她的角度聽來，我為自己的行為負起了責任，也承認了自己的選擇。

她提到「犯錯乃人之常情，寬恕惟聖人能之」。她說並沒有輕視我的行為或是造成的傷害，而是相信任何人都容易忘記人性而犯下可怕的錯誤。她說，我已經努力很長的時間試著修補錯誤，也為過去的痛苦付出了代價。

在我提到你給了我力量跟這標籤分離之後，我們談了「強暴犯」標籤帶來的羞辱，我不記得她說過的每一個字，莎蒂絲，但那段話非常美好，對你我充滿了敬意。在這時候，夕陽也正在展現它最迷人的風采。

我們走回雪梨大橋，從那時起，兩人之間的氣氛更為自在，甚至更為親密。她說很高興我們能分享彼此「好的、壞的和醜陋的」部分。她的反應當然是令人吃驚的了不起，遠超乎我最高的期望，今天我整個人都飄飄然的。

莎蒂絲，我要再次感謝你的支持。你啟發我走過恐懼的幽谷，而不只是躲起來視而不見，或找藉口掩飾。我們走了這麼遠，建立起如此深厚的信任，讓彼此不再脆弱無助。我希望你一切安好。

誠摯的擁抱

湯姆

湯姆：

你的信件讓我覺得謙卑和感動。我曾希望在開普敦之後，你會擺脫「一旦人們知道你做過什麼事之後，就不可能會愛你」的錯誤觀念。我會這麼說，是因為我曾有相同的錯誤認知。我以為如果告訴別人曾被強暴，他們要不是太過震驚，就是把我直接簡化成受害者。我以為如果別人知道了，他們不可能會想跟我有任何正常的感情關係或是友誼。

我非常高興自己是錯的。

當九年前告訴我母親的時候，跟你的經驗很類似。我啜泣、吞吞吐吐得怎麼也說不出話來，也沒辦法直視她的眼睛。我最感羞恥的是自己那晚喝醉了。我母親因為姐姐酗酒的問題，忍受了極大的焦慮和無數無眠的夜晚，我覺得自己喝酒無疑會是終極的大背叛。結果證明我的擔憂根本是莫須有的，聽到那晚發生什麼事之後，她握著我的手緊緊按著。最令我安慰的是，她臉上的悲傷並沒有一絲對我的責備。

多年後，我也告訴她，自己和你持續通信，希望能找到原諒和了結的方式。她從來不過問這些事情。當我談到這些事，她臉上有拒絕傾聽的表情，這根本不是她。想到她為了我而滿心怨憤和悽苦就讓我難受。我從經驗裡知道，這類情緒最後傷害的是抱著這些情緒不放的人，而不是它們針對的人。

今天稍早的時候，她過來喝咖啡。她小心喝著我為她泡的卡布奇諾。我決定這時跟她大略提一下。

「媽，」我說：「湯姆告訴他父母親了。」

她沒有吭聲。

「他已經坦白說出自己做的事情。」

還是沒吭聲。

「媽，他比我們以為得還要更愧疚。」

她再喝了一口咖啡之後才看著我，仍然沉默著。

「媽？」

「怎麼？」

「我想要請你考慮一件事。」

「什麼事，親愛的？」

「原諒湯姆。」

她吸了一口氣，放下咖啡杯。這一次避開了我的視線。

「媽？」

「嗯？」

「你覺得自己能做到嗎？」

我母親是我見過最堅強的人之一，有著一顆無比寬大的心可以面對任何情況。她相信放手；她相信美的力量以及謙遜的智慧，也因為這些特質，她是我們家的調停者和大家的知己，也是唯一可以軟化我父親固執的人。雖然她必須為此忍受我父親批評她「過於寬厚」的言詞，而事實上也因為她的寬厚，才使得我們大家這些年來得以團結在一起。

她臉上的緊繃被突然出現的冷靜取代了。她直視著我的眼睛，唇邊有抹淡淡的笑意。

「噢，親愛的，」她說：「你懂我的，到頭來我還是心腸軟啊。」

聖雄甘地曾經說過弱者不懂得原諒。原諒是強者的特質，我的母親就是「柔軟需要氣力」這句話活生生的例子。

她今天下午離開我家的時候，我看得出來她已經朝「原諒你」踏出了第一步。一次一步。

我曾經質疑過，和你一起剝下過往的傷疤是否明智，但是到最後真的有好結果出現。就像你有一次說的：你有一個目的，相信它。

好好保重自己

莎蒂絲

這本書是由莎蒂絲和湯姆通力合作的結果，
背後有維狄爾和凱依最大的支持。
這本書的作用在於讓性侵害的議題，
這個在人類歷史上最常見和最嚴重的威脅之一，可以獲得公開的討論；
此外，也要獻給那些希望看見性侵害有終結的一天的人。
暴力從來就不是答案：責備會排除理解，沒有了理解，我們就無法學習。
如果你在這本書裡發現自己的蹤影，
勾起難受的情緒時，記住隨時可以尋求幫助。
你並不是孤單一人。

編輯後記

湯姆對莎蒂絲的侵犯行為，如今被廣泛認為是「強暴、強姦」行為，二〇〇七年之後的冰島法律也對此做出同樣的明確定義。然而就一九九六年的冰島法律來看，和無能力反抗的人進行片面同意的性行為，只被定義為犯行較輕的「不當性行為」，刑罰程度和罪刑追溯期都較為寬容。由於莎蒂絲當年對強暴的錯誤認知，使得她無法確認湯姆的所作所為其實就是性暴力。湯姆也是類似的情況，他沒看出自己行為的真正意涵，因此始終處於否認的階段。等到多年之後，莎蒂絲質問湯姆，而湯姆也承擔起自己犯下性暴力的責任時，這項犯行早已過了有效追溯期。這件案子之所以沒有送交司法系統處理，是基於當時的法律狀況，而不是因為司法單位認為性暴力在法律上不需要懲罰。

至於本書的寫作過程，莎蒂絲停留在開普敦的整個星期都寫了日記，為重建那星期兩人的互動和發生事件提供了極其重要的基礎。從南非回家的路程上，她開始以第一人稱的角度詳細寫出這些事情，這件任務花了她一年半的時間。接著，她從手稿裡取出所有的對話部分、塑出形貌，並在湯姆二〇一四年到冰島時取得他的同意。

在一些場合中，他們整理了彼此八年的信件往來，確定自己當時表達某些想法和感受的用語。然而，湯姆沒機會讀到莎蒂絲敘述南非之旅的部分，那是因為她在幾個月之後才全部完成。湯姆日記的部分則由他獨立完成，取自他在開普敦之後的隨手速寫，以及他回憶那星期的跌宕情緒。透過這樣的安排，湯姆和莎蒂絲確保了彼此從絕對個人的角度來書寫，不受對方的記憶或是情緒影響。接下來的編輯過程由瑞典和英國兩地編輯經歷了無數的電子郵件往來、頻繁的Skype討論，歷時一年半的時間確定了書稿。

謝詞

我們想要對以下人士表達謝意：葛德倫・伊娃・米妮朵蒂爾和瑪格芮・孫芬・托普的編輯建議和支持；伊莉莎貝・葛瑞塔朵蒂爾奮勇出任我們的版權經紀人；喬納斯・雅克斯爾遜、熙瑞・林格倫和其他在「故事搭檔」文學經紀公司的同事。「論壇」出版社的亞當・達林、瑪蒂達・倫德的編輯建議和熱情；「文士」公關公司的菲立普・葛恩・瓊斯和瑪麗・卡韋伯普爾曼幫助我們成長、領著我們往前，以及去除書中過於自溺的元素；佩特・米契爾持續的鼓勵；伊麗莎白・瑞普特、貝西・史戈尼克，以及其他所有讀過此書後，給予我們寶貴建議的人；最後，要衷心感謝維狄爾、凱依以及家人支持我們、相信我們走過來的每一步。感謝你們。

國家圖書館出版品預行編目 (CIP) 資料

寬宥之南：開普敦天空下，一趟責任與原諒的和解之旅 / 莎蒂絲．艾娃 (Thordis Elva), 湯瑪斯．史敦吉 (Tom Stranger) 著；劉嘉路譯．-- 初版．-- 臺北市：遠流，2018.02
面；　公分
譯自：South of forgiveness
ISBN 978-957-32-8196-2(平裝)

1. 性犯罪 2. 性侵害 3. 被害者

548.544　　　　106023904

寬宥之南

開普敦天空下，一趟責任與原諒的和解之旅

作　　者：莎蒂絲・艾娃（Thordis Elva）、湯瑪斯・史敦吉（Tom Stranger）
譯　　者：劉嘉路
總 編 輯：盧春旭
執行編輯：黃婉華
行銷企劃：李品宜
封面設計：江孟達
內頁排版設計：Alan Chan

發 行 人：王榮文
出版發行：遠流出版事業股份有限公司
地　　址：臺北市南昌路2段81號6樓
客服電話：02-2392-6899
傳　　真：02-2392-6658
郵　　撥：0189456-1
著作權顧問：蕭雄淋律師

2018年2月1日初版一刷
定價：新台幣420元（如有缺頁或破損，請寄回更換）

ISBN 978-957-32-8196-2

ylib 遠流博識網　http://www.ylib.com
Email: ylib@ylib.com